L'ADMISSION TEMPORAIRE DES BLÉS

ET

LES BONS D'IMPORTATION

EN FRANCE & EN ALLEMAGNE

PAR

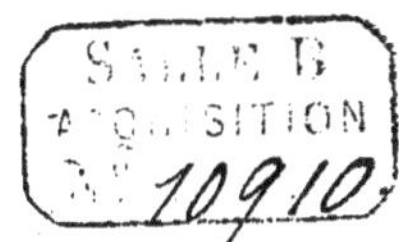

Rieul PAISANT (M.A.)

Docteur en droit

AVOCAT A LA COUR D'APPEL DE PARIS

LAURÉAT DE LA FACULTÉ DE DROIT DE L'UNIVERSITÉ DE PARIS

SECRÉTAIRE DU COMITÉ PERMANENT DE LA VENTE DU BLÉ

PARIS

LIBRAIRIE NOUVELLE DE DROIT ET DE JURISPRUDENCE

ARTHUR ROUSSEAU

ÉDITEUR

14, rue Soufflot, et rue Toullier, 13

1901

INTRODUCTION

LES DIFFÉRENTES MESURES RELATIVES A L'EXPORTATION DES
PRODUITS FRAPPÉS D'UN DROIT DE DOUANE.

—

L'établissement d'un droit de douane sur une matière première employée dans une industrie d'exportation augmente le coût de production de cette industrie et la place sur les marchés étrangers dans une situation inférieure à celle de ses concurrents des pays non protégés. Par suite, les droits de douane, qui sont pour une grande partie destinés à donner un essor à la production nationale, auraient pour effet, si l'on n'y prenait garde, de lui fermer une partie de ses débouchés, et de priver l'ensemble du pays d'une source importante de créances sur l'étranger.

Il est donc nécessaire de prendre des mesures pour que les industries, lorsqu'elles travaillent pour l'exportation, n'aient pas à subir sur les matières premières qu'elles emploient la majoration de prix résultant du droit de douane (1). Cette nécessité se manifeste, soit que le producteur national ait mis en œuvre une matière première étrangère,

---

(1) Le mot de *matière première* doit être entendu ici d'une façon très large : il y a des industries de transformation dont la matière première est constituée par des produits qui ont déjà subi une mise en œuvre importante, par exemple l'horlogerie ou l'impression sur étoffes. — La notion de *produit fabriqué* peut recevoir aussi des applications étendues : c'est ainsi qu'un certain nombre d'agriculteurs danois réclament en ce moment une prime à l'exportation du bétail,

soit qu'il ait mis en œuvre une matière première indigène. Dans l'un et dans l'autre cas en effet les droits de douane le placeront dans une situation d'inégalité, sur les marchés étrangers, par rapport à ses concurrents des pays non protégés. Son infériorité viendra dans la première hypothèse de ce qu'il aura dû payer les droits de douane, dans la seconde de ce que, ces droits ayant fait hausser les prix de la matière première indigène, il l'aura payée plus cher.

Les primes de sortie.

On peut songer tout d'abord à rembourser purement et simplement aux exportateurs les droits de douane qui frappent les matières premières mises en œuvre pour la fabrication des produits exportés. C'est le régime des primes de sortie, d'une application courante en France sous la Restauration et sous la Monarchie de Juillet.

Lorsqu'il s'agit d'une matière première que le pays ne produit pas, ou qu'il ne produit pas en quantité suffisante pour sa consommation, il n'est pas nécessaire de subordonner le remboursement des droits lors de la sortie à une importation antérieure. Chaque exportation appelle en effet une importation correspondante, et le Trésor recouvre sous forme de droits d'entrée tout ce qu'il verse sous forme de primes de sortie.

C'est par application de ce principe que, sous la Restauration, une prime était accordée aux exportateurs de meubles en acajou, de fils ou tissus de coton, etc., sans qu'il leur fût nécessaire de présenter la quittance des droits perçus à l'importation. Par un retour au même système, l'ar-

---

en compensation des droits de douane sur les céréales considérées comme matière première de l'industrie consistant à fabriquer de la viande de boucherie.

ticle 10 de la loi du 11 janvier 1892 établit un remboursement partiel au profit des exportateurs de tissus de coton,
sans qu'il leur soit nécessaire de faire la preuve d'une importation antérieure.

Dans ces exemples, l'origine étrangère de la matière
première résulte de la nature même du produit, et la
prime de sortie constitue nécessairement un remboursement de droits de douane antérieurement perçus. Mais il
est d'autres cas dans lesquels la prime était allouée, sans
condition d'importation antérieure, alors que la matière
mise en œuvre pouvait provenir de France. Il en était ainsi,
notamment, pour les fils et tissus de laine (loi du 17 mai
1826, art. 7), les savons (loi du 11 juin 1845, art. 3), les
acides sulfuriques (loi du 26 septembre 1822) et nitriques
(loi du 10 mars 1849, art. 9), pour lesquels il n'était pas
besoin de prouver que la matière première, laine, huile,
graisse, soufre ou salpêtre, eût été produite à l'étranger.

Mais le régime des primes de sortie pourrait devenir
dangereux pour le Trésor s'il était établi sur des marchandises que le pays produit en excès pour sa consommation : les exportations dépassant les importations, l'argent
déboursé par l'Etat ne rentrerait que pour partie dans sa
caisse. Aussi voyons-nous le plus souvent, en pareille situation, la prime de sortie remplacée par une bonification
douanière accordée sous une forme variable, mais nécessairement liée à une importation. Lorsque l'importation
doit précéder l'exportation, le système prend le nom de
drawback si les droits de douane sont payés à l'entrée et
restitués à la sortie, et d'admission temporaire si le paiement des droits est provisoirement suspendu sous condition de réexportation. Lorsque l'exportation doit précéder
l'importation, on est en présence des bons d'importation.

Les drawbacks.

On désigne sous le nom anglais de drawback, qui signifie restitution, la prime de sortie accordée sous la condition que l'exportateur représente la quittance des droits perçus à l'entrée.

La liaison entre l'importation et l'exportation peut être plus ou moins directe. On n'a généralement pas exigé l'identité de substance entre la matière première importée et le produit exporté, mais on a quelquefois exigé l'identité de personne entre l'importateur et l'exportateur ; c'est ainsi, par exemple, que, sous la Restauration, la prime établie sur les chapeaux de paille, d'écorce et de sparterie, n'était accordée que si les quittances présentées avaient été délivrées au nom de l'exportateur lui-même (1).

Dans la plupart des cas, cependant, la matière première pouvait avoir été importée par une personne autre que l'exportateur : tel était par exemple le régime des plombs, cuivres et laitons battus, laminés ou autrement ouvrés, et celui des peaux apprêtées (2) ; c'était le système de la réexportation à l'équivalent, non seulement quant à la substance, mais quant à la personne.

Le régime établi pour l'exportation des sucres raffinés fut successivement celui des primes de sortie pures et simples et celui des drawbacks. Un arrêté du 3 thermidor an X disposait que les droits d'entrée sur les sucres bruts seraient remboursés aux exportateurs de sucre raffiné. Comme à cette époque il n'existait pas de sucre en dehors du su-

---

(1) Loi du 17 mai 1826, art. 10. — Les quittances ne devaient pas avoir plus de six mois de date.

(2) Loi du 17 mai 1826 et ordonnance du 26 juillet 1826. — Conformément au décret du 22 août 1791, titre 13, article 25, les quittances présentées ne devaient pas remonter à plus de deux années.

cre colonial, il était inutile d'exiger pour le paiement des primes de sortie la preuve du paiement des droits d'entrée. Mais plus tard, lorsque fut découvert le sucre de betterave, les producteurs de sucre colonial protestèrent contre l'allocation d'une prime de sortie aux sucres indigènes, qui n'avaient pas eu à payer de droits de douane. Faisant droit à leurs réclamations, une loi du 27 juillet 1822 décida que la restitution des droits n'aurait lieu que sur la représentation des quittances du paiement que les raffineurs justifieraient avoir fait eux-mêmes à la douane. En 1826, on revint aux primes de sortie pures et simples, mais elles furent abandonnées en 1833 et le système du drawback fonctionna définitivement jusqu'au jour où, les sucres indigènes étant frappés des mêmes charges fiscales que les sucres coloniaux, la prime de sortie put être accordée aux uns comme aux autres sans perdre son caractère de simple restitution de droits antérieurement perçus, droits d'entrée ou droits de fabrication.

L'admission temporaire.

Le système de l'admission temporaire ressemble à celui du drawback, en ce qu'il établit un lien entre les importations et les exportations. Mais tandis que sous le régime du drawback les droits sont payés à l'entrée et remboursés à la sortie, sous le régime de l'admission temporaire l'importateur se borne à souscrire vis-à-vis de la douane l'obligation d'acquitter les droits au cas où la réexportation n'aurait pas lieu dans un délai déterminé ; cette obligation est constatée par un titre appelé *acquit-à-caution*.

L'exportation ne donne droit à aucune restitution, puisque le droit de douane n'a pas été perçu, mais seulement à la décharge de l'obligation contractée vis-à-vis de la douane lors de l'importation. L'exportateur présente l'acquit-à-caution, qui est *apuré*, suivant l'expression consacrée.

De même que le drawback, l'admission temporaire peut fonctionner soit à l'identique absolu, soit à l'équivalent quant à la substance, soit à l'équivalent quant à la personne.

C'est sous le régime de l'identique absolu que l'admission temporaire a reçu sa première application en France. Une ordonnance du 28 septembre 1828 accordait la faculté « de faire moudre les grains déposés à l'entrepôt réel de Marseille, à la charge de réintégrer identiquement dans cet entrepôt toutes les farines produites, et ce sans substitution équivalente ou compensation quelconque ». Toute substitution devait être poursuivie comme soustraction d'entrepôt. L'administration des douanes était chargée de faire exécuter toutes visites et recherches nécessaires pour surveiller la conversion des grains en farines et pour en assurer l'identité.

Mais le régime de l'identique absolu est difficilement praticable lorsque la mise en œuvre à laquelle est destiné le produit admis temporairement entraîne une transformation telle qu'il ne soit plus possible d'identifier le produit fabriqué avec la matière première. On peut établir assez aisément l'admission temporaire à l'identique pour des boîtiers de montre ou pour des tissus destinés à l'impression, parce que l'adjonction d'un mouvement d'horlogerie ou d'un dessin ne détruit pas les marques que l'administration douanière a pu apposer pour reconnaître le produit. Mais il n'en est pas de même pour les céréales par exemple, pour lesquelles aucun signe de reconnaissance n'est possible, et qui se trouvent souvent confondues de telle sorte dans les moulins, que le propriétaire lui-même ne peut reconnaître de façon absolue si un lot de farines vient de tel blé ou de tel autre. On est obligé en pareil cas de s'en tenir à des présomptions de rendement, et de décider par exemple que l'importation en franchise de 100 kilos de blé sera compensée par l'exportation de 70 kilos de farine et le paiement des droits de douane sur 28 kilos de son (2 kilos étant alloués comme déchet de mouture), sans que la farine exportée doive nécessairement provenir du blé importé ; c'est le régime de l'équivalent quant à la substance.

Enfin la pratique de l'administration des douanes a introduit le régime de l'équivalent non plus seulement quant à la substance, mais quant à la personne, c'est-à-dire qu'on n'exige plus que les produits exportés proviennent de l'établissement où les matières premières ont été introduites en franchise, ni même qu'ils proviennent d'établissements voisins. Les importations faites sur un point du territoire peuvent être compensées par des exportations faites dans une région toute différente. Il s'établit à cet effet entre les importateurs et les exportateurs l'opération connue sous le nom de trafic des acquits. L'acquit à caution est une pièce souscrite par les importateurs en admission temporaire et par laquelle ils s'engagent, sous caution, à réexporter dans un certain délai, sous forme de produits fabriqués, la matière première admise en franchise. On dit que l'acquit est *apuré* lorsque les agents du service des douanes ont constaté sur cette pièce la sortie des marchandises que l'importateur s'était obligé à exporter.

Lorque l'admission temporaire fonctionne à l'équivalent quant à la personne, l'importateur n'est pas tenu de limiter ses entrées à la quantité de marchandises qu'il pourra réexporter. Il peut introduire en admission temporaire des matières premières étrangères destinées à rester dans la consommation française, pourvu que cette importation soit compensée par une exportation équivalente.

Il s'entend à cet effet avec un autre industriel situé à proximité de débouchés étrangers, auquel il *cède son acquit*, c'est-à-dire qu'il lui verse une certaine somme pour exécuter l'obligation d'exporter qu'il a contractée vis-à-vis de la douane. Cette somme sera toujours inférieure au droit de douane qui frappe la matière première admise en franchise temporaire, parce qu'autrement les importateurs auraient plus d'intérêt à payer ces droits qu'à créer un acquit. Elle constitue pour l'exportateur qui apure les acquits une prime de sortie, nécessairement inférieure au droit de douane, et qu'on peut appeler la prime d'apurement. Cette prime, qui tend généralement à se rapprocher de la différence entre les cours du marché intérieur et ceux du marché extérieur, varie suivant l'offre et la demande, c'est-à-dire suivant le nombre des importateurs désireux de faire apurer leurs acquits et suivant le nombre des exportateurs qui s'offrent à leur rendre ce service.

Comme pour toutes les choses échangeables il y a pour les acquits des intermédiaires et un marché. Ce marché est d'ailleurs, comme les marchés des céréales auxquels il est intimement lié, dominé par la spéculation ; les acquits y sont négociés bien avant leur création, et les négociations portent sur des quantités bien supérieures à celles qui sont effectivement créées. Des cours officieux sont régulièrement publiés par ceux qui se livrent au commerce des acquits. Par un langage assez bizarre, au lieu de coter la valeur de la prime d'apurement payée par l'importateur à l'exportateur pour apurer son acquit, on cote la différence entre cette prime et le montant du droit de douane, à laquelle on donne le nom de valeur de l'acquit. Si bien qu'à ouvrir un journal commercial, et à lire, par exemple : valeur de l'acquit sur les blés : 3 francs, on croirait que l'importateur vend son acquit à l'exportateur et en reçoit 3 fr., alors qu'en réalité cela veut dire qu'il lui paie 4 francs pour exporter à sa place. Il y a sans doute dans cet usage une survivance du système des drawbacks dans lequel le droit était payé à l'entrée et remboursé à la sortie, et dans lequel le titre cédé par l'importateur à l'exportateur représentait bien une valeur positive.

On voit que l'admission temporaire à l'équivalent a pour effet, d'une part, pour les industriels importateurs, de remplacer le paiement du droit de douane par le paiement d'une somme variable et nécessairement inférieure à ce droit, versée aux exportateurs, et d'autre part d'assurer à ceux-ci une prime sans laquelle ils ne pourraient expédier leurs produits sur les marchés étrangers. Cette dernière prime se justifie pleinement ; elle est la compensation de l'élévation des cours de la matière première due aux droits de douane ; elle est de plus conforme aux intérêts des producteurs dont elle étend les débouchés. Mais ce qui est tout à fait injustifié, et nuisible aux intérêts du producteur national, c'est le privilège accordé par suite de la négociation des acquits à l'industriel importateur, qui peut introduire en France et jeter dans la consommation française, après transformation, des produits étrangers, sans avoir eu à débourser autre chose pour introduire ces produits que la somme, inférieure au droit de douane, versée à l'exportateur qui apure ses acquits. Il y a là une diminution de protection douanière contre laquelle les producteurs de toutes les marchandises bénéficiant de l'admission temporaire ont toujours protesté.

Les bons d'importation.

Le dernier en date des systèmes ayant pour but de permettre aux producteurs nationaux d'exporter malgré les droits de douane, est celui des bons d'importation. D'une manière générale, le bon d'importation est un titre délivré aux exportateurs et pouvant servir à acquitter certains droits de douane pour une somme égale aux droits qui frappent à leur entrée les marchandises exportées. De même que l'admission temporaire à l'équivalent, le bon d'importation assure une bonification douanière aux exportateurs même lorsque les marchandises exportées ne proviendraient pas de l'étranger. De même également que sous le régime de l'admission temporaire, l'exportateur n'obtient cette bonification que sous la forme d'une déduction douanière ; il est forcé pour donner une valeur à son titre, ou d'importer lui-même, ou de s'entendre avec un importateur.

Aussi est-il nécessaire, si l'on veut éviter que les bons d'importation ne permettent aux importateurs d'éluder une partie des droits de douane, de prendre des mesures pour qu'ils puissent être négociés sans dépréciation sensible. C'est ce qu'a fait la loi allemande du 15 avril 1894. Les bons d'importation qu'elle établit au profit des exportateurs de céréales peuvent servir non seulement à introduire en franchise des céréales, mais encore à acquitter les droits de douane sur un grand nombre de produits désignés par le Bundesrath. La demande des bons d'importation est ainsi considérablement étendue par rapport à l'offre ; ces bons constituent une sorte de monnaie de papier, reçue en paiement par l'administration des douanes, et se négociant à un cours très voisin de sa valeur nominale.

Le bon d'importation allemand assure en réalité aux exportateurs une prime égale aux droits de douane sur les céréales exportées, prime versée par l'État en moins prenant sur des recettes douanières absolument certaines. Entre ce régime et celui des primes de sortie directes, il n'y a pas plus de différence qu'entre un paiement en espèces et un paiement par compensation : le remboursement direct tel qu'il a été proposé en Allemagne en 1894, et en France au cours des récentes discussions parlementaires sur les bons d'importation, ne constituerait qu'une modification de pure forme au système allemand.

On pourrait concevoir, au point de vue théorique, un bon d'importation dont l'utilisation serait limitée à des marchandises de la même espèce que les marchandises exportées ; ce système a fait l'objet, pour le blé, d'une proposition déposée par M. Prevet au Sénat dans la séance du 8 mars 1901 ; mais dans le langage courant, le mot de bon d'importation sert généralement à désigner le système tel qu'il fonctionne en Allemagne, et peut être pris comme synonyme de prime de sortie.

Un second caractère essentiel du système allemand des bons d'importation, c'est qu'ils sont accordés aux exportateurs de céréales sous forme de grains comme sous forme de farines. Il y a là une idée toute nouvelle. Autrefois, les différentes mesures ayant pour but de rendre possible l'exportation des produits frappés d'un droit de douane étaient exclusivement relatives aux produits fabriqués. Les bons d'importation allemands ont pour but de rendre possible l'exportation des matières premières elles-mêmes, dans les mêmes conditions que si les droits de douane n'existaient pas. En rouvrant aux céréales leurs débouchés géographiques, même lorsque ces débouchés sont à l'étranger, la prime de sortie évite souvent des frais de transport qui viennent en diminution des prix payés aux producteurs ; elle permet en outre de débarrasser le marché intérieur des excédents qui pèsent sur les cours, soit dans les régions surproductrices, soit dans les années d'abondance : cet effet ne se produirait pas aussi pleinement si les exportations ne pouvaient être faites que par l'intermédiaire des meuniers, les débouchés des farines étant nécessairement plus restreints que ceux des céréales sous forme de grains.

De même qu'on pourrait concevoir des bons d'importation qui n'offriraient pas le caractère de primes à l'exportation, de même on pourrait concevoir des bons d'importation qui seraient délivrés seulement aux exportateurs de farines. C'est sous cette forme que M. Viger proposait en 1896 de les établir en France Mais ici encore le langage courant se réfère au régime allemand, et sous le nom de bons d'importation on désigne généralement un système de primes de sortie accordées aux exportateurs de grains comme aux exportateurs de farines.

Tels sont, exposés aussi sommairement que possible, les différents systèmes mis en œuvre pour permettre aux industriels, ou même aux agriculteurs, ainsi que nous venons de le voir, d'exporter leurs produits bien que, par suite des droits de douane, ils coûtent plus cher à l'intérieur du pays qu'à l'étranger. C'est une sorte de libre échange unilatéral, introduit pour concilier les nécessités du commerce d'exportation avec le maintien de la protection douanière.

Le but commun de ces diverses mesures est d'assurer aux exportateurs, soit le remboursement des droits de douane, s'ils sortent des produits préalablement importés, soit une bonification douanière approximativement égale aux droits de douane, s'ils sortent des produits venant de l'intérieur du pays. Cette bonification est pleinement justifiée puisque, si les exportateurs n'ont pas eu à payer directement les droits de douane, ils ont eu à en subir la répercussion sur leur prix de revient. Mais dans la pratique elle offre de graves inconvénients si on la rend solidaire d'une importation antérieure ; elle amène entre les exportateurs et les importateurs une négociation par suite de laquelle les exportateurs sont le plus souvent forcés de se contenter d'une bonification inférieure aux droits de douane, en même temps

que les importateurs peuvent éluder une partie de ces mêmes droits.

Nous nous proposons d'examiner dans la première partie de cette étude comment le régime d'admission temporaire établi en France pour les blés, introduit pour
permettre à l'industrie française de travailler des blés
étrangers pour l'exportation, s'est transformé peu à peu
au point d'assurer une bonification douanière aux exportateurs de farines provenant de blés français, et comment
la forme sous laquelle est accordée cette bonification entraîne une diminution des droits de douane payés par les
importateurs. Dans une seconde partie, nous verrons
comment le système des bons d'importation qui fonctionne
en Allemagne depuis 1894 assure aux exportateurs une
bonification plus efficace sans nuire en quoi que ce soit à
la protection douanière. Enfin, dans une troisième partie,
nous étudierons les propositions récemment faites pour
établir en France les bons d'importation et nous recher-
cherons dans quelle mesure elles pourraient remédier aux
inconvénients de l'admission temporaire et assurer à la
protection douanière son entière efficacité.

PREMIÈRE PARTIE

L'ADMISSION TEMPORAIRE EN FRANCE

CHAPITRE PREMIER

L'ADMISSION TEMPORAIRE A L'IDENTIQUE ABSOLU
(1828-1835).

L'établissement des droits protecteurs sur les céréales.

Les droits protecteurs sur les céréales n'apparaissent en France qu'avec les premières années de la Restauration. Les préoccupations de tous les gouvernements antérieurs, depuis les époques les plus lointaines du système pourvoyeur, avaient été beaucoup plutôt d'assurer l'approvisionnement du pays, fût-ce au moyen de prohibitions ou de taxes considérables à la sortie, que d'arrêter ou de limiter les importations étrangères. C'était, à cette époque, au nom de l'intérêt agricole que les physiocrates réclamaient la liberté commerciale, cette liberté consistant bien dans l'abolition de barrières douanières, mais de barrières qui s'opposaient à la sortie des grains et non à leur entrée.

Après la chute de l'Empire, la question se plaça sur un terrain différent ; à la préoccupation d'éviter pour les produits agricoles des cours excessifs, allait s'ajouter la préoccupation d'éviter également une dépréciation trop considérable.

Jusque dans les dernières années du XVIIIe siècle, les côtes septentrionales de l'Afrique et les parties de la Pologne qui avoisinent la mer Baltique étaient à peu près les seuls greniers de l'Europe occidentale. Après le traité de Koutchouk-Kaïnardji, conclu en 1774 entre la Russie et la Turquie, l'ouverture de la mer Noire allait ajouter à ces pays rivaux des agriculteurs européens toutes les côtes méridionales de l'Empire russe, et notamment la Crimée, cette Chersonnèse de Tauride où, dès le temps d'Hérodote, des peuples qui ne se nourrissaient pas de pain cultivaient cependant le blé pour en approvisionner les États de la Grèce. En même temps les États-Unis d'Amérique, devenus indépendants, commençaient à récolter de riches moissons dans des terres incultes depuis des siècles, et le développement de leur navigation leur permettait de les expédier sur les côtes européennes. Enfin la perte de nos colonies avait fermé un débouché fort important à nos céréales qui y étaient expédiées en grande quantité par les meuniers français sous forme de farines.

Jusqu'à la fin de l'Empire, une guerre de 22 ans, et les demandes incessantes de produits agricoles pour les innombrables armées entretenues par les puissances avaient empêché ces causes de baisse de produire leurs effets. Mais dès les premières années qui suivirent la paix, les plaintes des agriculteurs furent vives en France, en Angleterre et en Allemagne contre les concurrences nouvelles qu'ils ne pouvaient plus supporter ; partout ils réclamèrent la protection de leurs gouvernements, et partout ils obtinrent gain de cause ; le régime des primes à l'importation des céréales, qui avait reçu en Europe des applications assez étendues, fit place à des droits d'entrée plus ou moins considérables.

En France, dès les premiers mois de 1819, les prix du blé étaient descendus à 13, 12, 11 et même 10 francs l'hectolitre. Cette baisse était due pour partie à l'abondance de la récolte de 1818, mais pour partie aussi aux importations étrangères, manifestement exagérées eu égard à nos besoins.

A la suite de nombreuses pétitions, le Parlement vota la loi du 16 juillet 1819 qui, complétée par une loi du 4 juillet 1821, introduisait dans notre pays le système anglais de l'échelle mobile.

Le régime de l'échelle mobile des lois de 1819 et de 1821.

La pensée principale qui guida les auteurs de cette législation fut d'amener pour les céréales en France l'établissement de prix moyens, qui ne fussent ni des prix de famine, ni des prix ruineux pour les producteurs. Les départements frontières furent divisés en quatre classes, suivant le prix qui apparaissait au législateur comme devant y être le prix normal, et dont le maximum et le minimum furent fixés pour le blé de la manière suivante :

1re classe : de 24 à 26 francs l'hectolitre. (Une seule zone : Pyrénées-Orientales, Aude, Hérault, Gard, Bouches-du-Rhône, Var, Corse.)

2e classe : de 22 à 24 francs l'hectolitre. (Deux zones : 1° Gironde, Landes, Basses-Pyrénées, Hautes-Pyrénées, Ariège, Haute-Garonne ; — 2° Jura, Doubs, Ain, Isère, Basses-Alpes, Hautes-Alpes.)

3e classe : de 20 à 22 francs l'hectolitre. (Trois zones : 1° Haut-Rhin, Bas-Rhin ; — 2° Nord, Pas-de-Calais, Somme, Seine-Inférieure, Orne, Calvados ; — 3° Loire-Inférieure, Vendée, Charente-Inférieure.)

4e classe : de 18 à 20 francs l'hectolitre. (Deux zones : 1° Moselle, Meuse, Ardennes, Aisne ; — 2° Manche, Ille-et-Vilaine, Côtes-du-Nord, Finistère, Morbihan.)

Sur ces bases on établit, à côté de taxes fixes tant à l'entrée qu'à la sortie et d'un caractère purement fiscal, un régime douanier variable suivant le cours moyen des céréales dans chaque zone, allant depuis la prohibition complète d'exporter lorsque le maximum légal était atteint, jusqu'à la prohibition complète d'importer lorsque les prix étaient descendus au-dessous du minimum. Lorsque les cours restaient dans la limite prévue par la loi, l'importation était possible moyennant le paiement du droit fixe et d'un droit supplémentaire de 2 francs par hectolitre pour chaque franc de baisse au-dessous du maximum fixé.

Le tableau suivant précisera l'application pratique du système. Prenons pour exemple le port de Marseille (1re classe) où, dans la pensée de la loi, les cours devaient normalement se tenir entre 24 et 26 francs.

Régime douanier du blé à Marseille d'après la loi de 1821.

Prix du blé à l'hectolitre.	Importation.	Exportation.
Au-dessus de 26 fr.	Droit fiscal.	Prohibée.
De 25 à 26 fr.	Droit fiscal + 2 fr.	Permise, droit fiscal.
De 24 à 25 fr.	Droit fiscal + 4 fr.	—
Au-dessous de 24 fr.	Prohibée.	—

Les mêmes cours servaient de règle à l'importation et à l'exportation des farines, sur lesquelles il était perçu, par quintal, un droit fixe double et un droit supplémentaire triple des droits établis par hectolitre de blé. L'importation et l'exportation des céréales autres que le blé étaient soumises à un régime analogue.

La loi désignait dans chaque zone un certain nombre de marchés régulateurs, dont les cours, officiellement constatés à la fin de chaque mois par les soins du ministre de l'Intérieur, et publiés au *Moniteur*, déterminaient pour tout le mois suivant le régime applicable dans chaque zone à l'importation et à l'exportation des céréales.

L'ordonnance du 28 septembre 1828 sur l'admission temporaire.

Tel était le régime douanier en vigueur sur les céréales lorsque l'admission temporaire fit son apparition dans notre législation. Ce fut par une ordonnance du 28 septembre 1828, contresignée par M. de Saint-Cricq, ministre du Commerce (1), et d'une application purement locale. A cette époque, le prix moyen du blé dans la zone du Midi était de 20 fr. 32 l'hectolitre : l'importation se trouvait donc prohibée puisqu'elle n'était admise qu'à partir du cours de 24 francs.

Il se faisait néanmoins à Marseille un important commerce de transit, et beaucoup de blés étrangers y étaient admis en entrepôt réel pour être ensuite réexportés. Les commerçants firent valoir l'avantage qu'il y aurait pour la main d'œuvre nationale à ce que cette réexportation pût se faire après transformation du blé en farine, ce qui assurerait en même temps au commerce de transit des bénéfices plus étendus et des débouchés plus larges. Dans ce but ils demandèrent à pouvoir faire sortir provisoirement de l'entrepôt, des céréales destinées à la mouture, qui seraient identiquement réintégrées en entrepôt après transformation.

L'ordonnance du 28 septembre 1828 donna satisfaction à cette demande très légitime. Il est intéressant d'en reproduire le texte, qui montrera le caractère de l'admission temporaire à son origine et les précautions prises pour que ce régime ne pût porter aucune atteinte à la protection douanière :

Article premier.— « Faculté est accordée de faire moudre les grains déposés à l'entrepôt réel de Marseille, à la charge de réintégrer iden-

---

(1) *Moniteur* du mardi 30 septembre 1828, n° 274, page 1521 ; — *Bulletin des Lois*, VIII⁰ série, n° 9441.

liquement dans cet entrepôt toutes les farines produites, et ce sans substitution équivalente ou compensation quelconque. »

Art. 2. — « Les permis pour la sortie de l'entrepôt et pour la conduite à la mouture seront délivrés par la douane de Marseille, en vertu de soumissions duement cautionnées, contenant indication des moulins où les diverses parties de grains devront être conduites, et promesse de rapporter les farines à l'entrepôt dans le délai qui sera exprimé aux dits permis. »

Art. 3. — « Les permis ne seront pas délivrés pour moins de 200 hectolitres à la fois. »

Art. 4. — « Le Préfet du département des Bouches-du-Rhône formera immédiatement une commission composée du directeur des douanes et de six personnes choisies parmi les plus expérimentées dans le commerce et la manutention des blés, afin qu'elle ait à déterminer le rendement en farine de chaque espèce de grains étrangers qui peuvent être admis à la mouture.

« Le tableau arrêté par cette commission servira à régler la quantité de farines que les soumissionnaires devront s'engager à réintégrer en entrepôt comme *minimum* du produit des grains livrés à la mouture.

« La commission arbitrera, par ce même tableau, le délai nécessaire pour opérer la mouture et en rapporter le produit à l'entrepôt, suivant la saison et la distance des lieux. »

Art. 5. — « La commission prononcera sur toutes les difficultés auxquelles pourront donner lieu, soit, à la sortie de l'entrepôt, la qualification des grains et le rendement à soumissionner, soit, à la rentrée des farines, la reconnaissance de leur espèce ou de leur quantité. »

Art. 6. — « L'administration des douanes fera surveiller la conversion des grains en farines pour en assurer l'identité, et pourra faire exécuter à cet effet toutes visites et recherches nécessaires. »

Art. 7. — « Toute substitution de grains ou farines, tout manquement dans le rendement obligatoire, sera poursuivi comme soustraction de l'entrepôt et introduction frauduleuse d'objets prohibés. »

Art. 8. — « Les propriétaires de grains convertis en farines acquitteront les droits d'entrée des sons provenant de la mouture et restés en consommation. »

Art. 9. — « La faculté accordée par la présente ordonnance aux grains entreposés à Marseille sera appliquée, avec l'autorisation de notre ministre du Commerce, aux grains entreposés dans les autres ports du royaume où l'entrepôt réel offrira des garanties semblables et les mêmes moyens d'accomplir chacune des conditions réglées par la présente ordonnance. »

L'ordonnance de 1828 constitue comme la charte de l'admission temporaire à l'identique absolu. Non seulement la réexportation, qui s'effectue sous la forme de remise en entrepôt, doit être faite par l'importateur lui-même, mais les produits sortis de l'entrepôt doivent y être réintégrés dans leur identité de substance et dans leur intégralité. Les choses devaient se passer en définitive comme si le grain avait été converti en farine dans l'entrepôt lui-même, sans aucune substitution possible. Un commerçant qui aurait réexporté, non la farine même provenant du blé temporairement admis, mais une quantité, fût-elle supérieure, de farine provenant de blé indigène, s'exposait aux pénalités qui répriment l'interdiction frauduleuse d'objets prohibés. L'administration des douanes était armée des pouvoirs les plus larges pour vérifier l'identité entre la farine exportée et les grains antérieurement importés ; elle pouvait exercer au besoin un contrôle permanent sur la fabrication.

Quant à l'intégralité de la réexportation, la pensée des auteurs de l'ordonnance n'était pas moins claire. Les rendements officiellement établis aux termes de l'article 4 ne devaient avoir pour but que d'éviter des fraudes ; ils n'étaient considérés que comme un minimum, et si les rendements réellement obtenus étaient supérieurs, le soumissionnaire qui aurait voulu en profiter pour maintenir en France une certaine quantité de farines provenant de céréales étrangères, en dépit de la prohibition ou des droits d'entrée, contrevenait à l'article 1er, qui exigeait la réintégration en entrepôt de *toutes* les farines produites.

Défaut d'application pratique de l'ordonnance de 1828.

Le régime de l'identique absolu assure d'une manière
très efficace le maintien de la protection douanière, mais
il est d'une application pratique fort difficile. En fait, l'ordonnance de 1828 ne fut pas exécutée sur ce point. M. Duchatel, ministre du Commerce, constatait, dans un rapport
au Roi en date du 20 juillet 1835 (1), que les blés introduits temporairement n'étaient réexportés, ni dans leur
identité, ni dans leur intégralité. De nombreuses pétitions
des agriculteurs du Midi et de l'Ouest de la France avaient
signalé ce double abus, et une enquête ordonnée par les
ministres du Commerce et des Finances avait démontré
qu'en effet non seulement les farines au moyen desquelles
les soumissions d'admission temporaire étaient apurées ne
provenaient souvent pas des blés antérieurement sortis de
l'entrepôt, mais que jamais il n'était réintégré plus du
minimum de farine exigé par les règlements, alors qu'en
fait la quantité réellement obtenue était le plus souvent
très supérieure à ce minimum.

On voit que le régime de l'identique absolu, à la fois
quant à la personne et quant à la substance, s'il a figuré
dans notre législation relative à l'admission temporaire
des céréales, n'y a eu qu'une valeur purement théorique.
La pratique a introduit le système de l'équivalent quant
à la substance, qui allait être sanctionné en 1835 sous certaines restrictions, et qui n'a jamais cessé d'être appliqué
par la suite.

---

(1) *Moniteur* du mercredi 22 juillet 1835, p. 1749.

CHAPITRE II

LE RÉGIME DE L'ÉQUIVALENT QUANT A LA SUBSTANCE

(1835-1850).

—

La réforme de l'échelle mobile en 1832.

Dès les premiers temps de la Monarchie de Juillet, une loi du 15 avril 1832 vint apporter quelques tempéraments dans le régime de l'échelle mobile organisé par les lois de 1819 et de 1821. Sous sa forme primitive cette loi constituait une diminution notable de la protection agricole. Suivant les expressions de M. Charles Dupin, rapporteur du projet à la Chambre des Députés, ses résultats devaient être « d'abaisser à la fois, mais avec modération, mais avec des compensations heureuses, le prix des grains et, par une conséquence inévitable, le prix des salaires (1) ». Elle était d'accord avec la politique générale de la Monarchie de Juillet qui prenait son point d'appui sur les commerçants et sur les industriels non moins que sur les propriétaires fonciers.

Il est vrai que la Chambre des Députés, issue d'un corps électoral où, jusqu'en 1832, les propriétaires fonciers con-

---

(1) Chambre des Députés. Rapport fait au nom de la Commission chargée d'examiner le projet de loi sur les céréales, par le baron Charles Dupin, député de la Seine, dans la séance du 5 mars 1832. Supplément au *Moniteur* du mardi 6 mars 1822, p. X, col. 1.

servèrent la prépondérance, apporta au projet du gouvernement des modifications essentielles. Elle en supprima les chiffres nouveaux proposés pour l'application de l'échelle mobile, chiffres basés sur le prix du pain, et qui ne faisaient commencer l'effet de la protection qu'à partir de cours correspondant pour le blé à 20 fr. 46 et 23 fr. 79 l'hectolitre suivant les zones, au lieu des prix de 20, 22, 24 et 26 francs antérieurement prévus.

Du projet gouvernemental subsista seulement la suppression des prohibitions, tant à l'entrée qu'à la sortie. Elles furent remplacées par des droits de douane supplémentaires, s'élevant, à l'entrée, à 1 fr. 50 par hectolitre pour chaque franc de baisse au dessous du minimum légal de 18, 20, 22 et 24 francs suivant les classes, et, à la sortie, à 2 francs par hectolitre pour chaque franc de hausse au-dessus de 20, 22, 24 et 26 francs (1).

L'ordonnance du 20 juillet 1835 et l'équivalent quant à la substance.

C'est sous l'empire de cette loi, qui constitua la forme définitive du système de l'échelle mobile, que fut rendue l'ordonnance du 20 juillet 1835, qui apportait des modifications considérables au régime de l'admission temporaire.

A cette date de 1835, les céréales baissèrent en France à des taux qu'on n'avait pas vus depuis longtemps. Pour en donner un exemple, dans la première classe de déparments, le prix du blé qui s'élevait au 1er octobre 1832 à 23 fr. 32, était tombé au 1er juillet 1835 à 16 fr. 29 l'hectolitre. Dans la 1re zone de la quatrième classe, les cours

____

(1) V. le texte de la loi du 15 avril 1832 dans le *Moniteur* du 18 avril, p. 1085.

avaient baissé entre les mêmes dates de 21 fr. 96 à 12 fr. 81.

Les agriculteurs firent entendre de nombreuses plaintes. Ils attribuèrent la dépréciation des cours, d'une part à la suppression des prohibitions à l'importation, d'autre part aux effets de l'admission temporaire telle qu'elle était appliquée par l'administration des douanes.

Dans un rapport en date du 20 juillet 1835, le ministre du Commerce, M. Duchatel, contestait que la loi de 1832 fût pour quelque chose dans l'avilissement des cours du blé. Il montrait que, dans tout le cours des années 1833, 1834, et dans les cinq premiers mois de l'année 1835, les importations totales de blé n'avaient pas dépassé 5,380 quintaux, et qu'une quantité aussi infime n'avait pas pu exercer une action notable sur les cours intérieurs. Mais il reconnaissait le bien fondé des plaintes dirigées contre l'admission temporaire, et il soumettait à la signature du Roi une ordonnance destinée à remédier aux inconvénients qu'avait entraînés l'application de ce système.

L'ordonnance du 20 juillet 1835 (1) visait successivement les deux abus que les agriculteurs avaient signalés dans la pratique de l'admission temporaire : défaut d'identité et défaut d'intégralité dans les céréales réexportées.

En ce qui concerne le premier point, on ne jugea pas possible de maintenir d'une façon stricte l'exigence de la réexportation à l'identique. Bien que formellement prescrite par l'ordonnance de 1828, elle n'avait pas été appliquée, et il est vraisemblable qu'elle ne l'aurait pas été davantage si on l'avait maintenue. Les conditions de continuité dans lesquelles travaillent les grandes minoteries

---

(1) *Moniteur*, mercredi 22 juillet 1835, p. 1749 ; — *Bulletin des Lois*, 9ᵉ série, t. II, nᵒ 5864, p. 57.

permettent en effet fort difficilement de reconnaître si une farine provient de tel lot de céréales plutôt que de tel autre. Il eût fallu pour faire cette vérification installer des agents de l'administration des douanes à demeure dans les minoteries, avec pleins pouvoirs pour intervenir à tout moment dans la fabrication elle-même, en interdisant toute opération qui pût amener un mélange de céréales indigènes et de céréales étrangères. Un pareil contrôle était bien autorisé par les termes de l'ordonnance de 1828, mais il aurait eu pour inconvénient — sans parler des frais considérables qu'il eût entraînés — de constituer une véritable inquisition à laquelle nos mœurs se seraient difficilement pliées.

L'ordonnance de 1835 supprima en conséquence comme illusoire l'exigence de l'identité de substance entre le blé importé et la farine réexportée, et reconnut le droit pour le meunier importateur de compenser une importation de blé étranger par une exportation de farines provenant de blé indigène.

Le principe de l'équivalent quant à la substance faisait ainsi son entrée dans nos lois. Mais par contre, l'ordonnance de 1835 restreignait l'application de l'admission temporaire de manière à rendre le régime de l'équivalent complètement inoffensif pour les intérêts agricoles.

On pourrait se demander en quoi l'admission temporaire à l'équivalent quant à la substance peut causer un dommage quelconque aux producteurs nationaux. Si, en effet, elle permet à un meunier d'introduire en France et de livrer à la consommation française une certaine quantité de blé étranger, ce blé lui reviendra exactement au même prix que le blé français, puisqu'il aura dû acheter une même quantité de ce dernier pour l'exportation, et par conséquent le blé étranger n'aura pas déprécié le blé indigène, puisqu'il n'aura pu lui faire concurrence qu'au même prix.

Mais il faut prendre garde qu'il y a des blés de qualités très diverses. Si l'admission temporaire à l'équivalent permet d'obtenir au prix du blé français, du blé étranger de qualité supérieure, comme le blé dur de Russie, particulièrement chargé en gluten, ce blé, plus recherché des consommateurs que le blé indigène, dépréciera ce dernier par comparaison.

C'est ce qu'ont parfaitement compris les auteurs de l'ordonnance du 22 juillet 1835. Ils ont voulu que l'admission temporaire à l'équivalent ne pût laisser dans la consommation française que des blés de qualité identique aux blés français, c'est-à-dire des blés tendres. Ils ont pris dans ce but un moyen radical : la suppression de l'admission temporaire des blés durs. Cette mesure restrictive résultait de l'article premier, ainsi conçu :

« La faculté accordée, par l'ordonnance du 28 septembre 1828 de faire moudre les blés exotiques entreposés, à charge de réexporter les farines en provenant, est retirée aux richelles de Naples, et généralement aux blés durs provenant de la mer Noire et du Danube, de l'Egypte et autres échelles du Levant, de la Barbarie, du royaume des Deux-Siciles, de la Sardaigne, de l'Espagne, et à tous autres blés de la même essence non dénommés qui pourraient leur être assimilés. »

L'admission temporaire n'était donc admise que pour les blés tendres, analogues aux blés fournis par le sol français, et incapables de faire à ceux-ci une concurrence de qualité bien sérieuse. La réexportation à l'équivalent n'assurait donc à l'importateur aucun avantage réel, et les intérêts des producteurs nationaux se trouvaient pleinement sauvegardés sur ce premier point.

Le second abus dont s'étaient plaints les agriculteurs était, nous l'avons vu, le défaut d'intégralité dans la réexportation. Un meunier introduisait 100 kilos de blé qui donnaient 70 kilos de farine, et n'en réexportait qu'une quantité inférieure, parce que les règlements de l'administration des douanes étaient basés sur un minimum inférieur à ce taux d'extraction, et qu'on n'exigeait pas autre chose que ce minimum. Toute la différence était entrée en réalité en France sans payer de droits : il y avait là cette fameuse fissure de l'admission temporaire, maintes fois dénoncée depuis, et d'autant plus importante que les procédés de mouture étaient plus perfectionnés.

L'administration fit procéder à des expériences ; on trouva que le rendement moyen des blés tendres, les seuls pour lesquels l'admission temporaire était maintenue, était de 68 à 70 0/0 en farine de qualité moyenne. Dès lors il eût suffi d'exiger la réintégration en entrepôt de 68 à 70 kilos de farine par quintal de blé pour être assuré qu'en moyenne l'intégralité des blés importés serait réexportée. Mais on tint à prévoir des rendements supérieurs à la moyenne. Au lieu de décider comme auparavant que la quantité de farine à réexporter serait déterminée par une commission locale, d'après les rendements moyens obtenus, on fixa cette quantité dans l'ordonnance elle-même, en prenant un chiffre sensiblement supérieur au rendement normal. L'article 2 de l'ordonnance était ainsi conçu :

« La faculté de mouture est conservée aux blés tendres entreposés, à la charge de réexporter, pour 100 kilogrammes de blé tendre, 78 kilogrammes de farine fraîche, blanche, blutée de 30 à 32 pour cent, de bonne qualité et bien conditionnée. »

La commission locale établie aux termes de l'ordonnance de 1828 était chargée d'approuver les échantillons de farine, blutée de 30 à 32 0/0, qui devaient servir de type à l'administration des douanes ; les farines inférieures à ce type qui seraient présentées en apurement des acquits devaient être refusées.

Par conséquent le minotier importateur devait, pour 100 kilos de blé, ressortir 78 kilos de farine, d'un type équivalent à de la farine extraite officiellement à 68 ou 70 0/0. Théoriquement, il devait sortir 8 ou 10 kilos de farine de plus qu'il n'en avait fait entrer sous forme de blé. Pratiquement les meuniers trouvaient le moyen d'extraire des farines à plus de 70 0/0, et de leur donner une blancheur telle qu'elle fussent néanmoins conformes aux types officiels : c'est précisément à cause de cela que l'on avait exigé 78 kilos pour apurer des farines extraites à 68 et 70 0/0. En fait, les meuniers étaient toujours forcés d'exporter une quantité de farines un peu supérieure à la quantité importée sous forme de blé ; pour le surplus, ils payaient les droits de douane, ou bien ils faisaient appel à la production française. C'est bien ainsi que l'entendaient les auteurs de l'ordonnance, qui avaient eu pour but à la fois de prendre une garantie surabondante et d'assurer au besoin aux agriculteurs nationaux l'avantage de livrer pour l'exportation une certaine quantité de grains, sans imposer à la meunerie une charge assez forte pour mettre obstacle à ses entreprises (1).

Il parut juste de faire acquitter aux importateurs les droits de douane établis sur le son, qui entrait sous forme de blé et qui n'était pas réexporté. Ces droits durent être payés à raison de 22 kilos par quintal de grains sortis de l'entrepôt. Aucun déchet de mouture n'était accordé.

L'ordonnance se préoccupa aussi du délai d'apurement ; les agriculteurs demandaient qu'il fût aussi réduit que

____

(1) V. le rapport de M. Duchatel ; *Moniteur* du 22 juillet 1835, p. 1749.

possible, de manière à limiter le temps pendant lequel les
blés étrangers venaient faire concurrence aux blés nationaux sans avoir payé les droits de douane. L'article 5
chargeait la Commission locale de Marseille d'arbitrer le
délai nécessaire pour opérer la conversion des blés en farines ; les farines devaient être réintégrées en entrepôt dans
le délai fixé et exportées effectivement dans les deux mois
suivants.

Les réclamations des meuniers.

L'admission temporaire ainsi établie assurait d'une manière très efficace le maintien de la protection douanière ;
mais les meuniers se plaignirent à leur tour d'être obligés
parfois de sortir plus de blé qu'ils n'en avaient importé, et
surtout de ne pouvoir faire entrer des blés durs étrangers
dans la composition de leurs farines sans être contraints
de payer les droits de douane, ce qui les empêchait de
faire des mélanges et diminuait, par suite, la valeur marchande des farines destinées à l'exportation en même temps
que les qualités nutritives de celles qu'ils vendaient pour
la consommation française.

Le système de l'ordonnance de 1835 n'en demeura pas
moins en vigueur jusqu'à la fin de la Monarchie de Juillet.
Des arrêtés ministériels étendirent le régime de l'admission
temporaire à un certain nombre de ports, tels que Toulon,
Port-Vendres, Bayonne et Bordeaux.

CHAPITRE III

LE RÉGIME DE L'ÉQUIVALENT QUANT A LA PERSONNE

(1850-1861).

—

L'admission temporaire sanctionnée par la loi de 1836.

Ce fut l'importante loi du 5 juillet 1836 sur les douanes (1) qui introduisit pour la première fois d'une manière générale l'admission temporaire dans notre législation. Cette loi abaissait la plupart des taxes du tarif douanier de 1816 et levait quelques prohibitions (2). Mais elle était exclusivement relative aux matières mises en œuvre par l'industrie ou aux produits industriels, et ne portait aucune atteinte à la protection agricole, en particulier à l'échelle mobile des céréales.

Les dispositions relatives à l'admission temporaire étaient inscrites dans l'article 5 de la loi, ainsi conçu :

« Des ordonnances royales pourront autoriser, sauf révocation en cas d'abus, l'importation temporaire de produits étrangers, destinés à être fabriqués, ou à recevoir en France un complément de main d'œuvre, et que l'on s'engage à réexporter ou à rétablir un entrepôt, dans un délai qui ne pourra excéder six mois, et en remplissant les formalités et les conditions qui seront déterminées.

---

(1) *Bulletin des Lois,* 9ᵉ série, t. XIII, nᵒ 442, p. 64.

(2) V. notamment à ce sujet le rapport de M. le Cᵗᵉ Roy à la Chambre des Pairs, dans la séance du 3 juin 1836, *Moniteur* du 4, p. 1300, col. 3.

« Dans le cas où la réexportation ou la mise en entrepôt ne sera pas effectuée dans le délai et sous les conditions déterminées, le soumissionnaire sera tenu au paiement d'une amende égale au quadruple des droits des objets importés ou au quadruple de leur valeur, selon qu'ils seront ou non prohibés ; et il ne sera plus admis à jouir du bénéfice du présent article. »

Cet article sanctionnait législativement les ordonnances de 1828 et de 1835, dont la légalité pouvait paraître contestable, puisqu'en somme elles faisaient échec à un tarif douanier voté par le Parlement. Il avait surtout pour but, dans la pensée des auteurs du projet, d'armer le Gouvernment contre les fraudes qui pouvaient se produire en matière d'admission temporaire. Voici comment s'exprimait à cet égard M. David, commissaire du gouvernement à la Chambre des Pairs, dans la séance du 10 juin 1836 (1) :

« Ce qu'on demande est tellement utile et se motive si bien de soi-même que plus d'une fois on a permis des opérations de cette espèce ; on le pourrait encore, car elles rentrent dans le régime du travail et des entrepôts ; mais ce qui oblige à recourir à la législature, c'est la nécessité d'avoir pour les cas d'abus, pour les cas de fraude, une disposition répressive que l'ordonnance ne peut pas créer. »

L'article 5 de la loi de 1836 permettait au Gouvernement de donner plus d'extension à l'admission temporaire que si elle avait dû continuer à se fonder uniquement sur « le régime du travail et des entrepôts ». Il devenait possible, en effet, d'accorder l'admission temporaire même en l'absence d'entrepôts, et la réexportation du produit pouvait avoir lieu sur un autre point du territoire que l'importation.

______

(1) *Moniteur* du samedi 11 juin 1836, p. 1393, col. 3.

Les réclamations des meuniers contre l'ordonnance de 1835.

La loi de 1836 n'avait apporté aucune modification au régime de l'admission temporaire des blés tel qu'il était organisé par l'ordonnance du 20 juillet 1835. Les meuniers avaient présenté de vives réclamations contre cette ordonnance. Ils faisaient valoir l'intérêt qu'il y avait pour la consommation française à ce qu'il leur fût possible d'améliorer la qualité de leurs farines par un mélange avec des blés durs étrangers, ce qu'ils ne pouvaient faire sans acquitter les droits de douane, l'ordonnance de 1835 ayant supprimé l'admission temporaire des blés durs. Ils ajoutaient que l'obligation de réexporter, pour 100 kilos de blé, 78 kilos de farine extraite, d'après les types officiels, à 68 ou 70 0/0, les contraignait à payer les droits de douane sur 10 0/0 environ du blé qu'ils réexportaient, et ils demandaient une réduction dans le rendement officiellement fixé. Enfin ils demandaient que ce rendement cessât d'être uniforme, et qu'il fût établi plusieurs taux, suivant le degré de blutage des farines exportées.

Néanmoins, tant que dura le gouvernement de Louis-Philippe, aucune atteinte ne fut portée à l'ordonnance de 1835, dont les dispositions qui avaient soulevé les protestations des meuniers avaient pour but, ainsi que nous l'avons vu, de garantir d'une manière surabondante les intérêts agricoles.

Les tendances libre échangistes du Prince-Président.

En 1850 la situation avait changé. Les réclamations contre le système de l'échelle mobile commençaient à se multiplier ; à la suite de la mauvaise récolte de 1846, une loi du 28 janvier 1847 avait dû en suspendre l'application. L'Angleterre y avait renoncé complètement en 1846. Déjà commençait dans l'entourage du Prince-Président le mou-

vement libre échangiste qui devait aboutir aux traités de
1860. De nombreuses réclamations s'étaient produites de
la part des Chambres de commerce contre le régime de la
mouture en France des blés étrangers organisé par l'ordonnance de 1835, et le Comité consultatif des arts et manufactures avait émis un avis favorable à ces réclamations :
on jugea qu'il n'y avait pas d'inconvénients à modifier l'admission temporaire dans le sens réclamé par les meuniers,
dût le régime protectionniste en recevoir une légère atteinte.

Le décret du 14 janvier 1850.

Ces modifications furent réalisées par un décret du
14 janvier 1850 (1), contresigné par M. Dumas, ministre
de l'Agriculture et du Commerce.

L'article 1er était ainsi conçu : « Les blés froments
étrangers, *sans distinction d'espèce, ni d'origine*, pourront être importés temporairement, en franchise de droits,
pour la mouture, sous les conditions déterminées par la
loi du 5 juillet 1836 et par les articles suivants. »

L'admission temporaire des blés durs, supprimée par
l'ordonnance de 1835, était donc rétablie.

L'article 2 donnait satisfaction aux réclamations des
meuniers sur un second point en faisant varier la quantité
de farine à exporter suivant leur qualité. Trois types
furent établis suivant le blutage, c'est-à-dire suivant la
proportion des sons et autres produits extraits du blé pour
obtenir la farine, ou, ce qui revient au même, suivant le
degré d'extraction de la farine : 90 0/0, 80 0/0 et 70 0/0.
Pour chaque quintal de blé entré en admission temporaire,
il fallait réexporter 90 kilos de farine du 1er type, 80 kilos

---

(1) *Moniteur* du mardi 15 janvier 1850, p. 149, col. 2 ; — *Bulletin
des Lois*, Xe série, t. V, no 1881, p. 22 ; — Dalloz, 1850, 4e partie, p. 7.

du 2me type et 70 du 3me. Les droits de douane devaient être perçus sur les sons non réexportés, avec une déduction de 2 0/0 pour déchet de mouture. Des échantillons officiellement établis devaient être déposés dans les bureaux de douane pour servir à vérifier si les farines exportées étaient bien du type déterminé.

Mais cette vérification est fort difficile, et de la farine conforme en apparence au type officiel du rendement de 70 0/0, par exemple, peut être extraite, tantôt à 65 0/0, tantôt à 75 0/0. C'est ce qui sous l'empire de l'ordonnance de 1828 avait amené la fameuse fissure, et c'est pourquoi l'ordonnance de 1835, qui fixait un taux unique de 70 0/0, avait imposé l'obligation de réexporter 78 kilos de farine conforme au type officiel du rendement de 70 0/0.

L'ordonnance de 1835 n'avait prévu qu'un cas, c'était la fissure à l'importation. L'obligation de réexporter 78 kilos de farine extraite entre 68 et 70 0/0 ne permettait pas de laisser en France des céréales qui n'auraient pas payé les droits d'entrée, mais, par contre, elle permettait, elle faisait même une obligation aux meuniers d'éluder une partie du droit de sortie lorsque l'élévation des prix sur les marchés intérieurs en avaient amené l'établissement, puisque dans la farine exportée en compensation d'une importation de blé étranger, et en franchise de droits de sortie, il entrait nécessairement une certaine proportion de blé français. Le régime de l'admission temporaire pouvait donc entraîner une fissure à l'exportation, contre laquelle l'esprit général de l'ordonnance de 1835 explique qu'on n'ait pas pris de mesures, mais contre laquelle le décret de 1850 jugea utile d'en prendre.

On s'en tint cependant aux cas où la fissure pouvait assurer un bénéfice notable, soit à l'importation, soit à l'exportation. L'article 2, § 2, décida que, quand les droits de sortie ou d'entrée seraient assez élevés pour donner quelque intérêt à la fraude, la quantité de farine à exporter serait augmentée ou diminuée de 5 kilos par 100 kilos de blé importé. Ces 5 kilos représentaient, de l'avis des hommes compétents, le maximum de la différence en plus ou en moins dans le taux d'extraction nécessaire pour obtenir une farine d'un type déterminé. La quantité de farine à réexporter se trouvait donc augmentée lorsque le meunier aurait eu intérêt à la diminuer, et diminuée lorsqu'il aurait eu intérêt à l'augmenter, d'une quantité égale au maximum de la fissure possible dans un sens ou dans l'autre.

C'est ce qui résultait de l'article 2, ainsi conçu :

« Pour 100 kilos de froment importés, on sera tenu de représenter en farines de froment bien conditionnées, de bonne qualité et sans mélange quelconque, savoir :

« 90 kilos de farine blutée à 10 0/0 ;

« 80 kilos de farine blutée à 20 0/0 ;

« ou 70 kilos de farine blutée à 30/00,

« suivant le taux de blutage qui aura été déclaré d'avance à la douane, d'après chacune des trois catégories indiquées ci-dessus.

« Toutefois, lorsque le droit sur le froment étranger sera de plus de 6 fr. 25 par hectolitre pour l'importation par navires français ou par la voie de terre, dans le département ou s'opère la sortie, la quantité de farine à réexporter d'après le paragraphe précédent sera augmentée de 5 kilos par 100 kilos de blé importé, et lorsque le droit de sortie sur le froment indigène y sera de plus de 6 francs par hectolitre, la quantité de farine à exporter d'après le même paragraphe sera réduite de 5 kilos par 100 kilos de blé introduit, et ces 5 kilos ne pourront sortir que moyennant l'acquit du droit existant à l'exportation des farines indigènes. »

L'équivalent quant à la personne et le trafic des acquits-à-caution.

Une dernière innovation, particulièrement importante, était réalisée par le décret de 1850. A la différence de l'ordonnance de 1835, basée uniquement sur les pouvoirs de surveillance des entrepôts accordé au gouvernement, le décret de 1850 se fondait sur une loi, la loi de 1836, ce qui lui permettait de rendre le régime de l'admission temporaire complètement indépendant de celui des entrepôts. Aussi, tandis que l'ordonnance de 1835 prévoyait uniquement des sorties momentanées d'entrepôt et des réintégrations dans le même entrepôt, le décret de 1850 donna au régime une base plus large : aux termes de l'article 3, l'importation et l'exportation purent se faire, en dehors des ports d'entrepôt réel, par tous les bureaux ouverts, soit au transit, soit à l'entrée des marchandises taxées à plus de 20 francs par 100 kilos. Au lieu d'être, comme dans l'ordonnance de 1835, laissé à l'appréciation des commissions locales, le délai imposé pour la réexportation fut fixé à 20 jours par l'art. 3. Aux termes du même article, la mise en entrepôt était considérée comme équivalente à la réexportation, sans qu'aucun délai fût imposé pour la réexportation effective qui, d'après l'ordonnance de 1835, devait avoir lieu dans les deux mois de la réintégration en entrepôt.

Pas plus que l'ordonnance de 1835, le décret de 1850 n'exigeait l'identité entre le blé importé et la farine exportée. L'article 4 disait bien que les déclarants devaient s'engager par une soumission valablement cautionnée, à « réexporter (1) ou à réintégrer en entrepôt » les farines en quantité et qualité prévue à l'article 2, mais le mot « réexporter » se trouvait déjà dans l'ordonnance de 1835 qui cependant avait établi le principe de l'équivalent. Nulle part ne figure l'obligation de réexporter les farines provenant des blés importés. Mais le décret de 1850 alla beaucoup plus loin : il n'exigea pas que l'exportation eût lieu par

---

(1) Il s'est glissé une faute d'impression dans le texte inséré au *Moniteur*, qui porte *rapporter*, ce qui ferait double sens avec *réintégrer*. Le mot « *réexporter* » figure dans le texte du *Bulletin des Lois*.

le bureau où avait été faite l'importation. Il en résulta l'opération connue sous le nom de trafic des acquits. Une personne importe sur un point quelconque du territoire français, à Marseille par exemple, du blé destiné à la consommation française, mais, au lieu de payer les droits de douane, elle déclare le blé en admission temporaire ; elle signe pour cela un titre appelé acquit-à-caution, par lequel elle s'engage sous caution à exporter dans le délai fixé par les règlements une quantité de farine correspondante à la quantité de blé importée. Mais au lieu de faire cette exportation elle-même, elle s'entend avec une personne d'une autre localité, ou même d'une autre région, qui a des farines à exporter, et qui consent à apurer son acquit, c'est-à-dire à exporter des farines en déclarant à la douane que c'est en compensation de l'importation antérieurement effectuée à Marseille. Dans ce but l'importateur remet à l'exportateur son acquit-à-caution pour le faire viser lors de la sortie, et il y ajoute une certaine somme, à laquelle on peut donner le nom de prime d'apurement, pour rémunérer l'exportateur du service qu'il lui rend en exécutant l'obligation d'exporter qu'il a contractée vis-à-vis de la douane.

Le décret de 1850 introduisait donc en France le système de l'admission temporaire à l'équivalent, non plus seulement quant au produit, mais quant à la personne. A vrai dire, rien n'obligeait, même avant ce décret, l'importateur à faire lui-même la réintégration en entrepôt, mais il n'avait aucun intérêt à céder son obligation, puisqu'il ne pouvait le faire qu'à un meunier voisin, placé dans les mêmes conditions que lui au point de vue de l'importation et de l'exportation. Pratiquement, l'acquit-à-caution ne donne lieu à des négociations que lorsque l'exportation peut se faire ailleurs que l'importation ; c'est pour cette raison qu'avant 1850 la réexpor-

tation était pour ainsi dire toujours faite par l'importateur
lui-même, et que l'on peut considérer le décret de 1850
comme ayant introduit, dans la pratique sinon dans la législation, le régime de l'équivalent quant à la personne.

Le décret du 1ᵉʳ juin 1850 et l'établissement des zones
de réexportation.

L'expérience ne tarda pas à révéler les inconvénients du
trafic des acquits, qui entraîne, ainsi que nous le verrons
bientôt, une véritable diminution de la protection douanière accordée à l'agriculture. Mais, avant même que les
réclamations des agriculteurs eussent commencé à se faire
jour, on s'aperçut qu'on avait commis dans le décret du
14 janvier une omission qui pouvait porter préjudice
même aux intérêts du Trésor.

A cette époque, en effet, l'échelle mobile, quoi qu'en
butte à de nombreuses attaques, fonctionnait toujours, et
les droits d'entrée étaient variables dans chacune des huit
zones de départements frontières organisées par la loi de
1821. Dans ces conditions le trafic des acquits permettait
d'introduire en franchise du blé dans une zone où il était
frappé d'un droit d'entrée plus ou moins considérable, et
de compenser cette importation par une exportation faite
dans une autre zone où le jeu de l'échelle mobile pouvait
avoir pour effet l'application d'un tarif de sortie. Par
conséquent, par une seule opération d'admission temporaire, le Trésor pouvait se trouver frustré à la fois de
droit d'entrée et de droits de sortie, les producteurs des
régions où le prix du blé était trop bas se trouver privés de la protection des droits d'entrée, et les consommateurs des régions où il était trop haut se trouver privés
de la protection des droits de sortie. On ne voulut pas pro-
longer plus avant l'expérience, et dès le 1ᵉʳ juin 1850, un

nouveau décret (1), revenant sur celui du 14 janvier, décida que la réexportation des farines ne pourrait s'effectuer que par l'un des bureaux de douane appartenant à la zone dans laquelle l'importation avait eu lieu, et que la réintégration en entrepôt devrait avoir lieu dans la même zone.

Le décret du 1er juin restreignait considérablement le régime de l'équivalent quant à la personne. L'utilité principale de ce régime consiste en effet pour les importateurs d'une région de la France, et surtout de la région du Midi, à pouvoir introduire en admission temporaire plus de blé que ne le comportent leurs débouchés extérieurs, et pour les exportateurs d'une autre région, surtout de la région du Nord, à pouvoir exporter, grâce à la prime d'apurement, des farines provenant de blé français et dont ils ne pourraient pas trouver le placement dans leur clientèle intérieure. Dès lors que le meunier du Midi ne peut vendre son acquit qu'à un meunier du Midi, ou que le meunier du Nord ne peut acheter le sien qu'à un meunier du Nord, l'importateur du Midi ne trouve plus à vendre ses acquits qu'à des gens qui sont aussi bien placés que lui pour faire l'importation ; l'exportateur du Nord n'a pas besoin d'en acheter, puisqu'il est aussi bien placé pour l'importation que ceux qui pourraient lui vendre leurs acquits. Aussi le trafic des acquits, sous le régime des zones de réexportation limitées, n'a-t-il qu'une application fort restreinte.

---

(1) *Moniteur* du 6 juin, p. 1841, col. 1 ; — *Bulletin des Lois*, Xe série, t. V, no 2193, p. 633. — Dalloz, 1850, 4e partie, p. 113.

CHAPITRE IV

—

L'abolition de l'échelle mobile.

Le système des zones n'avait été introduit dans l'admission temporaire que pour la mettre d'accord avec le régime de l'échelle mobile. Mais à partir de 1850, l'échelle mobile n'eut plus guère qu'une existence théorique. Le gouvernement impérial pencha de plus en plus vers le libre échange. Le 18 août 1853, un décret suspendit le fonctionnement de l'échelle mobile *en prévision* d'une mauvaise récolte, et alors que les prix étaient à peine rémunérateurs. Cette suspension se continua de prorogation en prorogation jusqu'au 7 mai 1859. De nouveau suspendue par une loi du 22 août 1860, l'échelle mobile fut définitivement supprimée par la loi du 15 juin 1861, qui établissait sur les blés un simple droit de statistique, fixé à 0 fr. 60 par quintal.

Cette suppression ne souleva guère de protestations du côté des agriculteurs, parce qu'elle était conforme à leurs intérêts du moment. Presque partout, en effet, le blé était à l'étranger aussi cher ou plus cher qu'en France. L'hectolitre, qui valait à Paris 20 fr. 52, était coté 29 francs à Londres, 21 francs à Odessa et 21 francs à New-York (1).

____

(1) V. F. Convert, *L'industrie agricole*, Baillière, 1901, p. 94.

L'importation étrangère n'était pas à craindre dans de
pareilles conditions, et l'abolition de l'échelle mobile, qui
entraînait la suppression des droits de sortie éventuels,
pouvait paraître plus favorable que nuisible à l'agriculture. Aussi la loi du 15 juin 1861 ne souleva-t-elle au
début que d'assez faibles protestations.

Le décret du 25 août 1861 et la suppression des zones de réexportation.

La suppression de l'échelle mobile entraîna une modification nouvelle dans le régime de l'admission temporaire.
Le décret du 1ᵉʳ juin 1850 n'avait limité les zones de réexportation que pour mettre l'admission temporaire en
harmonie avec le régime douanier ; une fois les zones
supprimées pour l'application des droits de douane, il parut naturel de les supprimer également pour l'apurement
des acquits. Cette réforme fut réalisée par un décret du
25 août 1861 (1), contresigné par M. Rouher, ministre de
l'Agriculture, du Commerce et des Travaux publics, et
dont l'article 3 était ainsi conçu :

« Les froments destinés pour la mouture pourront être importés
par tous les bureaux de douanes ouverts à l'importation des céréales.

« La réexportation des farines pourra être effectuée par les ports
d'entrepôt réel ou par les bureaux ouverts soit au transit, soit à l'entrée des marchandises taxées à plus de 20 francs les 100 kilogrammes. »

Plus de restriction, par conséquent, en ce qui concerne
la zone par laquelle l'exportation devait avoir lieu. Les
commerçants en grains ou les meuniers du Midi pouvaient
donc importer en admission temporaire des céréales des-

---

(1) *Moniteur* du vendredi 30 août 1861, p. 1301 ; — *Bulletin des
Lois*, XIᵉ série, t. XVIII, nᵒ 9476.

tillées à la consommation intérieure et faire apurer leurs acquits par un meunier du Nord. Cette opération était rendue d'autant plus facile que le délai imparti pour l'exportation était porté de 20 jours à 3 mois ; la validité des acquits se trouvait donc étendue à la fois dans le temps et dans l'espace, ce qui allait faire renaître leur trafic.

L'enquête agricole de 1866 et les réclamations des agriculteurs contre le trafic des acquits.

Le droit fixe de 0 fr. 60 par quintal de blé établi en 1861 était manifestement insuffisant pour garantir l'agriculture française contre la concurrence étrangère. Aussi vit-on bientôt les prix du blé s'abaisser progressivement pour atteindre en 1865 le cours de 14 francs à 14 fr. 50 l'hectolitre. Les réclamations des agriculteurs furent vives contre le nouveau régime. Le gouvernement impérial décida, tout au moins, de les examiner. Une vaste enquête agricole fut ordonnée par un décret du 10 mars 1866 ; mais la Commission supérieure de l'enquête, dès le début de ses travaux, résolut d'écarter la question de la législation douanière des céréales « comme pleinement résolue par l'expérience dans le sens de la solution libérale que lui avait donnée la loi de 1861 (1) ». L'enquête dura quatre ans, pendant lesquels les prix du blé, sous l'influence des récoltes déficitaires, atteignirent le niveau moyen de 20 francs l'hectolitre, qui était très raisonnable pour les consommateurs en même temps que suffisamment rémunérateur pour la culture : ce fut une raison de plus pour

______

(1) Rapport de M. Louvet, ministre de l'Agriculture et du Commerce, sur l'enquête agricole, 12 mai 1870 ; *Journal Officiel* du vendredi 20 mai 1870, p. 833 ; reproduit dans le *Journal des économistes*, t. XIX, juillet à septembre 1870, pp. 128 et 404.

ne pas modifier le régime douanier inauguré en 1861.

Tout en écartant volontairement de son programme la question essentielle d'une modification au tarif douanier des céréales, la Commission d'enquête fit une étude très approfondie des autres demandes formulées par les agriculteurs, et le rapport de M. Louvet concluait à ce qu'il leur fût donné satisfaction sur un certain nombre de points, notamment sur leurs réclamations soulevées contre l'admission temporaire.

Ces réclamations s'étaient produites surtout de la part des agriculteurs du Midi, qui, grâce au trafic des acquits-à-caution, se trouvaient concurrencés par des blés étrangers qui entraient définitivement dans la consommation française sans avoir payé de droits de douane, l'exportation ayant lieu non dans la région importatrice, mais sur un autre point de la France. Sans doute les importateurs étaient obligés de verser une certaine somme aux meuniers qui exportaient à leur place, mais cette somme était nécessairement inférieure au droit de douane ; si les exportateurs avaient exigé davantage, il est évident que les importateurs, au lieu d'importer en admission temporaire, auraient importé au commerce spécial. En fait, le montant du droit de douane se partageait généralement par moitié entre l'importateur et l'exportateur.

Bien que le droit de douane sur les blés ne fût en principe que de 0 fr. 60, comme la plupart des blés étrangers venaient par navires étrangers, la surtaxe de pavillon qui dura jusqu'en 1867 portait en fait le plus souvent le montant des droits à 1 fr. 20 ; la diminution de protection douanière résultant du trafic des acquits était donc assez sensible pour que les cultivateurs du Midi fussent en droit de s'en plaindre. A partir de 1867, la surtaxe de pavillon étant supprimée, le droit de douane sur les blés fut uniformément de 0 fr. 60, ce qui réduisit de moitié l'avantage résultant du trafic des acquits. Mais, plus réduite était la protection résultant du droit de douane, plus il pouvait paraître nécessaire d'en assurer le bénéfice intégral aux agriculteurs. Après une longue et vive discussion, la commission supérieure de l'enquête agricole émit le vœu que le Gouvernement examinât s'il ne convenait pas de modifier le régime de l'admission temporaire. Le sens de cette modification était indiqué dans le rapport de M. de Mornay, commissaire général de l'enquête, qui concluait à un retour au système des zones et à l'interdiction du trafic des acquits-à-caution.

CHAPITRE V

—

Réclamations de la Belgique contre le trafic des acquits.

Le rapport général de M. Louvet sur l'enquête agricole était daté du 12 mai 1870. Les graves événements politiques qui se préparaient empêchèrent de donner suite aux projets qui y étaient contenus. Mais, en 1873, la question des admissions temporaires préoccupa de nouveau l'attention des pouvoirs publics parce qu'aux réclamations des agriculteurs du Midi s'étaient jointes celles des meuniers de la Belgique, qui avaient protesté contre la prime d'exportation accordée aux meuniers français du Nord par suite du trafic des acquits. Le Gouvernement belge, qui se proposait à cette époque de supprimer les droits d'entrée sur les farines, avait fait savoir au Gouvernement français qu'il maintiendrait une taxe spéciale sur les farines françaises tant qu'elles jouiraient de cette prime. Un arrangement fut conclu le 5 février 1873 entre la France et la Belgique : les blés importés en France et déclarés pour l'admission temporaire ne devaient donner lieu à exportation en Belgique que par les bureaux de la direction où l'importation aurait été effectuée.

Le décret du 18 octobre 1873.

Ce régime fut établi pour toute la France par un décret du 18 octobre 1873 (1). « La réexportation des farines, était-il dit dans l'article unique du décret, ne pourra s'effectuer que par les bureaux de douane de la direction par laquelle l'importation des froments aura eu lieu. »

Ainsi donc on n'interdisait pas le trafic des acquits, mais on le destituait de son principal avantage, en ne l'autorisant qu'entre personnes habitant à proximité du même bureau de douanes. Lorsque l'admission temporaire fonctionne dans ces conditions, si les importateurs trouvent encore des exportateurs pour acheter leurs acquits, cette opération ne peut leur laisser en effet qu'un bénéfice insignifiant sur le droit de douane, sans quoi les exportateurs auraient intérêt à faire eux-mêmes l'importation, ce qui d'ailleurs se produit le plus souvent. Le régime de l'équivalent, même quant à la personne, ne constitue pas une diminution sérieuse de la protection douanière lorsque la réexportation doit avoir lieu par le même bureau, et le système du décret de 1873 était très favorable aux intérêts agricoles.

L'enquête de 1876-1877 au Conseil supérieur du commerce et les réclamations des meuniers contre le décret de 1873.

Mais les meuniers soulevèrent de vives protestations contre le régime d'admission temporaire inauguré par le décret de 1873. La question fut portée devant le Conseil supérieur du commerce, de l'agriculture et de l'industrie, qui, aux mois de décembre 1876 et de janvier 1877, consa-

---

(1) *Journal Officiel*, dimanche 19 octobre 1873, p. 6442, col. 1 ; — *Bulletin des Lois*, XIIe série, t. VII, no 2479, p. 726 ; Dalloz, 73. 4. 21.

cra toute une session à une enquête sur les admissions temporaires (1). Les délégués du commerce des blés et de l'industrie des farines firent valoir que l'obligation de réexporter par le même bureau avait restreint à la fois les importations de blé dans le Midi et les exportations de farine dans le Nord, et que le mouvement commercial ainsi enlevé aux ports français profitait aux ports étrangers, notamment à celui d'Anvers. Bien que la prime d'exportation résultant de l'apurement d'un acquit ne dépassât pas le plus souvent 0 fr. 50 par sac de farine, son action était très importante parce qu'à cette époque, à la différence de ce qui se passe aujourd'hui, les cours du marché français n'étaient pas plus élevés que ceux des marchés extérieurs, et les meuniers français pouvaient exporter de grandes quantités de farines au commerce spécial ; la prime d'exportation de 0 fr. 50 par sac n'était donc pas absorbée par la différence des cours et venait souvent en augmentation du bénéfice net des meuniers, ce qui constituait un précieux encouragement à l'exportation.

Les meuniers demandaient le retour pur et simple au décret de 1861, c'est-à-dire à la possibilité d'apurer les acquits à caution par une exportation faite sur n'importe quel point de la frontière. M. Amé, directeur général des douanes, admettait leurs réclamations sur un point, la possibilité d'exporter les farines sans être nécessairement forcé de passer par un bureau de la direction par laquelle avait eu lieu l'importation de blé, si par exemple le moulin était plus près d'un autre bureau frontière. Il consentait dans ce but à l'extension des zones d'exportation. Mais il se déclarait nettement opposé à toute modi-

____

(1) V. les procès-verbaux de cette enquête et les pièces annexes dans le *Journal Officiel*, année 1877, nᵒˢ des 26, 27, 28, 29, 30 mai, 2, 4, 11, 13, 14, 15 et 16 juin.

fication pouvant donner lieu à un trafic d'acquits (1).

M. Teisserenc de Bort, ministre de l'Agriculture et du Commerce, avait indiqué au Conseil supérieur la même solution. Néanmoins le Conseil se prononça, à la majorité de 17 voix contre 14, pour le retour pur et simple au système de 1861, c'est-à-dire pour la suppression absolue des zones de réexportation. Cette majorité parut trop faible au ministre pour qu'il crût nécessaire de déposer un projet en contradiction avec le sentiment de son administration, et l'obligation de réexporter les farines par un bureau de la direction de douanes où avait eu lieu l'importation demeura en vigueur jusqu'en 1896.

Durant ce long espace de temps, un certain nombre de modifications accessoires furent apportées au régime de l'admission temporaire : les unes favorables à l'extension du système, les autres conçues dans un sens restrictif, suivant les tendances économiques de leurs auteurs, d'autres enfin ayant seulement pour but de régler certains détails d'application.

Décision de 1881 sur l'apurement au moyen des semoules.

Une décision du ministre des Finances en date du 24 décembre 1881 autorisa les minotiers à présenter à la décharge des blés durs importés temporairement les farines désignées sous le nom de *semoules, semoulettes, farines rondes, et grossants.*

Cinq types furent établis suivant la qualité et le degré d'épuration, conformément aux taux en vigueur depuis

---

(1) Dès 1860, M. Amé, alors directeur des douanes et des contributions indirectes à Bordeaux, signalait les inconvénients du trafic des acquits. V. son *Etude économique sur les tarifs de douane*, Guillaumin, 1860, p. 529.

1861 pour les farines destinées à la panification. Au taux d'extraction de 70 p. 0/0 (blutage à 30 p. 0/0) correspondent deux types de semoules : semoules supérieures et ordinaires épurées à 30 p. 0/0, semoules à potage épurées à 30 p. 0/0 ; au taux de 80 p. 0/0 (blutage à 20 p. 0/0), un type : semoulettes épurées à 20 p. 0/0 ; au taux de 90 p. 0/0 (blutage à 10 p. 0/0), deux types : farines rondes épurées à 10 p. 0/0 et semoules dites *grossants*, épurées à 10 p. 0/0.

Extension à l'Algérie du régime de l'admission temporaire.

Un décret du 17 février 1886 (1) étendit à l'Algérie, assimilée à la France au point de vue de l'application des tarifs douaniers par la loi du 29 décembre 1884, le régime de l'admission temporaire. Aux termes de l'article 3 de ce décret, la réexportation des farines ne pouvait avoir lieu qu'à destination de l'étranger et des colonies françaises, à l'exclusion de la métropole, ce qui était la conséquence naturelle de l'assimilation douanière. Les farines devaient être représentées à l'un des bureaux de douane désignés par le décret et situés dans le département où l'importation temporaire avait été effectuée. Les conditions de la réexportation et les taux de blutage étaient les mêmes que dans le régime continental.

Création d'un type à 55 0/0.

Un décret du 5 juin 1886 (2) réalisa une réforme réclamée par la meunerie en permettant d'apurer les acquits au moyen de farines supérieures, blutées à 45 p. 0/0, c'est-à-

____

(1) *Journal Officiel*, mardi 23 février 1886, p. 897 ; — *Bulletin des Lois*, XIIᵉ série, t. XXXII, nᵒ 16,577, p. 548.

(2) *Journal Officiel* du jeudi 10 juin 1886, p. 2613, col. 3 ; — *Bulletin des Lois*, XIIᵉ série, t. XXXIII, nᵒ 17070, p. 682.

dire dont on n'obtenait que 55 kilos pour 100 kilos de blé. Cette réforme était justifiée par la nécessité où se trouvaient les meuniers français d'exporter des farines particulièrement blanches pour lutter avec avantage contre la concurrence étrangère, et particulièrement en Suisse contre celle des meuniers d'Autriche-Hongrie. Mais comme dans les 45 kilos d'issues les meuniers pouvaient trouver encore une certaine quantité de farine panifiable, on exigea pour ce type, en représentation de 100 kilos de blé importé, la réexportation de 60 kilos de farine au lieu de 55, les 5 kilos supplémentaires étant en compensation des farines de qualité secondaire qui restaient dans la consommation intérieure.

Le type à 55 p. 0/0 (blutage à 45 p. 0/0) fut étendu aux semoules de blé dur par un décret du 24 mai 1887 (1) ; mais au lieu de 60 kilos comme pour les farines de blé tendre, on n'exigea pour 100 kilos de blé que la réexportation de 55 kilos de semoules blutées à 45 p. 0/0.

Ces deux décrets étaient contresignés par M. Edouard Lockroy, ministre du Commerce et de l'Industrie.

Remplacement du type à 55 0/0 par un type à 60 0/0 pour les blés tendres.

Un nouveau décret, en date du 2 mai 1892 (2), rendu sur la proposition de **M. Jules Roche**, ministre du Commerce et de l'Industrie, modifiait dans un sens favorable aux meuniers le type à 55 0/0, admis par le décret du 5 juin 1886. Nous savons que, d'après ce décret, les échantillons déposés dans les bureaux de douane pour servir de

------

(1) *Journal Officiel* du vendredi 3 juin 1887, p. 2461, col. 2 ; — *Bulletin des Lois*, XII° série, t. XXXIV, n° 18079, p. 1460.
(2) *Journal Officiel* du jeudi 5 mai 1892, p. 2274, col. 1.

point de comparaison, devaient être obtenus par un blutage à 45 0/0, c'est-à-dire que les farines représentées devaient correspondre à un taux d'extraction de 55 0/0, alors
que cependant on exigeait l'exportation de 60 kilos de farine pour 100 kilos de céréales. Le décret de 1892 maintint bien cette quantité de 60 kilos à réexporter, mais il
permit de le faire en farines moins fines, extraites à 60 0/0
au lieu de 55. Comme l'extraction de 60 kilos de farine
de première qualité sur un quintal de blé laisse dans les
issues une certaine quantité de farines de qualité secondaire, le décret de 1892 permettait en réalité aux meuniers d'introduire en franchise cette quantité de farine sur
le territoire français.

*Les modifications à la législation douanière des céréales
depuis 1885.*

La concurrence de plus en plus vive que les agriculteurs
ont à subir de la part des pays nouvellement ouverts à la
production des céréales, où la main-d'œuvre est bon marché
et le sol fertile, dont les produits arrivent sur les marchés
européens avec des frais de transport de plus en plus réduits
et où parfois ils ont été payés avec une monnaie dépréciée
de moitié par rapport à la nôtre, a décidé tous les pays de
l'Europe occidentale, l'Angleterre exceptée, à frapper les
céréales étrangères de droits de douane fort élevés. En
France, une loi du 28 mars 1885 (1), porta les droits sur
les blés de 0 fr. 60 à 3 francs ; le taux fut élevé à 5 francs
par une loi du 29 mars 1887 (2), et à 7 francs par une loi du
27 février 1894 (3).

---

(1) *Journal Officiel* du dimanche 29 mars 1885, p. 1690, col. 3.
(2) *Journal Officiel* du vendredi 30 mars 1887, p. 1506, col 1.
(3) *Journal Officiel* du mercredi 28 février 1894, p. 949, col. 3.

On ne voulut pas revenir au système de l'échelle mobile,
considéré comme condamné par l'expérience. On ne jugea
pas cependant qu'il fût possible de maintenir en tout état de
cause les droits élevés qu'on avait établis, et la disposition
suivante fut édictée par l'article 1er de la loi du 30 mars 1887 :

« Dans des circonstances exceptionnelles, et quand le prix du pain
s'élévera à un taux menaçant pour l'alimentation publique, le Gouvernement pourra, en l'absence des Chambres, suspendre en tout ou en
partie les effets de la présente loi, par un décret du Président de la
République, rendu en Conseil des ministres.

« Dans ce cas, la mesure prise par le Gouvernement devra être soumise à la ratification aussitôt les Chambres réunies. »

On rétablissait ainsi une sorte d'échelle mobile, mais
qui ne fonctionnait que dans un seul sens, et dont l'application n'était pas automatique.

C'est par application de la même idée que le Parlement vota la loi du 2 juillet 1891 (1), qui, en prévision de
la mauvaise récolte de 1891, réduisait à 3 fr. au lieu de 5,
du 10 juillet 1891 inclus jusqu'au 1er juin 1892 exclu, les
droits sur les blés.

Le Gouvernement eut à faire une seule fois usage de la
faculté que lui donnait la loi de 1887 : au printemps de
1898, les prix du blé ayant atteint un cours excessif, un
décret du 3 mai (2) suspendit complètement, entre le 4 mai
et le 1er juillet, la perception du droit de douane sur les
blés en grains.

Pour compléter ce tableau sommaire de notre législation douanière des céréales, mentionnons la loi dite du
cadenas, du 13 décembre 1897, autorisant le Gouvernement à rendre provisoirement applicables par décret les

----

(1) *Journal Officiel* du vendredi 3 juillet 1891, p. 3301, col. 2,
(2) *Journal Officiel* du mercredi 4 mai 1898, p. 2937, col. 2.

dispositions des projets de loi portant relèvement des droits
de douane dès que ces projets auront été déposés ; le but
de cette loi est d'éviter les importations excessives qui se
produisent alors durant les discussions parlementaires, et
qui ont pour résultat de produire la baisse au lieu de la
hausse espérée par la loi.

La loi du 11 janvier 1892 (1) portant établissement du tarif général des douanes, n'a pas modifié le tarif en vigueur
sur les blés, et l'article 13, aux termes duquel l'admission
temporaire ne peut être accordée qu'en vertu d'une loi, n'a
porté aucune atteinte aux dispositions établies par la loi
de 1836 et les décrets postérieurs sur l'admission temporaire
des céréales.

Le décret du 9 février 1894.

La création des types à 60 et à 55 0/0, avec apurement
de 100 kilos de blé par 60 kilos de farine ou par 55 kilos
de semoules pour les blés durs, avait produit une véritable fissure par laquelle une quantité plus ou moins considérable de blé étranger pouvait pénétrer presqu'en franchise sur le territoire français : l'extraction de 60 kilos de farine ou de 55 kilos de semoules pour 100 kilos de blé laisse
en effet dans les issues une certaine quantité de produits
farineux qui n'acquittaient que les droits du son. Aussi les
agriculteurs soulevèrent-ils de vives réclamations contre le
décret de 1892. Ils dénoncèrent en même temps les fraudes commises par certains meuniers qui, sous le nom de
farines à 80 et à 90 0/0, exportaient des produits contenant une grande quantité de son : ils demandaient une revision des échantillons déposés dans les bureaux de douane,
qui, disaient-ils, étaient de qualité insuffisante pour permettre à l'administration de déjouer la fraude. Une autre

____

(1) *Journal Officiel* du mardi 12 janvier 1892, p. 169 et suivantes.

fraude était commise dans les importations, et consistait à introduire sous le nom de son, soumis à un droit de douane de 0 fr. 60, des produits farineux nommés *rebulets*, contenant une quantité plus ou moins considérable de farine panifiable à laquelle ils servaient de véhicule ; cette fraude était souvent liée à la première, les produits de basse qualité sortant en apurement d'acquits sous le nom de farine et rentrant sous le nom de son, après l'extraction, faite à quelques kilomètres de la frontière, d'une partie de la farine panifiable qu'ils contenaient. Pour toutes ces raisons, les agriculteurs demandaient à la fois une augmentation dans les quantités de farines à exporter en apurement des acquits et une révision matérielle des échantillons déposés dans les bureaux de douane.

A côté de ces plaintes contre la fraude légale et contre la fissure, les agriculteurs faisaient valoir d'autres réclamations. Un importateur, disaient-ils, introduit du blé en admission temporaire, le réintègre en entrepôt sous forme de farine dans les délais voulus, puis il retire cette farine de l'entrepôt pour la livrer à la consommation intérieure : il bénéficie ainsi de l'intérêt du droit de douane depuis l'époque où ces blés ont été importés en France. Il en résulte une diminution dans le coût de production de l'importateur, et par conséquent dans l'effet du droit de douane.

Enfin, les agriculteurs demandaient que les surtaxes d'entrepôt prévues par la loi du 11 janvier 1892 fussent appliquées aux blés d'origine extra-européenne admis au bénéfice de l'admission temporaire, et qui ne viendraient des pays de production que par l'intermédiaire d'un port européen. Ces surtaxes sont établies surtout dans l'intérêt de notre marine marchande, mais puisqu'elles ont pour résultat une protection supplémentaire accordée à l'agriculture, il est juste de ne pas l'en priver.

Les plaintes des agriculteurs contre la diminution de protection douanière résultant de l'admission temporaire étaient d'autant plus vives que cette protection ne se bornait plus comme en 1861 à un droit de 0 fr. 60 par quintal, mais que ce droit avait été successivement porté à 3, 5 et 7 francs.

Le décret du 9 février 1894 (1), dont l'auteur était M. Viger, ministre de l'Agriculture, fut inspiré du désir de donner la plus entière satisfaction aux demandes des agriculteurs. Il contraste à ce point de vue avec les décrets parus depuis 1873, et qui avaient été rendus dans l'intérêt des meuniers.

L'article 1er établissait dans les termes suivants la surtaxe d'entrepôt réclamée par les agriculteurs :

« Les blés d'origine extraeuropéenne importés des entrepôts d'Europe ne seront admis au bénéfice de l'admission temporaire qu'à la condition d'acquitter la surtaxe d'entrepôt. »

L'article 2 retirait aux importateurs l'avantage qu'ils pouvaient avoir à introduire en admission temporaire des blés destinés à la consommation française dans le seul but de retarder le paiement des droits de douane. Il était ainsi conçu :

« Les farines constituées en entrepôt à la décharge de comptes d'admission temporaire de blés devront, en cas de mise à la consommation, acquitter les droits du blé dont elles proviennent, avec l'intérêt légal du jour de l'importation. »

En vue de donner satisfaction aux réclamations élevées contre la fissure résultant du type à 60 0/0, contre l'altération des types déposés dans les bureaux de douane pour

---

(1) *Journal Officiel* du samedi 10 février 1894, p. 657, col. 2.

servir à la vérification des farines, et contre les fraudes auxquelles donnaient lieu les types à 80 et à 90 0/0, le décret institua auprès du Ministère du Commerce une Commission, dite Commission des farines, comprenant des délégués des trois Ministères du Commerce, de l'Agriculture et des Finances, ainsi que des principales Chambres de commerce. Cette Commission était chargée de reviser les types et de donner son avis sur les modifications à introduire dans les quantités de farine exigées pour l'apurement des acquits.

En résumé, les dispositions en vigueur en 1894 pour l'admission temporaire des blés étaient les suivantes :

1° Obligation de réexporter dans un délai de trois mois ;

2° Obligation de réexporter le produit par un bureau de la même direction de douane que le bureau importateur ;

3° Obligation de réexporter pour 100 kilos de blé les quantités suivantes de farine ou de semoule :

1re qualité	(farines, blutage à 40 0/0) (semoules, blutage à 45 0/0)	60 kilos
2e —	(blutage à 30 0/0)	70 —
3e —	(— 20 0/0)	80 —
4e —	(— 10 0/0)	90 —

4° Obligation de payer les droits sur les sons non réexportés, 2 0/0 étant alloués pour déchet de mouture ;

5° Obligation de payer les intérêts moratoires des droits de douane, à dater du jour de l'importation, sur les farines mises en entrepôt à la décharge d'acquits et reversées dans la consommation française ;

5° Obligation de payer la surtaxe d'entrepôt pour les blés extraeuropéens venant d'un port d'Europe.

CHAPITRE VI

L'EXTENSION DES ZONES (1896-1897).

—

La question de la fissure.

Les travaux de la Commission des farines instituée par
le décret du 9 février 1894 avancèrent lentement. Elle se
préoccupa d'abord de la revision des échantillons de farines et de semoules destinés à servir de points de comparaison à l'administration des douanes, conformément aux
rendements fixés par les décrets en vigueur ; puis elle examina s'il n'y aurait pas lieu de modifier ces rendements.
Dans la séance du 5 juillet 1895, un des membres de la
Commission, M. Coudert, meunier à Clermont-Ferrand,
fit entendre de vives protestations contre les avantâges
accordés aux industriels du Midi par l'introduction des
types à 60 0/0 pour les farines et à 55 0/0 pour les semoules. La possibilité de n'exporter que 60 ou même
55 kilos de produits pour compenser une importation de
100 kilos de blé permettait aux meuniers voisins des ports
de travailler pour la consommation française une certaine
quantité de blé exempte du droit de douane ; les meuniers
du Centre, disait M. Coudert, ne peuvent pas supporter la
concurrence qui leur est faite dans ces conditions, et c'est
la raison pour laquelle l'Auvergne a vu disparaître presqu'entièrement deux industries importantes, la semoule-
rie et la fabrique de pâtes alimentaires.

Ainsi donc, ce n'était plus seulement au nom des intérêts agricoles, mais au nom d'une partie des intérêts industriels eux-mêmes, que des réclamations étaient soulevées contre la fissure.

L'importance exacte de la fissure résultant du type à 60 0/0 fut déterminée avec le plus grand soin par le rapporteur de la Commission, M. Charles Lucas, directeur des marchés de blé, seigle, avoine et farines douze-marques de la Bourse de Paris, dans une étude basée sur des expériences de mouture faites à Paris sur des blés tendres, et à Marseille sur des blés durs.

Ces opérations montrèrent qu'en moyenne le rendement total en farines était, pour 100 kilos de blé tendre non nettoyé, de 70 kilos 665, et pour la même quantité de blé dur, de 78 kilos 620. Par conséquent, lorsqu'un meunier pouvait apurer une importation de 100 kilos de blé par une exportation de 60 kilos de farine, il introduisait, soit 10 kilos 665, soit 18 kilos 620 de blé qui restaient dans la consommation française et pour lesquels il n'avait payé que les droits de douane établis sur le son. Lorsque le blé dur servait à la fabrication de semoules, la quantité introduite en franchise n'atteignait plus que 15 kilos 65 (1).

Quelque consciencieuse qu'eût été l'enquête de M. Lucas, ces chiffres ne pouvaient avoir une valeur absolue, l'importance de la fissure dépendant essentiellement de l'outillage des meuniers. Aussi le bénéfice qu'elle permettait de réaliser sur les droits de douane était-il apprécié de façons très diverses. M. Coudert, meunier à Clermont-Ferrand, l'estimait à 2 fr. 50 par quintal de blé. M. Jules Bénard, membres du Conseil supérieur de l'agriculture, l'évaluait,

----

(1) V. sur cette question de la fissure la thèse de M. G. Dezaunay : *Exposé critique et historique de la législation des admissions temporaires*, Paris, 1899, p. 231 et suivantes.

d'après la comparaison du total des entrées de blé en admission temporaire et des sorties de farines destinées à l'apurement des acquits, à 1 fr. 12 par quintal de farine. M. Decoster, membre de la Chambre de commerce de Dunkerque, donnait le chiffre de 0 fr. 64 par quintal de blé tendre. M. Lucas déclarait dans son rapport qu'à son avis la prime ne dépassait pas 0 fr. 42 par quintal de blé tendre et 0 fr. 83 par quintal de blé dur.

Quoiqu'il en soit, personne ne contestait l'existence de la fissure résultant du type à 60 0/0 ; mais les meuniers alléguaient que cette légère prime leur était nécessaire pour lutter avec avantage sur les marchés étrangers contre leurs concurrents.

En ce qui concerne les fraudes auxquelles avaient donné lieu les types de 80 et de 90 0/0, dont la suppression complète était proposée par les agriculteurs, M. Lucas estimait que si, par suite de la qualité défectueuse des anciens échantillons, quelques lots de mauvaise farine avaient pu se glisser, malgré la surveillance de la douane et des experts, ces cas étaient restés exceptionnels, et que la fraude serait fort difficile avec les échantillons nouveaux, établis par la Commission des farines avec toutes les garanties désirables.

La question de la suppression des zones.

Comme il paraissait néanmoins probable qu'on donnerait satisfaction aux intérêts agricoles en bouchant la fissure, ce qui était la pensée très nette de M. Viger lorsqu'en 1894 il avait institué la Commission des farines, les meuniers voulurent au moins avoir une compensation et demandèrent le retour au système qui avait fonctionné de 1861 à 1873, c'est-à-dire à la possibilité d'apurer les acquits par n'importe quel point du territoire français. Non seulement, disait M. Colson-Blanche, président de l'Association nationale de la Meunerie (1), les meuniers auraient ainsi des facilités plus grandes pour leurs opérations d'admission temporaire, mais les agriculteurs eux-mêmes y trouveraient leur avantage. Les meuniers des départements surproducteurs du Nord et de l'Est achèteraient en effet aux importateurs du Midi des acquits au moyen desquels ils pourraient exporter, ce qui dégagerait le marché et amènerait une hausse des prix.

Les travaux de la Commission des farines avaient duré jusqu'à la fin de 1895. Ce fut à cette époque que M. Viger, qui était resté presque sans interruption au Ministère de l'Agriculture depuis 1893, eut connaissance, par un rapport de M. de Chappedelaine, consul de France à Mannheim, du système allemand des bons d'importation, auquel il songea tout de suite comme pouvant amener cet échange de céréales entre pays surproducteurs et pays déficitaires, très souhaitable pour l'agriculture, dont parlait M. Colson-Blanche, mais sans renouveler les inconvénients du trafic des acquits.

Les questions relatives à l'admission temporaire des céréales furent étudiées par le Conseil supérieur du commerce dans les séances des 17 et 18 janvier 1896. Dans un rapport en date du 10 janvier, M. Chandèze, directeur du commerce extérieur, exposait que les deux Départements du Commerce et des Finances étaient d'accord pour atténuer les restrictions du décret du 18 octobre 1873, et qu'il n'y aurait aucun inconvénient à permettre la sortie des farines par tous les bureaux des deux directions de douanes limitrophes de celle par laquelle avait eu lieu l'importation des blés ; il y aurait là une compensation au préjudice qu'allait causer aux meuniers le relève-

-----

(1) *Les admissions temporaires et le prix du blé. Meunerie française*, 9 novembre 1895, p. 268.

ment dans les quantités de farine exigées à la sortie.

Au Conseil supérieur du commerce, M. Férand, président de la Chambre de commerce de Marseille, réclama la création d'un nouveau type de farine destinée à l'apurement, le type de 50 0/0, qui correspondrait beaucoup mieux que le type de 60 à la qualité moyenne des farines exigées par la clientèle extérieure. Cette réclamation parut d'autant plus justifiée que, dans son rapport rédigé au nom de la Commission des farines, M. Lucas avait constaté que, sur dix échantillons prélevés par lui sur des farines déclarées pour l'apurement des acquits au taux de 60 0/0, tous provenaient en réalité d'une extraction comprise entre 45 et 50 0/0, c'est-à-dire qu'ils étaient d'une qualité supérieure au type officiel.

La proposition de M. Viger.

Sur ces entrefaites, M. Viger, qui avait quitté le Ministère de l'Agriculture, mais qui n'avait pas abandonné ses projets de 1894, déposa à la Chambre des Députés, dans la séance du 15 juin 1896, une proposition (1) tendant à régler législativement la question de l'admission temporaire des céréales, jusque-là régie par de simples décrets.

M. Viger reconnaissait l'utilité que pouvait présenter la suppression des zones de réexportation.

« Ces zones, disait-il, sont très nombreuses ; quelques-unes, dans la région du Nord et du Nord-Est, sont extrêmement limitées, de sorte que le blé admis temporairement peut exercer dans ces contrées, où la production du blé est considérable, une influence tout à fait fâcheuse sur les cours de la région.

----

(1) Chambre des Députés, 6e législature, annexe n° 1935. *Journal Officiel* du 22 juin 1896, documents, p. 461.

« Il n'en serait pas de même si les régions de grande production de céréales pouvaient exporter les farines provenant de la mouture des blés de pays et recevoir de la minoterie des contrées qui importent forcément des blés étrangers, ses acquits-à-caution.

« Les prix pourraient ainsi s'équilibrer et on empêcherait, par une sorte de ventilation entre le Centre et le Nord d'une part, le Midi de l'autre, l'encombrement du marché des farines, qui est l'une des causes les plus puissantes de la baisse du prix des blés. »

Mais M. Viger n'avait pas oublié les enseignements de 1861, et le dommage causé aux agriculteurs par le trafic des acquits qui avait subsisté jusqu'au décret de 1873. Aussi proposait-il comme correctif l'établissement de bons d'importation analogues à ceux qui fonctionnaient en Allemagne depuis 1894, et qui, s'ils ne devaient pas supprimer directement le trafic des acquits, devaient le supprimer indirectement en le rendant à peu près sans objet. Du jour, en effet, où un meunier de Nancy recevrait lors de l'exportation de ses farines un titre représentant une valeur assurée de 7 francs, il est évident qu'il ne se contenterait plus pour apurer un acquit-à-caution d'une somme inférieure à 7 francs, et que l'importateur serait obligé de verser entre ses mains le montant intégral du droit de douane. Nous aurons à étudier en détail cette partie de la proposition de M. Viger et les suites qui lui furent données, mais on voit dès maintenant comment les bons d'importation étaient le correctif nécessaire de l'établissement des zones et par quel lien étroit ils se rattachent à la question de l'admission temporaire.

A côté de cette disposition essentielle qui réglait à la fois la question des zones et celle du trafic des acquits, M. Viger proposait de supprimer les types à 80 et 90 0/0, ce qui supprimait la fraude commise sur ces types, et d'exiger une quantité uniforme de 70 kilos de farine pour apurer 100 kilos de blé, même pour les farines blutées à 40 et 45 0/0, ce qui bouchait la fissure.

La proposition de M. Viger donnait donc satisfaction sur tous les points aux intérêts agricoles. On pouvait toutefois reprocher au taux de 70 0/0 de rendement uniformément fixé, et qui s'inspirait du taux uniforme de 75 0/0 en vigueur à cette époque en Allemagne, de ne pas tenir un assez grand compte des nécessités de notre commerce d'exportation. L'Allemagne n'exporte guère ses farines que dans les pays Scandinaves et en Angleterre, ce qui pouvait expliquer l'uniformité de rendement, qui d'ailleurs a été supprimée en 1900. Au contraire la France a besoin d'exporter des farines de qualités très diverses, depuis les plus blanches pour soutenir sur les marchés suisses la concurrence des meuniers austro-hongrois jusqu'aux moins fines, dont se contentent les Arméniens et les Syriens qui s'approvisionnent à Marseille. Mais on pouvait, tout en maintenant la diversité des taux d'extraction, prendre des mesures pour imposer la réexportation non seulement des produits extraits aux taux officiels, mais aussi de tous les résidus de farine panifiables obtenus; c'est ce que firent les décrets de 1896 et de 1897.

Le décret du 29 juillet 1896.

Le Conseil supérieur de l'agriculture, réuni par M. Méline, ministre de l'Agriculture, au mois de juin 1896, examina les propositions élaborées au mois de janvier précédent par le Conseil supérieur du commerce. Il accepta le maintien du type à 60 0/0, et même la création d'un nouveau type à 50 0/0, mais en exigeant l'exportation de toute la farine panifiable obtenue, ce qui bouchait la fissure. Il décida la suppression du type à 90 0/0, celui qui prêtait le plus à la fraude. Pour les semoules, il remplaça le type à 55 0/0 d'extraction par un type à 50 0/0, pour lequel il fallait néanmoins présenter 55 kilos de produits en apurement de 100 kilos de blé dur : les 5 kilos supmentaires représentaient les produits farineux obtenus en dehors des semoules et qui n'étaient pas réexportés.

Enfin — et c'était l'innovation la plus importante — le Conseil supérieur de l'agriculture, en compensation des avantages retirés aux meuniers par l'augmentation des quantités de farine à exporter, admit un élargissement des zones de réexportation, que le décret de 1873 avait limitées à l'étendue d'une direction de douanes.

Les mesures préparées par le Conseil supérieur de l'agriculture furent réalisées par un décret en date du 29 juillet 1896 (1). Ce décret est relatif à deux points, la fixation nouvelle des quantités de farine à réexporter pour chaque type et la détermination des zones de réexportation.

Les quantités à réexporter en apurement d'un quintal de blé furent fixées ainsi qu'il suit :

	FARINES		SEMOULES
1re qualité (type à 50, blutage à 50 0/0) :	50^k du type à 50, plus	soit 17^k du type à 80 soit 10^{k}6 — 50	55^k du type à 50
2e qualité (type à 60, blutage à 40 0/0).	60^k du type à 60, plus	soit 10^k du type à 80 soit 7^{k}5 — 60	60^k du type à 60
3e qualité (type à 70, blutage à 30 0/0).	70^k du type à 70.		70^k du type à 70
4e qualité (type à 80, blutage à 20 0/0).	80^k du type à 80.		80^k du type à 80
5e qualité (type à 90, blutage à 10 0/0).	Supprimée pour les blés tendres. Pour les blés durs, 90^k du type à 90.		90^k du type à 90

Le territoire français fut divisé en cinq zones et l'ex-

_____

(1) *Journal Officiel*, vendredi 31 juillet 1896, p. 4403. col. 4 ; — *Bulletin des Lois*, XIIe série, t. LIII. no 31735, p. 1122.

portation des produits de la mouture en apurement d'acquits put se faire par tous les bureaux de la zone dans laquelle avait été effectuée l'importation en admission temporaire.

Ces cinq zones furent les suivantes :

1re zone : de Rouen à Valenciennes.

2e zone : de Charleville à Épinal.

3e zone : de Belfort à Montpellier.

4e zone : de Perpignan à Bordeaux.

5e zone : de La Rochelle à Saint-Malo.

Le décret du 31 décembre 1896.

Le système des zones étendues avait sa raison d'être sous le régime de l'échelle mobile pour éviter qu'une importation faite sur un point du territoire où fonctionnaient des droits d'entrée pût être compensée par une exportation faite sur un autre point où le blé se trouverait peut-être soumis à des droits de sortie. Mais l'établissement de ce système en 1896, alors que les céréales étaient soumises au même tarif dans tout le territoire, n'était qu'une solution transactionnelle entre la réexportation par un bureau de la direction importatrice et la réexportation par n'importe quel point du territoire, solution qui suscitait les inquiétudes justifiées des agriculteurs sans donner pleine satisfaction aux meuniers. Dès le 5 août 1896, dans une lettre à M. Méline, ministre de l'Agriculture, M. Colson-Blanche, président de l'Association nationale de la Meunerie, déclarait le décret du 29 juillet beaucoup trop restrictif. Ce qu'il fallait, disait-il, c'est que les acquits-à-caution créés par les importateurs marseillais pussent être utilisés sur toutes les frontières ; or le décret du 29 juillet ne permettait de les utiliser sur la frontière suisse. Ces réclamations furent écoutées et un décret du 31 décembre

1896 (1) étendit la deuxième zone, celle de Marseille, depuis Montpellier jusqu'à Pagny-sur-Moselle, au lieu de la limiter à Belfort.

Les meuniers de l'Est pouvaient donc exporter leurs farines au moyen d'acquits créés par les importateurs marseillais. Mais aussitôt éclatèrent les réclamations des meuniers du Nord et de l'Ouest qui se trouvaient placés, par ce décret, dans une situation inférieure à celle des meuniers de l'Est.

Pour utiliser les acquits créés par Marseille, les minotiers du Nord étaient forcés de faire transiter par Pagny-sur-Moselle et Anvers leurs farines à destination de l'Angleterre, ceux de l'Ouest et du Sud-Ouest de les envoyer par mer à Marseille et de les y faire dédouaner. Il y avait là des frais de transport qui rendaient le plus souvent l'opération impossible : le système des zones étendues accordait en réalité un privilège à toute une catégorie de meuniers au détriment des autres.

Dès le mois de janvier 1897, les représentants de la Chambre de commerce de Dunkerque écrivirent au ministre du Commerce pour se plaindre de la nouvelle réglementation, qui lésait à la fois les intérêts des meuniers du Nord, obligés pour exporter à des frais de transport que n'avaient pas à supporter les meuniers de l'Est, et les intérêts du port de Dunkerque, par lequel les farines allaient cesser d'être embarquées à destination de l'Angleterre. Le régime des zones étendues n'avait satisfait personne : il n'allait pas tarder à disparaître. Il n'en était pas de même de l'autre point sur lequel avait porté le décret de 1896. La fixation nouvelle établie par ce décret des quantités de farines exigées pour l'apurement des acquits

---

(1) *Journal Officiel* du mercredi 13 janvier 1897, p. 243, col. 2 ; — *Bulletin des Lois*, XIIe série, t. LIV, n° 32396, p. 494.

avait bouché d'une façon à peu près complète la fissure
dont se plaignaient les agriculteurs, en assurant l'exportation d'une quantité de farine qui correspondait, aussi
exactement que possible étant donnée la diversité des
rendements obtenus suivant les procédés de mouture, à
la quantité de blé introduite en admission temporaire.

CHAPITRE VII

—

*Le rapport de M. Henry Sagnier à la Société nationale
d'agriculture.*

Dès la mise en vigueur du décret de 1896, la Société
nationale d'agriculture eut à s'occuper de la question des
admissions temporaires. M. Méline, ministre de l'Agriculture, lui demanda son avis sur l'utililité qu'il y aurait à introduire en France un système emprunté à la
législation allemande du 15 avril 1894 sur l'admission
temporaire et les bons d'importation, ainsi que le proposait M. Viger.

Dans un rapport très complet sur la question, fait au
nom d'une Commission spéciale nommée par la Société,
M. Henry Sagnier exprima l'avis qu'il n'y avait pas lieu
d'établir en France le système des bons d'importation,
mais que l'extension du régime de l'admission temporaire
pouvait offrir des avantages pour l'agriculture, la meunerie
et le commerce. La possibilité d'apurer les acquits en dehors
des limites d'une zone déterminée permettrait d'exporter
des farines dans une région surproductrice en compensation d'importations faites dans une région déficitaire, résultat très favorable à tous les points de vue. M. Henry
Sagnier était jusque-là pleinement d'accord avec la proposition de M. Viger ; mais, comme il repoussait le système

des bons d'importation, il fallait trouver un autre correctif au trafic des acquits. M. Henry Sagnier en reconnaissait la nécessité dans son rapport. Le retour pur et simple à la situation créée par le décret du 25 août 1861, disait-il, n'a pas paru sans danger à certains membres de la Commission ; ils ont fait valoir « que la suppression absolue des zones, sans aucun correctif, assurerait de nouvelles proportions au commerce des acquits-à-caution, qui est considéré, à juste titre, comme éminemment nuisible à l'évolution naturelle des prix du blé sur les marchés intérieurs ».

Mais M. Henry Sagnier laissait de côté l'objection principale contre les acquits-à-caution. Sans doute leur commerce peut donner lieu à des abus qui facilitent la spéculation, mais les plaintes soulevées de 1861 à 1873 contre les acquits-à-caution ne visaient pas les abus du système : elles visaient, ainsi que nous l'avons remarqué, la possibilité pour un importateur d'éluder une partie du droit de douane sur des blés introduits pour la consommation intérieure, au moyen de la création d'un acquit et de sa cession à un exportateur, la négociation fût-elle faite en dehors de tout intermédiaire.

Partant de cette idée que ce qu'il fallait uniquement éviter lorsqu'on admettait le trafic des acquits, c'était l'influence exercée sur les cours du blé par le *marché* des acquits-à-caution, et non par leur négociation elle-même, M. Henri Sagnier proposait un système consistant à transformer les acquits-à-caution anonymes en acquits nominatifs et personnels. Les meuniers seuls devaient avoir le droit de recevoir des blés en admission temporaire, et l'endossement ne devait pouvoir être fait qu'à un meunier exportateur.

Sur les autres points qu'avait soulevés la pratique de l'admission temporaire, M. Henry Sagnier concluait au maintien pur et simple du décret de 1896, notamment en ce qui concerne les taux de rendement établis par ce décret, qui avaient donné satisfaction aux réclamations des agriculteurs en bouchant la fissure de l'admission temporaire.

Les conclusions du rapport de M. Henry Sagnier furent approuvées par la Société nationale d'agriculture dans la séance du 4 novembre 1896.

Le Conseil supérieur de l'agriculture, convoqué au mois de mars 1897 pour étudier la question, élabora un projet de décret conforme aux idées contenues dans le rapport de M. Henry Sagnier, qui du reste fut nommé rapporteur au Conseil supérieur comme il l'avait été à la Société nationale d'agriculture. Ce projet, soumis au Conseil supérieur du commerce, fut définitivement adopté par le Conseil supérieur de l'agriculture dans la séance du 26 juillet 1897, et, le 9 août 1897, fut promulgué le décret qui règle encore à l'heure actuelle l'admission temporaire des blés.

Le décret du 9 août 1897 (1).

La partie essentielle du décret consiste dans la suppression des zones ; elle est réalisée par l'article 1er, ainsi conçu :

« Les froments étrangers destinés pour la mouture pourront être importés par tous les bureaux de douane ouverts à l'importation des céréales.

« La réexportation des farines, semoules et sons pourra être effectuée par les ports d'entrepôt réel ou par les bureaux ouverts, soit au transit, soit à l'entrée des marchandises taxées à plus de 20 francs les 100 kilogrammes. »

Cette suppression des zones allait naturellement avoir

____

(1) *Journal Officiel* du 13 août 1897 ; *Bulletin des Lois*, XIIe série, t. LV, no 33,585.

pour conséquence un nouvel essor donné au trafic des acquits, qui avait déjà repris un grand développement depuis le décret de 1896. Dans le but d'éviter, non le trafic lui-même, mais les spéculations auxquelles il donne lieu, l'article 2 édicte une série de mesures qui, dans la pensée de ses auteurs, devaient avoir pour effet de supprimer les intermédiaires qui achètent et vendent les acquits. Voici quelles sont ses dispositions sur ce point : ,

« Les soumissions d'admission temporaire de blés ne pourront être souscrites que par des meuniers. Elles ne pourront être apurées que par des déclarations de réexportation signées par le soumissionnaire ou son fondé de pouvoir.

« Toutefois, le meunier soumissionnaire d'un acquit-à-caution pourra céder ce titre à un autre meunier chargé de la faire apurer.

« Cette cession sera opérée par voie d'endossement dans les dix jours de la délivrance de l'acquit-à-caution. Le soumissionnaire primitif et sa caution demeurent responsables de l'apurement. »

L'article 2 du décret réalisait une autre innovation en réduisant de 3 mois à 2 mois le délai de réexportation des farines. Cette mesure avait pour but de limiter le temps pendant lequel les blés étrangers viennent faire concurrence aux nôtres sans avoir payé le droit de douane.

Les taux d'extraction établis par le décret du 9 août 1897 furent les mêmes que ceux établis par le décret du 29 juillet 1896. Une seule modification fut faite pour le type à 50 0/0 : l'exportateur dut réexporter, soit 62 kilos (au lieu de 60 kilos 600) de farine du type à 50 0/0, soit 50 kilos de ce type et 17 kilos 500 (au lieu de 17 kilos) de farine du type à 70 (au lieu du type à 80).

Inefficacité des mesures prises pour limiter le trafic des acquits.

Ce que l'on peut reprocher au décret de 1897, c'est d'avoir rétabli le trafic des acquits par la suppression des zones, sans avoir pris des mesures pour éviter la diminution de protection douanière qui résulte de ce trafic. Nous avons vu que les auteurs du décret n'ont pas eu d'autre pensée que d'empêcher la spéculation sur les acquits, et que cette pensée ne répondait pas aux critiques qui s'étaient produites de 1861 à 1873 contre le trafic des acquits. Mais, même sur le terrain restreint où il s'est placé, le décret de 1897 est demeuré à peu près inefficace. On avait pensé que les acquits-à-caution nominatifs ne prêteraient pas à la spéculation comme les acquits au porteur. La pratique s'est chargée de montrer que cette espérance était illusoire. Sans doute, avec le système établi par le décret de 1897, les acquits une fois créés ne peuvent être négociés qu'entre un importateur et un exportateur, et le délai de dix jours dans lequel doit être fait l'endossement semble couper court à toute spéculation. Mais rien n'empêche de négocier les acquits bien avant leur création, et c'est ce qui se fait dans la pratique. A côté des acquits, pièces officielles, il y a ce qu'on appelle les *permis*, pièces créées par les intermédiaires, et dont voici un modèle :

« Par la présente convention, faite et négociée en double original et par votre entremise, M. X... vend à M. Y... la quantité de 4,000 quintaux métriques environ acquits de blé tendre à créer et à livrer par coupures de 50 tonnes environ dans le courant des mois suivants :

100 tonnes environ courant septembre prochain ;

100 tonnes environ courant octobre prochain ;

100 tonnes environ courant novembre prochain ;

100 tonnes environ courant décembre prochain.

« L'acheteur se réserve le droit de faire endosser les

acquits à un meunier dont il reste garant vis-à-vis des vendeurs. »

Il s'est créé sur les acquits-à-caution un marché à terme semblable à celui des produits agricoles, et qui a son siège principal à Marseille, d'où les cours sont télégraphiés chaque jour aux grands journaux commerciaux. Le marché à terme des acquits est d'ailleurs indispensable pour les meuniers exportateurs, qui ont besoin, lorsqu'ils vendent des farines à livrer, de connaître à l'avance le montant de la prime d'apurement qui viendra en déduction de leur prix de revient.

Comme le marché à terme des blés, auquel il est d'ailleurs intimement lié, le marché à terme des acquits entraîne l'intervention de spéculateurs qui n'ont ni blé à importer, ni farine à exporter, et dont le but unique est de toucher des différences; le décret de 1897 a été impuissant à les écarter. Au surplus, la perturbation apportée dans les cours du blé par suite des spéculations sur les acquits est insignifiante par rapport à la perturbation qui résulte des spéculations sur les blés eux-mêmes; vouloir réprimer le jeu sur les acquits, c'est prendre par un tout petit côté la question très générale des Bourses de commerce et des marchés fictifs. Voilà plusieurs années que l'on signale dans la presse agricole et économique les effets désastreux de ces marchés sur les cours des produits agricoles (1). Mais le spéculation sur les acquits-à-caution n'est que la goutte d'eau dans l'océan. Lorsque les auteurs du décret de 1897 ont pensé qu'il suffisait de l'écarter — ce à quoi nous avons vu qu'ils ne sont pas arrivés — pour

____

(1) V. *Le prix du blé et les marchés fictifs. Réformes nécessaires,* par Alfred Paisant, président du Tribunal civil de Versailles, Masson, 1896 (recueil d'articles publiés dans le *Journal de l'agriculture,* de décembre 1895 à avril 1896, sous la signature P. du Pré-Collot).

sauvegarder les intérêts des agriculteurs, ils ont été quelque peu dupes d'un mirage. Les agriculteurs ne se plaignent pas des variations dans la valeur des acquits, ils se plaignent que ces titres aient une valeur, et que leur cession permette d'éluder une partie du droit de douane. Ces réclamations, qui s'étaient déjà fait jour de 1861 à 1873, alors que le droit de douane sur les blés était de 60 centimes par quintal, se sont renouvelées après le décret de 1897 avec d'autant plus de force que le droit est aujourd'hui de 7 francs, et la question de l'admission temporaire est passée au premier plan dans les préoccupations des producteurs de blé.

CHAPITRE VIII

COMMENT LE TRAFIC DES ACQUITS DIMINUE LA PROTECTION DOUANIÈRE.

—

Caractère et effets normaux des droits de douane.

L'objection de principe des agriculteurs contre l'admission temporaire, celle qui rend illusoires bien des palliatifs proposés ou mis en œuvre, c'est qu'elle fausse le mécanisme des droits de douane en permettant aux blés étrangers de venir faire concurrence aux nôtres à un prix inférieur à celui qui résulterait de l'application normale du tarif douanier.

Cet effet de l'admission temporaire apparaîtra plus clairement si l'on se rappelle dans quel but ont été établis les droits sur les blés et quel doit être leur effet normal.

Ces droits ont un caractère compensateur. Leur but est de rétablir sur les marchés intérieurs l'égalité de concurrence entre les producteurs nationaux et les producteurs étrangers, non pas une égalité trompeuse et toute de surface comme celle qui existerait s'il n'y avait pas de droits de douane, mais l'égalité réelle, troublée dans le régime du libre échange par la supériorité des charges qui grèvent la production nationale par rapport à la production étrangère. Lorsqu'en 1894 le législateur français a frappé les blés d'un droit de douane de 7 francs, c'est parce qu'il a pensé qu'à raison de l'infériorité de l'impôt, de l'infériorité du prix de la main-d'œuvre, de la fertilité plus grande des terres, peut-être de la valeur plus grande de l'argent, il en coûtait 7 francs de moins pour produire un quintal de blé dans certains pays exportateurs et pour l'expédier en France, que pour produire la même quantité de blé sur le territoire français.

Le droit de douane ainsi établi a deux effets : un effet direct et certain, qui est d'augmenter artificiellement de 7 francs le prix de revient de l'importateur de blé étranger pour le mettre au niveau du coût de production des cultivateurs français, et un effet indirect et conditionnel, qui est d'établir le niveau moyen des cours du blé en France à 7 francs au-dessus des cours du marché mondial, c'est-à-dire de l'ensemble des marchés extérieurs non protégés, augmentés des frais nécessaires pour transporter un quintal de blé de ces marchés sur les marchés français.

L'influence des droits de douane sur la fixation des cours ne doit normalement se produire que dans un pays obligé de faire appel à la production étrangère dans une mesure assez large pour que le prix du blé étranger détermine par répercussion le prix du blé indigène. Lorsqu'un pays se suffit à lui-même, et que les importations au commerce spécial y deviennent nulles ou insignifiantes, les cours se forment sur les marchés intérieurs d'une façon à peu près indépendante de l'action des marchés extérieurs.

Mais, alors même que l'effet indirect du droit de douane sur la fixation des prix cesse de se produire, et que le droit, suivant l'expression consacrée, ne joue plus d'une façon complète, il conserve un résultat très utile, c'est d'empêcher le nivellement entre le cours des marchés intérieurs et ceux des marchés extérieurs en augmentant de 7 francs le coût de production de ceux qui désireraient importer du blé étranger ; l'agriculture nationale reste garantie contre la concurrence étrangère.

Il en est du moins ainsi tant que les importateurs ne

trouvent pas un moyen légal de réduire à une somme inférieure à 7 francs l'augmentation de coût de production résultant du droit de douane.

Or précisément, le régime de l'admission temporaire à
l'équivalent tel qu'il fonctionne depuis les décrets de 1896
et de 1897 vient leur fournir un moyen d'introduire en
France et de jeter définitivement dans la consommation
française des blés étrangers, dont le prix de revient, contrairement aux intentions formelles du législateur, n'a pas
été augmenté de 7 francs par l'effet des droits de douane.

Comment s'opère le trafic des acquits.

L'admission temporaire à l'équivalent avec suppression
des zones entraîne, en effet, l'opération bien connue et maintes fois décrite du trafic des acquits. Pour le blé, c'est généralement entre un meunier importateur du Midi, région
déficitaire, et un meunier exportateur du Nord ou de l'Est,
régions surproductrices, que la négociation s'opère. Le
meunier du Midi a besoin de blés étrangers pour satisfaire
les goûts de sa clientèle, à laquelle il faut des farines de
force, particulièrement riches en éléments azotés. Si c'est
un fabricant de semoules ou de pâtes alimentaires, des
blés durs lui sont absolument nécessaires pour son industrie : or la culture des blés durs est encore en France à la
période d'essai. Aussi, les minotiers du Midi importent-ils
tous les ans de grandes quantité de blés étrangers destinés
à la consommation française.

S'il leur fallait payer 7 francs de droits de douane par
quintal, le blé étranger leur reviendrait fort cher — ce qui
est le vœu du législateur — ; les importations étrangères
seraient réduites, et celles qui continueraient d'avoir lieu
contribueraient à faire hausser les prix plutôt qu'à les déprécier. Mais le meunier du Midi ne paie pas 7 francs : il

déclare le blé importé en admission temporaire, c'est-à-dire qu'il s'engage sous caution à le réexporter ou à le faire réexporter sous forme de farine dans un délai de deux mois. Il souscrit à cet effet un titre, appelé acquit-à-caution, qui devra être présenté au bureau de douane par lequel les farines seront exportées. Parfois il fera lui-même l'exportation, car il a des clients en Espagne, en Grèce, dans l'Asie Mineure et jusqu'en Extrême-Orient. Mais comme il a importé beaucoup plus de blé étranger qu'il n'en a besoin pour sa clientèle extérieure, il s'adressera pour le surplus à un meunier placé dans une région surproductrice de blé, et à proximité d'autres débouchés étrangers, par exemple à un meunier du Doubs qui peut exporter des farines en Suisse, à un meunier de Meurthe-et-Moselle qui peut exporter en Alsace-Lorraine, à un meunier du Nord qui peut exporter en Belgique, à un meunier voisin d'un port de la Manche qui peut exporter en Angleterre, et il lui tiendra le langage suivant : « Vous avez plus de farine qu'il n'en faut pour votre clientèle intérieure, et vous ne pouvez l'exporter parce que les cours à l'étranger sont plus bas que les cours français (ces deux conditions sont nécessaires pour que l'opération se produise). De mon côté, j'ai contracté vis-à-vis de la douane une obligation alternative de payer 7 francs ou d'exporter un quintal de blé. Je ne puis exporter. Si je payais 7 francs, le prix de revient de ma farine se trouverait plus élevé que mon prix de vente. Nous allons nous entendre : je vais vous donner une somme égale à la différence de cours qui vous empêche de vendre vos farines sur les marchés étrangers, moyennant quoi vous exporterez à ma place. Je vous remettrai l'acquit-à-caution souscrit par moi et vous aurez soin, lorsque vous ferez votre exportation de farines, de le présenter à la douane pour faire constater que c'est bien en échange de l'importation accomplie par moi. »

Caractère juridique du trafic des acquits.

Telle est l'opération connue sous le nom de trafic des acquits. Ceux qui s'y livrent ont souvent protesté contre cette expression qui, disent-ils, est prise en mauvaise part. Mais c'est que le mot de vente serait tout à fait impropre : le meunier importateur ne vend rien au meunier exportateur, puisqu'au contraire il lui remet de l'argent. Le terme de cession de l'acquit, souvent employé, n'est pas non plus d'une exactitude parfaite : l'acquit n'est pas l'objet de l'obligation, c'est un moyen de l'exécuter. Tout au plus pourrait-on parler de cession de la bonification douanière accordée à la sortie et qui consiste dans une dispense de droits de douane, et c'est ici l'exportateur qui serait le cédant ; mais cette expression serait plus exacte dans le régime des bons d'importation que dans celui de l'admission temporaire. Il y a en réalité dans le trafic des acquits un contrat innommé, qui participe du louage de choses et du louage de services.

Comment le trafic des acquits établit un droit gradué fonctionnant à rebours.

La somme remise par l'importateur à l'exportateur en échange du service qu'il lui rend, et que nous pouvons appeler la *prime d'apurement,* constitue en réalité tout ce que le créateur de l'acquit aura payé pour introduire en France un quintal de blé étranger.

La prime d'apurement varie suivant les conditions de l'offre et de la demande, c'est-à-dire suivant le nombre des exportateurs de farine et des importateurs créateurs d'acquits. La valeur normale autour de laquelle elle oscille est constituée par l'écart entre les cours du blé en France et les cours du blé sur le marché mondial.

Elle ne peut être inférieure, parce qu'il est nécessaire, pour qu'un meunier parisien puisse envoyer des farines à Londres, par exemple, qu'il touche une somme qui compense au moins la différence des cours entre Paris et Londres ; autrement il n'exporterait pas. Elle ne peut être sensiblement supérieure, parce qu'en pareil cas la concurrence entre les meuniers désireux d'exporter amènerait une hausse des prix sur le marché intérieur, et rétablirait l'écart normal.

M. L. Cornu, secrétaire général de l'Association de la meunerie française, a publié un graphique fort instructif à cet égard (1), où il relève mois par mois, pour les quatre années 1897, 1898, 1899 et 1900, le prix moyen du blé en France et en Angleterre, et le cours des acquits. Nous y voyons que presque toujours la prime d'apurement, c'est-à-dire la différence entre le cours de l'acquit et le droit de douane de 7 francs (2), est égale à la différence entre les prix moyens du marché français et ceux du marché anglais. En 1897, l'année ayant été déficitaire et le droit de douane ayant exercé son entier effet, la différence entre les cours du blé en France et en Angleterre a dépassé le montant du droit de douane ; aussi voyons-nous la valeur de l'acquit tomber à zéro : une prime d'apurement même de 7 francs aurait été insuffisante pour compenser la différence des cours. Inversement, lorsque par suite d'une bonne récolte comme celle de 1899, les prix du blé en France tendent à se rapprocher des prix du marché anglais, la valeur de l'acquit augmente et la prime d'apurement diminue. Au mois de novembre 1900,

______

(1) V. le supplément au *Marché français* du 10 décembre 1900.

(2) On entend par prix de l'acquit, non le montant de la prime d'apurement, mais la différence entre cette prime et le droit de douane de 7 francs.

le blé valait 15 fr. 50 à Londres et 18 fr. 50 à Paris : l'acquit était coté 4 francs, c'est-à-dire que la prime d'apurement était de 3 francs, égale par conséquent à la différence des cours.

Le tableau suivant montre que cette relation est à peu
près constante :

Relation entre le prix du blé et la valeur de la prime d'apurement

Années.	Prix en France.	Prix en Angleterre.	Écart.	Valeur de la prime d'apurement.
1897	24ᶠ 28	16ᶠ 98	7ᶠ 30	6ᶠ 59
1898	25 72	19 12	6 60	5 95
1899	19 51	14 43	5 08	5 18
1900	18 50	15 11	3 39	4 25

Au mois de mars 1901, la différence moyenne entre les
cours de blé à Paris et à Londres n'a guère dépassé
2 fr. 50 ; aussi l'acquit valait-il entre 4 et 5 francs, la
prime tombant par conséquent à 3 et 2 francs.

On voit que la prime d'apurement diminue à mesure
que diminue le prix du blé en France. Comme nous avons
vu que la prime d'apurement représente tout ce que les
importateurs en admission temporaire ont à payer en
guise de droits de douane pour les marchandises qu'ils
laissent dans la consommation française, il se substitue
en réalité au tarif uniforme de 7 francs un droit gradué
qui diminue à mesure que diminue le prix du marché intérieur. Il est impossible d'imaginer un système qui aille
plus directement à l'encontre des effets normaux de la
protection douanière, puisqu'il les diminue d'autant plus
que les agriculteurs en auraient plus besoin (1).

---

(1) Cf. Amé, directeur général des douanes, *Etude sur les tarifs de
douane et sur les traités de commerce*, Paris, Imprimerie nationale,
1876, t. II, chap. XX (admissions temporaires), p. 220 : « Dans les

Examen critique des arguments en faveur du trafic des acquits.

Les partisans de l'admission temporaire objectent à ce raisonnement un argument de principe et un argument de fait ; ils allèguent, en outre, les avantages que l'agriculture elle-même retire du trafic des acquits.

1° *Compensation des entrées par les sorties.* — L'argument de principe, c'est que, chaque quintal de blé qui entre en France en admission temporaire étant intégralement réexporté dans un délai de deux mois, l'admission temporaire n'augmente pas le stock du marché intérieur, et par conséquent ne peut aucunement déprimer les cours.

On pourrait répondre qu'au moins pendant les deux mois nécessaires pour la mouture, les agriculteurs français se trouvent concurrencés par du blé étranger qui n'a pas payé de droits de douane. Mais il y a plus. Nous avons essayé de démontrer au début de ce chapitre que les droits de douane avaient pour but d'agir non pas tant sur les quantités de blé existant à l'intérieur du pays que sur le prix de revient du blé étranger ; si par un moyen quelconque ce prix de revient ne se trouve pas majoré du droit de douane, on peut dire qu'il y a une diminution de

------

années d'abondance, les importateurs de blés étant moins nombreux que les exportateurs de farine, la prime descendait parfois jusqu'à 10 centimes. (M. Amé parle au passé parce qu'à l'époque où il écrivait le trafic des acquits était supprimé en pratique depuis 1873). Quand au contraire la hausse des cours sur les marchés français excitait l'importation et rendait un grand nombre d'acquits-à-caution disponibles, la prime s'élevait et se rapprochait beaucoup du montant même du droit.

« Ainsi la prime était nulle ou à peu près lorsque l'abondance sur le marché français rendait l'exportation des farines désirable ; elle prenait corps et contribuait à faire le vide en encourageant nos exportations, lorsque les besoins du pays étaient pressants. »

la protection douanière, alors même que les stocks existant à l'intérieur du pays ne seraient nullement augmentés.

2° *Relation entre les cours des acquits et les prix du blé.* — L'argument de fait présenté par les partisans du trafic des acquits est basé sur la façon dont s'établissent les cours. Nous avons vu que la prime d'apurement, c'est-à-dire la différence entre le cours de l'acquit et 7 francs, était toujours à peu près égale à la différence des prix entre le marché français et le marché mondial. C'est donc, dit-on, que l'acquit n'a aucune influence sur les cours, et qu'au contraire il est dominé par eux (1). « Ce qui donne une valeur à l'acquit, nous écrivait M. Charonnat, meunier à Puteaux, c'est qu'il est demandé, et la demande est basée sur la différence des cours entre le marché intérieur et le marché extérieur. Si je veux acheter un acquit à Marseille pour exporter des farines à Londres, je ne le ferai que si le bénéfice retiré de cette opération compense pour moi la différence des cours entre Paris et Londres. »

Sans doute il existe une relation constante entre la valeur de la prime d'apurement et l'écart entre le marché intérieur et le marché mondial ; mais où est la cause, où est l'effet ! N'est-il pas à supposer que ces deux termes exercent l'un sur l'autre un action réciproque ? Si en effet la prime d'apurement doit être basée sur cette différence pour permettre aux meuniers d'exporter, il n'est pas téméraire d'affirmer que le cours du blé étranger introduit en admission temporaire dépend lui aussi de cette prime d'apurement, qui constitue, ainsi que nous l'avons vu, tout ce que paient les importateurs en guise de droits de douane.

Voici ce qu'écrivait sur ce point M. Couteaux, sénateur

---

(1) Voir le travail de M. L. Cornu sur *Le blé et l'admission temporaire,* supplément au *Marché français* du 10 décembre 1900.

de la Vienne, le 25 juillet 1899, dans un article du *Temps* où il prenait d'ailleurs la défense du trafic des acquits : « Les blés russes coûtent 16 francs, plus 7 francs de droits d'entrée, soit 23 francs. Mais comme on a reçu 2 francs du meunier du Nord pour l'acquit, il en résulte tout naturellement que le blé mangé par les Marseillais ne coûte plus que 21 francs le quintal... »

On ne peut expliquer en de meilleurs termes comment le droit de douane se trouve remplacé par la prime d'apurement, et diminué de toute la valeur des acquits. Il en résulte naturellement une diminution dans la protection douanière, car ce n'est pas à Paris ou à Lyon que le droit de douane peut avoir son premier effet, mais dans les ports importateurs, d'où les prix, par répercussion, s'étendent à tout le pays si l'importation est assez abondante.

3° *Possibilité de dégager le marché des régions surproductrices.* — Enfin les partisans de l'admission temporaire allèguent les avantages accordés à l'agriculture des régions surproductrices par suite du trafic des acquits-à-caution. L'exportation de farines rendue possible grâce aux acquits dégage, disent-ils, le marché intérieur et tend à relever les cours.

Cette observation est exacte ; mais d'autres régimes que l'admission temporaire pourraient avoir les mêmes résultats. Les agriculteurs admettent parfaitement qu'on établisse un système dans lequel les importations faites dans la région du Midi puissent être compensées par des exportations faites dans les régions du Nord ; on peut éviter par ce moyen des frais de transport inutiles entre le Nord, pays surproducteur, et le Midi, pays déficitaire, en même temps qu'on peut assurer aux consommateurs du Midi une farine plus riche en gluten, qui convient davantage à leur goût. Mais ils demandent qu'une semblable opération s'opère sans laisser aucun bénéfice à l'importateur sur le montant du droit de douane. Tant que ce bénéfice subsistera, la possibilité d'exporter une partie de leurs blés sera pour les agriculteurs un avantage de médiocre importance en comparaison du préjudice que leur cause sur le marché français la concurrence de blés étrangers pour l'entrée desquels il n'a été déboursé qu'une somme inférieure au droit de douane.

CHAPITRE IX

LES PROJETS DE RÉFORME DE L'ADMISSION TEMPORAIRE.

Critiques des agriculteurs contre le décret de 1897.

Les décrets du 29 juillet 1896 et du 9 août 1897 ont bouché à peu près complètement la fissure dont s'étaient plaints les agriculteurs, en exigeant pour l'apurement des acquits une exportation de farine correspondant aussi exactement que possible à la quantité de blé temporairement admise. Par contre, en supprimant les zones, ils ont rétabli le trafic des acquits tel qu'il se pratiquait entre 1861 et 1873, avec cette aggravation qu'au lieu d'un droit de douane de 0 fr. 60, c'est aujourd'hui un droit de 7 francs qui peut être éludé en partie par la négociation des acquits.

Les nombreuses réclamations des associations agricoles contre l'admission temporaire donnèrent raison à M. Viger qui, dès le mois de juin 1896, dans l'exposé des motifs de sa proposition de loi sur les bons d'importation, alors que l'extension des zones, réclamée par les meuniers et acceptée par beaucoup d'agriculteurs, allait être réalisée, montrait que cette mesure serait plus nuisible que profitable à l'agriculture si elle était adoptée sans un correctif suffisamment efficace pour neutraliser les inconvénients du trafic des acquits (1).

____

(1) V. *infra*, troisième partie, chapitre Ier.

Les inconvénients du régime inauguré en 1896 et 1897 ont été reconnus par ceux-là même qui l'avaient considéré tout d'abord comme favorable aux intérêts agricoles.

« Nous sommes d'accord, disait M. le député Papelier au Congrès de la vente du blé dans la séance du 30 juin 1900, sur les inconvénients du trafic des acquits, et il faut bien reconnaître que ce mal s'est encore développé depuis 1897 par la suppression des zones..... J'avoue avoir beaucoup réclamé la suppression des zones, et de fait elle a développé les exportations du Nord et de l'Est ; mais, par contre, elle a étendu les importations dans le Midi de blés étrangers qui pénètrent définitivement en France sans avoir acquitté l'intégralité des droits (1). »

A la Chambre des Députés, dans la séance du 7 juillet 1900, M. Méline lui-même, tout en combattant le projet de loi sur les bons d'importation soutenu par M. Viger, reconnaissait que les décrets de 1896 et de 1897 n'avaient pas eu les résultats espérés, et qu'il était nécessaire de réformer l'admission temporaire.

« L'honorable M. Viger, disait-il, a fait le procès de l'admission temporaire en démontrant à la Chambre les inconvénients qu'elle a pour notre marché intérieur. Il avait raison, à mon avis, contre notre honorable collègue M. Thierry, en soutenant cette thèse... L'honorable M. Thierry a oublié de dire que, si l'admission temporaire n'agit pas sur le marché intérieur en opérant sur les quantités, elle agit de la façon la plus efficace et j'ajoute la plus dangereuse pour l'agriculture en opérant sur les prix. (*Très bien ! Très bien !*) Elle opère sur les prix du blé d'abord par les quantités considérables qu'elle accumule sur certains points de la France et qui pèsent sur le

____

(1) *Congrès de la vente du blé* (*Versailles*, 1900) tome II (comptes-rendus), p. 96.

marché, et ensuite par les avantages particuliers qui sont faits aux importateurs en admission : avantages pécuniaires, puisque ces importateurs sont dispensés de verser les droits et d'en faire l'avance ; avantages, en outre, qui résultent de certaines bonifications de rendement.

« Il n'est donc pas douteux que l'admission temporaire exerce une influence déprimante sur les cours (*Très bien ! Très bien !*) ; il est certain qu'elle pousse à la baisse bien plus qu'à la hausse ; sur ce point il ne peut pas y avoir de contestation sérieuse, et je n'insiste pas, car cette démonstration a été très bien faite par l'honorable M. Viger (1). »

Le projet de loi du 7 juillet 1900.

De son côté, le Gouvernement, tout en se déclarant opposé au système des bons d'importation, jugea cependant nécessaire de donner suite aux réclamations qui se faisaient de jour en jour plus nombreuses de la part des agriculteurs contre l'admission temporaire. Au cours de la discussion à la Chambre des propositions relatives aux bons d'importation, dans la séance du 7 juillet 1900, M. Jean Dupuy, ministre de l'Agriculture, déposa un projet de loi, adopté par la Commission permanente du Conseil supérieur de l'agriculture dans la séance du 18 mai, et qui apportait au régime de l'admission temporaire des modifications importantes. Voici les dispositions essentielles de ce projet :

« Le montant intégral des droits de douane des blés présentés à l'admission temporaire devra être acquitté au moment de l'importation.

« Il sera délivré au meunier importateur un titre de perception dont le montant sera remboursé par la douane, lors de l'exportation des farines, des semoules et des sons.

---

(1) Chambre, séance du 7 juillet 1900 ; compte-rendu *in extenso*, p. 1862, col. 3 et p. 1863, col. 1.

« Le meunier soumissionnaire pourra, par voie d'endossement, céder son titre de perception à un autre meunier qui aura droit au remboursement prévu au paragraphe précédent.

« Cette cession ne pourra être opérée que pendant les dix jours qui suivront la délivrance du titre de perception.

« L'importateur devra faire connaître à la douane, le jour de l'endossement, les nom et domicile du meunier cessionnaire.

« Faute de réexportation, par l'importateur ou par le cessionnaire dont le nom figurera sur le titre, dans les deux mois qui suivront la délivrance du titre de perception, des farines, des semoules et des sons, le montant des droits restera acquis au Trésor.

« La mise en entrepôt des farines, semoules et sons provenant de blés admis temporairement ne sera pas considérée comme exportation. »

Ce projet supprimerait sans doute certains des inconvénients actuels de l'admission temporaire, mais on peut lui adresser la même critique qu'au décret de 1897 : il laisse de côté l'objection fondamentale des agriculteurs contre le trafic des acquits. Les titres de perception, qui sont analogues aux anciens drawbacks, seraient négociés dans les mêmes conditions que les acquits-à-caution : le marché en serait le même, l'offre étant constituée par les importations de blé, et la demande par les exportations de farines. Le trafic des acquits ne serait supprimé que pour être remplacé par le trafic des titres de perception. Les importateurs paieraient bien 7 francs, mais ils recevraient un titre qu'ils vendraient aux exportateurs 2, 3 ou 4 francs suivant les cours. Ce que les agriculteurs demandent, c'est que ceux qui introduisent du blé étranger destiné à la consommation française paient le droit de douane sans qu'il leur soit possible d'en recouvrir une partie sur les exportateurs.

Les mesures proposées pour éviter la spéculation sur les titres de perception seraient-elles beaucoup plus efficaces que les mesures prises en 1897 pour éviter la spéculation sur les acquits-à-caution ? Il est permis d'en douter.

Déjà le décret de 1897 a décidé (art. 2) que l'acquit-à-caution ne pourrait être souscrit que par un meunier, qu'il ne serait transmissible que par voie d'endossement, et que cet endossement devrait être fait dans les dix jours de la création du titre. Cette disposition, il est vrai, est restée lettre morte, parce que dans la pratique ces endossements se font en blanc, ce qui permet aux acquits de circuler jusqu'à l'expiration de leur validité. Pour éviter ce moyen de tourner les dispositions légales, le projet oblige l'importateur à dénoncer à la douane, dès le jour de l'endossement, le nom du cessionnaire. Les titres de perception ne pourraient donc être négociés que pendant un délai maximum de dix jours. Mais la spéculation ne recevrait pas de ce chef une atteinte bien considérable, puisqu'elle s'exerce, ainsi que nous l'avons déjà fait remarquer, bien avant le jour de la création du titre.

L'innovation la plus importante du projet consiste à exiger le paiement intégral des droits par les importateurs en admission temporaire. Cette mesure est excellente lorsqu'il s'agit d'importations qui ne donnent pas lieu à la réexportation par l'importateur lui-même ; il n'y a aucune raison pour retarder de deux mois l'acquittement des droits de douane sur des marchandises destinées à la consommation française. Mais, en ce qui concerne les meuniers qui pratiquent l'admission temporaire avec son caractère primitif, c'est-à-dire qui font eux-mêmes la réexportation, on peut se demander s'il est bien nécessaire de leur imposer pendant deux mois l'avance des droits de douane, et s'il n'est pas à craindre que cette mesure ne favorise les grands meuniers, disposant de capitaux importants, au détriment des petits.

Enfin, le projet subordonne le remboursement des droits à la réexportation effective des produits ; la mise en entrepôt cessera d'être considérée comme une exportation,

Cette innovation offrirait le grand avantage de limiter les importations en admission temporaire faites par les meuniers aux quantités nécessaires pour leur clientèle étrangère, et d'éviter le maintien sur le territoire français de stocks importants qui pèsent sur les cours, alors que, par une fiction légale, ils sont réputés être à l'étranger.

Mais ces améliorations resteront secondaires tant que subsistera le trafic des acquits. « La nouvelle réglementation de l'admission temporaire des blés, écrivait M. Jules Domergue dans la *Réforme économique*, ne ferait disparaître aucun des inconvénients, aucun des dangers de la législation actuelle. »

Le retour au système de l'identique quant à la personne.

Le projet de loi du 7 juillet 1900 ne donnerait donc qu'une satisfaction incomplète aux réclamations des agriculteurs contre l'admission temporaire. D'autre part, le Sénat a repoussé le système des bons d'importation adopté par la Chambre comme correctif au trafic des acquits. On ne peut cependant maintenir l'admission temporaire telle qu'elle se pratique actuellement. A la suite du vote du Sénat, M. Castillard a déposé à la Chambre des Députés, dans la séance du 11 mars 1901, une proposition de loi (1) en faveur de laquelle la Chambre a voté l'urgence et qui tendait à supprimer le trafic des acquits en rétablissant le régime de l'identique. Les dispositions essentielles de cette proposition étaient les suivantes :

« Il sera délivré au meunier importateur un titre de perception dont le montant lui sera remboursé par la douane lorsqu'il exportera les farines et les sons *provenant du blé importé.*

---

(1) Chambre, séance du 11 mars 1901 ; compte-rendu *in extenso*, p. 697, col. 3.

« Faute de réexportation des farines et des sons *par l'importateur* dans les deux mois qui suivront la délivrance du titre de perception, le montant des droits restera acquis au Trésor. »

C'était le régime de l'identique non pas seulement quant à la personne, mais quant à la substance, tel qu'il avait été établi par l'ordonnance de 1828.

La proposition de M. Castillard aurait donc interdit aux meuniers travaillant pour l'exportation de compenser les entrées de blés étrangers par des sorties de blés indigènes, ce qui les aurait empêchés le plus souvent d'améliorer par des mélanges la qualité de leurs farines.

La Commission des douanes de la Chambre des Députés n'a pas pensé qu'il convînt d'aller aussi loin sur ce point. Adoptant un système mixte entre le régime de l'équivalent quant à la personne tel que le maintenait le projet de M. le Ministre de l'Agriculture, et le régime de l'identique absolu, elle a décidé que l'exportation devrait être faite par l'importateur lui-même, ce qui supprime d'une façon absolue le trafic des acquits, mais que son compte serait apuré par la sortie d'une quantité de farine équivalente à la quantité de blé importé, sans qu'elle dût nécessairement provenir de ce blé. M. Debussy a été nommé rapporteur de la Commission et chargé d'élaborer une proposition dans ce sens.

De même que la Commission des douanes de la Chambre des Députés, la Commission permanente du Conseil supérieur de l'Agriculture, dans la séance du 23 mars 1901, a émis un avis tendant à supprimer pour l'importateur en admission temporaire la faculté de céder son obligation.

C'est le rétablissement du régime de l'identique quant à la personne, établi en France par l'ordonnance de 1836 et qui a fonctionné jusqu'en 1861.

L'équivalent subsiste quant à la substance, ce qui permet aux meuniers de mettre en œuvre indifféremment des céréales étrangères ou des céréales indigènes. Il en résulte pour ces dernières, qui sont généralement moins riches en gluten, une concurrence de qualité assez appréciable. Pour éviter ce résultat, l'ordonnance de 1836 avait limité le bénéfice de l'admission temporaire aux blés tendres, c'est-à-dire de qualité analogue à celle des blés français. Mais aujourd'hui les agriculteurs n'en demandent pas tant ; ils acceptent que les meuniers puissent mettre en œuvre des céréales étrangères comme des céréales indigènes, pourvu qu'ils paient nécessairement les droits de douane s'ils importent plus de blé qu'ils n'en réexportent sous forme de farines.

La suppression du trafic des acquits obligerait les importateurs à payer dans leur entier les droits de douane sur les blés qu'ils importent pour la consommation intérieure, mais par contre elle ferait disparaître la prime assurée aux meuniers du Nord et de l'Est par l'apurement des acquits créés dans le Midi et qui leur permet d'exporter le trop-plein de leur fabrication. Aussi paraît-il nécessaire de compléter l'interdiction du trafic des acquits par des mesures qui favorisent l'écoulement sur les marchés étrangers des excédents produits dans les régions surproductrices. C'est le but du système des bons d'importation, établi en Allemagne par la loi du 14 avril 1894, et dont nous allons maintenant aborder l'étude.

DEUXIÈME PARTIE

L'ADMISSION TEMPORAIRE EN ALLEMAGNE ET LES BONS D'IMPORTATION

CHAPITRE PREMIER

L'ADMISSION TEMPORAIRE A L'IDENTIQUE ABSOLU.

Le § 7 du tarif de 1879.

Lorsqu'en 1879 le Parlement allemand rétablit les droits protecteurs sur les céréales, il eut soin de prendre des mesures pour sauvegarder les intérêts du commerce de transit et des minoteries installées pour l'exportation. Le § 7, n° 1, de la loi du 15 juillet 1879 (2), était ainsi conçu :

« Des entrepôts privés, non soumis à la fermeture officielle pourront être autorisés pour les marchandises comprises au n° 9 du tarif (2)

------

(1) Gezetz, betreffend den Zolltarif des Deutschen Zollgebiets und den Ertrag der Zœlle und Tabaksteuer. Vom 15. Juli 1879. *Reichs-Gesetzblatt*, 24 juillet 1879, p. 207 et suiv.

(2) Le n° 9 du tarif comprend les céréales et autres produits agricoles suivants :

a) Blé, seigle, avoine et légumineuses, et autres céréales non dénommées ;

b) Orge, maïs et sarrazin ;

c) Malt ;

d) Anis, coriandre, fenouil et cumin ;

e) Colza et navette.

Le droit établi sur les blés et les seigles par le tarif de 1879, était de 1 mark par quintal métrique (100 kilos).

(céréales, etc.), qui ne seraient introduites que pour être ensuite réexportées ; les marchandises entreposées pourront être librement manipulées et empaquetées, sans qu'il soit besoin d'une déclaration, et mélangées avec des marchandises indigènes, mais alors ne sera considérée comme entrée en transit et exempte de droits que la quantité de marchandises étrangères réexportée dans le mélange. De semblables entrepôts peuvent être autorisés pour les mêmes marchandises alors qu'elles seraient destinées, soit à la consommation intérieure, soit à la réexportation. »

Le n° 3 du même § 7 ajoutait :

« Il est accordé aux produits de la meunerie (n° 25 q 2 du tarif) (1), fabriqués avec des céréales étrangères et exportés ensuite, une déduction douanière qui consiste dans la dispense du droit d'entrée perçu sur les céréales étrangères entrant dans la composition du produit, En conséquence toute exportation de farine faite avec des céréales étrangères donnera droit à l'introduction en franchise d'une quantité de céréales étrangères correspondante, suivant le taux d'extraction. Ce taux sera fixé par décret du Bundesrath. »

Les règlements du 13 mai 1880.

Ces dispositions furent complétées par deux décrets du Bundesrath en date du 13 mai 1880, le premier réglant l'admission temporaire des céréales destinées à être réexportées sous forme de grains, le second réglant l'admission temporaire des céréales destinées à être réexportées sous forme de farines ou autres produits fabriqués.

Il peut sembler impropre de parler d'admission temporaire pour les céréales destinées à être réexportées sous forme de grains, le nom d'admission temporaire étant gé-

---

(1) Ce numéro comprend les produits de la meunerie provenant de céréales et de légumineuses, à savoir : grains broyés ou concassés, orge mondée, semoule, gruau, farine, pâtisseries communes (marchandises de boulangerie). Le droit établi sur ces produits était de 2 marks par quintal.

néralement réservé au cas où il y a transformation du produit. Mais, ainsi qu'on va s'en rendre compte, le régime des entrepôts privés tel qu'il a été organisé par le décret du 13 mai 1880, et tel qu'il fonctionne encore en Allemagne à l'heure actuelle, a bien pour but de permettre une transformation du produit, non pas il est vrai une transformation industrielle, mais une transformation commerciale, en permettant le mélange des céréales indigènes aux céréales étrangères entreposées.

1o Admission temporaire des céréales destinées à être réexportées sous forme de céréales.

Les céréales admises temporairement doivent être déposées dans un entrepôt privé, soumis à la surveillance de l'autorité, mais qui n'est pas placé sous la clef du service des douanes.

Le règlement du 13 mai 1880 (1) distingue deux sortes d'entrepôts privés : les entrepôts purs et simples (*reine Transitlæger*) et les entrepôts mixtes (*gemischten Transitlæger*).

Les entrepôts purs et simples sont ceux dans lesquels les céréales introduites sont exclusivement destinées à l'exportation ; ce peuvent être, soit des céréales étrangères, soit des céréales indigènes servant à faire des mélanges, mais ces dernières sont dénationalisées par le fait même de leur entrée en entrepôt, et ne sauraient rentrer en Allemagne sans payer les droits de douane.

Les entrepôts mixtes sont ceux dans lesquels au contraire les céréales introduites sont destinées, soit à l'ex-

____

(1) Regulativ für Privattransitlæger von den in Nr 29 des Zolltarifs. aufgeführten Waaren (Getreide, u. s. w.) *Central-Blatt für das Deutsche Reich*, herausgegeben im Reichsamt des Innern, 8e année, 28 mai 1880, p. 285.

portation, soit à la consommation intérieure. Ils peuvent recevoir, soit des céréales étrangères, soit des céréales indigènes ; celles-ci conservent leur nationalité et peuvent par suite rentrer en franchise dans le territoire du Zollverein, à condition d'être emmagasinées à part des autres (§ 16 du règlement).

Lorsque des céréales provenant d'un entrepôt mixte sont expédiées à l'intérieur de l'Empire, trois cas peuvent se présenter :

a) Les céréales expédiées sont des céréales indigènes : aucun droit à payer.

b) Ce sont des céréales étrangères : elles paient le droit de douane.

c) Il y a — ce qui est le cas le plus fréquent — un mélange de céréales indigènes et de céréales étrangères : les droits de douane étaient perçus, sous le régime de la loi de 1879, sur la quantité de céréales étrangères comprise dans le mélange, sans qu'il fût possible d'échapper à ces droits en compensant l'importation de céréales étrangères par une exportation de céréales indigènes.

Pour que l'administration pût vérifier la proportion de céréales étrangères contenue dans les quantités extraites de l'entrepôt, les mélanges ne pouvaient être faits, dans un entrepôt mixte, qu'après une déclaration détaillée conforme à un modèle établi par le décret.

On voit qu'en ce qui concerne d'abord les céréales destinées à être réexportées sous forme de grains, le premier décret du 13 mai 1880 établissait le régime de l'identique le plus absolu : toute quantité de céréales étrangères qui entrait définitivement dans la consommation intérieure payait les droits de douane, que cette quantité fût ou non compensée par une quantité équivalente de céréales indigènes exportées. Il en a été ainsi jusqu'en 1894.

2o *Admission temporaire des céréales destinées à être réexportées
sous forme de produits fabriqués.*

Le second décret du 13 mai 1880 (1) règle l'admission
temporaire des céréales destinées à être réexportées sous
forme de produits fabriqués, et principalement de farines.
Il est intitulé : « Dispositions concernant la déduction des
droits de douane accordée aux exportateurs de produits de
la meunerie fabriqués avec des céréales étrangères. »

Le régime établi est encore ici l'identique le plus rigoureux. Aux termes du décret, la sortie de 80 kilos de farine
pour le blé ou de 70 pour le seigle donnait droit à l'entrée
en franchise de 100 kilos de céréales. Mais cette déduction
douanière n'était accordée que pour les exportations de
farines provenant de céréales étrangères. Ici comme pour
les céréales réexportées sous forme de grains, c'est encore
l'identique absolu qui fonctionne.

Il y a beaucoup d'analogie entre les dispositions ainsi
prises en 1880 pour permettre aux meuniers allemands de
travailler des céréales étrangères en vue de l'exportation
sans payer les droits de douane, et celles qui ont été prises
en France en 1828 pour assurer le même avantage aux
meuniers voisins de Marseille. L'ordonnance de 1828 permettait, on s'en souvient, de faire sortir des blés de l'entrepôt réel de Marseille pour les conduire à la mouture, à
condition de les réintégrer dans l'entrepôt sous forme de
farine; l'administration des douanes pouvait faire toutes
les visites nécessaires pour assurer l'identité entre la farine et le blé; toute substitution était poursuivie comme
soustraction d'entrepôt. Le système établi par le décret

____

(1) Bestimmungen, betreffend die Gewæhrung einer Zollerleichterung bei der Ausfuhr von Mühlenfabrikaten, welche aus auslændischem Getreide hergestellt sind. *Central-Blatt für das Deutsche Reich.*
28 mai 1880, p. 300.

allemand du 13 mai 1880 est à peu près le même. Aux termes de l'article 1er, tout propriétaire de moulins qui voulait travailler des céréales étrangères destinées à la réexportation devait obtenir de la direction des douanes l'autorisation d'avoir un entrepôt mixte, situé dans les dépendances de son moulin ou tout au moins dans les environs. Les mélanges des céréales indigènes avec les céréales étrangères devaient être faits dans cet entrepôt. Le minotier avait un compte avec la douane, comme tout propriétaire d'entrepôt. Sur ce compte, il était débité du montant des droits de douane sur les céréales qu'il importait, et crédité, lorsqu'il exportait des farines provenant de céréales étrangères, d'une somme égale au montant des droits de douane antérieurement portés en compte pour ces céréales.

Lorsqu'il voulait mettre en œuvre des céréales déposées dans l'entrepôt, il devait envoyer à la direction des douanes un avertissement indiquant la nature et la quantité de céréales à travailler, la proportion de céréales indigènes y comprise, le moulin où devait se faire la transformation, ainsi que le nombre de jours pendant lesquels les marchandises devaient rester hors de l'entrepôt (art. 5).

L'administration avait le droit de surveiller la mouture pour éviter toute substitution de céréales indigènes aux céréales venues de l'entrepôt (§ 2, alinéa 3). Pour les moulins dans lesquels toute la fabrication se trouve confondue, en particulier pour les moulins travaillant sans interruption, l'article 9 disposait que des moyens de contrôle spéciaux seraient établis dans chaque État par l'autorité financière supérieure, pour déterminer exactement la proportion de céréales étrangères comprise dans les produits destinés à l'exportation.

La farine obtenue était remise dans l'entrepôt, où elle était traitée au point de vue douanier comme les céréales qu'elle remplaçait, avec une équivalence fixée par le décret de 80 kilos de farine de blé ou de 70 kilos de farine de seigle pour 100 kilos de céréales (§ 11). Ces taux étaient assez rigoureux pour les meuniers, qui devaient exporter 80 kilos de farine de blé étranger pour obtenir une déduction de droits sur 100 kilos de blé, alors que généralement ils n'avaient pas obtenu plus de 70 kilos de farine; la quantité de farine réellement extraite par eux de 100 kilos de grains ne leur permettait d'obtenir à l'exportation une déduction douanière que pour 85 ou 90 kilos; ils avaient en réalité payé les droits sur une quantité plus ou moins forte de céréales réexportées.

Mais peut-être en cette matière convenait-il de se montrer trop rigoureux que pas assez. Les progrès incessants de la mouture ont permis en effet d'obtenir des rendements en farine sans cesse croissants, et il importait de boucher à l'avance toute fissure.

Il aurait pu sembler plus simple, puisqu'on admettait un contrôle permanent de la douane, de ne fixer aucune présomption de rendement, et, puisqu'on prenait des mesures pour assurer l'identité des farines avec les céréales venues de l'entrepôt, d'en prendre également pour que toute la farine extraite des céréales entreposées fût remise en entrepôt. On a mieux aimé couper court à toute fraude par l'adoption d'un rendement officiel impossible à dépasser dans la pratique.

On voit qu'en Allemagne comme en France, l'admission temporaire des céréales destinées à la mouture a débuté par l'identique absolu. Mais l'application du système fut loin d'être la même dans les deux pays. L'ordonnance française de 1828 ne fut pas exécutée, et les réclamations des agriculteurs amenèrent, avec la reconnaissance légale du système de l'équivalent quant à la substance, la suppression de l'admission temporaire des blés durs (1). Au contraire, la loi allemande de 1879 fut ponctuellement suivie, et les réclamations des meuniers amenèrent l'établissement pur et simple du régime de l'équivalent quant à la substance pour les céréales destinées à la mouture.

---

(1) V. *supra*, première partie, chapitres I et II.

CHAPITRE II

LE RÉGIME DE L'ÉQUIVALENT POUR LES PRODUITS DE LA MOUTURE.

LES COMPTES DE MOUTURE.

—

Nécessité des mélanges invoquée par les minotiers.

Le système d'admission temporaire établi par le § 7 du tarif de 1879 et les deux décrets du 13 mai 1880 ne laissait guère place à des fissures par lesquelles des céréales étrangères auraient pu se glisser en Allemagne sans payer de droits. Toutes les céréales importées, ou bien payaient les droits de douane, ou bien ressortaient du territoire allemand ; c'était l'idéal du système de l'admission temporaire au point de vue du maintien de la protection douanière. Par contre, les meuniers se plaignaient de ne pouvoir obtenir une bonification douanière pour la proportion de céréales indigènes comprise dans les farines qu'ils exportaient. Les mélanges, disaient-ils, sont absolument nécessaires ; les Anglais, Suédois et Norvégiens, principaux consommateurs des farines allemandes, ont l'habitude d'un pain relativement léger, pour lequel les blés et les seigles importés de Russie et des Etats-Unis sont trop riches en gluten ; inversement les céréales produites dans les terres légères de l'Allemagne, surtout dans le Nord, conviennent mal aux populations de ce pays, qui cherchent dans le pain une nourriture plus solide et qui doivent y trouver dans une certaine mesure les principes azotés que les Anglais demandent plutôt à la viande.

Or, disaient les meuniers, la loi de 1879 ne prohibe pas les mélanges, mais en fait il est fort difficile d'exporter de la farine provenant de grains d'un pays protégé si cette farine ne reçoit à la sortie aucune bonification qui compense l'élévation du prix de la matière première qui résulte des droits de douane. La loi de 1879 accorde une déduction douanière à la sortie de farines provenant de grains étrangers ; pourquoi ne pas mettre sur le même pied les farines provenant de grains indigènes ? Il y aurait un simple échange entre céréales étrangères et céréales indigènes, qui faciliterait l'exportation des farines allemandes et améliorerait la qualité des farines livrées à la consommation intérieure, sans porter aucune atteinte à la protection douanière.

La loi du 23 juin 1882.

Les meuniers obtinrent gain de cause, et une loi du 23 juin 1882 (1) remplaça le § 7, n° 3, de la loi du 15 juillet 1879 (2) par les dispositions suivantes :

« Les propriétaires de moulins qui exporteront les produits de leur industrie recevront une déduction douanière consistant dans la dispense du droit d'entrée sur les céréales étrangères apportées au moulin *pour une quantité correspondante aux produits exportés.* Le transport des produits fabriqués dans un entrepôt placé sous la clef du service des douanes équivaut à leur exportation. Le taux d'extraction à établir à cet effet est déterminé par un décret du Bundesrath. Les céréales expédiées en douane et destinées au moulin, ainsi que toutes celles qui seraient emmagasinées dans les locaux désignés à l'administration comme devant recevoir des céréales étrangères, ne peuvent être cédées ni vendues avant la mise en œuvre sans l'autorisation de l'administration. Les contrevenants seront punis d'une amende qui peut aller jusqu'à 1,000 marks. »

---

(1) Gesetz, betreffend die Abænderung des Zolltarifgesetzes vom 15. Juli 1879. *Reichs-Gesetzblatt*, n° 1471, 27 juin 1882, p. 59.

(2) V. *supra*, p. 96, le texte de ce paragraphe.

La loi de 1882 a donc établi le régime de l'équivalent quant à la substance pour l'admission temporaire des produits destinés à la mouture. L'identité est maintenue quant à la personne. L'introduction de céréales en franchise temporaire ne donne lieu à la création d'aucun papier pouvant servir d'instrument à une cession quelconque.

Le meunier qui introduit des céréales en admission temporaire ne s'oblige pas à les réexporter ; il a un compte avec la douane, et, s'il réexporte, les céréales importées sont dédouanées. La réexportation doit être nécessairement faite par le meunier importateur et non par un autre. Des précautions sont même prises pour que le meunier qui bénéficie de la déduction douanière soit bien celui qui a importé les céréales équivalentes aux farines qu'il exporte : une amende de 1,000 marks frapperait le meunier qui aurait fait porter à son compte de douane des céréales étrangères non destinées à être mises en œuvre par lui.

Le système établi par la loi de 1882 pour l'admission temporaire des produits destinés à la mouture est encore en vigueur en Allemagne. Il est semblable à celui qui a fonctionné en France à deux reprises, de 1835 à 1850, et de 1873 à 1896, avec cette légère différence qu'en France il suffisait, soit que les céréales fussent réintégrées dans l'entrepôt d'où elles étaient sorties, soit que l'exportation fût faite par un bureau de douane de la direction où avait eu lieu l'importation, tandis qu'en Allemagne elle doit nécessairement être faite par l'importateur lui-même. C'est le régime de l'équivalent quant aux produits, mais de l'identique quant à la personne, tel que la Commission des douanes de la Chambre française, au rapport de M. Debussy, propose de l'établir, et tel qu'il a été adopté par la Commission permanente du Conseil supérieur de l'agriculture

dans la séance du 12 mars 1901. Ainsi dépourvue du
trafic des acquits, l'admission temporaire à l'équivalent
fait aux céréales indigènes une concurrence de qualité
qui n'est pas sans causer quelque préjudice aux producteurs nationaux, mais qui n'aboutit pas à ce résultat, en
opposition absolue avec les principes de la protection
douanière, de permettre une importation de céréales destinées à la consommation intérieure sans que l'importateur
ait à payer autre chose qu'une somme inférieure au droit
de douane, donnée à celui qui réexporte à sa place.

Le règlement du 27 juin 1882.

Le règlement du 27 juin 1882 (1), élaboré par le Bundesrath en exécution de la loi du 23 juin, établit en Allemagne le système des *Mühlenkonten*, tel qu'il subsiste
encore aujourd'hui à côté de celui des bons d'importation.
Il n'est plus nécessaire au meunier qui veut bénéficier de
la déduction douanière à la sortie d'avoir à côté de son
usine un entrepôt mixte placé sous la surveillance de
l'administration : il lui suffit d'obtenir l'ouverture d'un
compte de douane pour les céréales étrangères qu'il veut
mettre en œuvre.

Le compte de douane n'est accordé qu'aux meuniers offrant des garanties suffisantes. Le règlement demande en
particulier qu'ils tiennent des écritures conformes aux usa-
ges du commerce (§ 2). L'ouverture d'un compte est d'ailleurs subordonnée au bon plaisir de l'administration, dont
la décision est toujours révocable.

Sur le compte de douane, le meunier est débité des droits

____

(1) Regulativ, betreffend die Gevæhrung einer Zollerleichterung
bei der Ausfuhr von Mühlenfabrikaten ; *Central-Blatt für das
Deutsche Reich,* 28 juin 1882, p. 290.

qui frappent les céréales étrangères qu'il entre en Allemagne. Il est crédité lorsqu'il exporte ses produits d'une somme égale au montant des droits de douane afférents à la quantité de céréales qu'il exporte sous forme de farines.

Les rendements officiels établis par le décret de 1882 étaient moins rigoureux pour les meuniers que ceux de 1880. En 1880, il fallait, pour obtenir une déduction douanière sur 100 kilos de céréales, exporter 80 kilos de farine de de blé ou 70 kilos de farine de seigle. Le décret de 1882 décida qu'il suffirait de 75 kilos de farine de blé ou 65 kilos de farine de seigle.

La déduction douanière pouvant être accordée à l'exportation de farines provenant de céréales indigènes, aucune déclaration n'est plus exigée pour les mélanges. Au cas d'exportation de farine mélangée de seigle et de blé, dans l'impossibilité pratique de déterminer la proportion exacte du mélange, on décida que la quantité exigée serait la même que s'il s'agissait de farine de blé : 75 kilos. Dans un intérêt de statistique on demandait seulement d'indiquer la proportion approximative du mélange.

Ces dispositions ne s'appliquent qu'aux blés et aux seigles ; pour les autres céréales et pour les autres produits de la mouture, la détermination du rendement officiel appartient à l'autorité financière supérieure de chaque pays.

Si certains meuniers trouvent les taux officiels trop élevés, ils peuvent demander à être placés sous le contrôle permanent de l'administration, et obtenir la déduction douanière pour les quantités réellement extraites. En fait, cette faculté est restée à peu près lettre morte.

Tel est le régime d'admission temporaire établi en Allemagne par la loi du 23 juin 1882 pour les céréales destinées à la mouture.

La possibilité d'obtenir une bonification à la sortie des

farines provenant de céréales indigènes a permis aux
meuniers d'améliorer par des mélanges la qualité de leurs
produits, et l'exportation des farines allemandes a repris
tout le terrain perdu depuis l'établissement des droits de
douane, ainsi qu'on peut en avoir la preuve par les chiffres suivants :

**Exportations de farines provenant de l'industrie allemande
(en 1,000 quintaux).**

1878. . . .	1953	1883. . . .	1361
1879. . . .	2062	1884-87 . .	1314
1880. . . .	806	1888-92 . .	1244
1881. . . .	501	1893-97 . .	1646
1882. . . .	928	1898-1900 .	1416

La loi de 1882 accordait en somme à la meunerie un
monopole pour l'exportation des céréales allemandes, dont
la sortie sous forme de grains ne donnait lieu à aucune
déduction douanière. Cette situation subsista jusqu'à la
loi du 15 avril 1894 qui, supprimant d'une manière complète le régime de l'identité, établit, ainsi que nous le verrons, une véritable prime de sortie, dont les avantages
furent assurés aux exportateurs de grains comme aux exportateurs de farines.

CHAPITRE III

Le parti agrarien en Allemagne.

Les associations agricoles sont très nombreuses en Allemagne, et quelques-unes ont une origine fort ancienne. Fortement groupées en des unions régionales ou centrales, elles constituent une véritable représentation permanente de l'agriculture. Les 3,452 sociétés adhérentes à l'Union centrale de Neuwied, fondée par Raiffeisen, ainsi que les 6,705 sociétés qui composent l'Union centrale d'Offenbach, fondée et dirigée par M. Haas, et dont le siège vient d'être transféré à Darmstadt, discutent chaque année dans leurs congrès les intérêts généraux de la profession agricole, et disposent de ressources considérables. Il existait en Allemagne, au 1er juillet 1900, 13,636 sociétés agricoles, dont 9,793 caisses d'épargne, 1,115 sociétés d'achat et de vente, 1,917 laiteries coopératives, et 811 autres sociétés diverses.

A côté de ces sociétés, à but matériel, auquel on donne le nom de *Genossenschaften*, il existe en Allemagne un grand nombre de sociétés d'agriculture d'un caractère purement économique, désignées généralement sous le titre de *Vereine* et dont la plus importante est la *Deutsche Landwirtschafts Gesellschaft*, fondée en 1885 et qui compte 12,000 membres. Ces sociétés sont également groupées en unions régionales ou centrales, qui portent des noms différents suivant les États. Dans le royaume de Prusse, la loi du 30 juin 1894 a englobé ces unions dans la hiérar-chie officielle en instituant dans chaque province des chambres d'agriculture, élues par les associations agricoles, et qui sont destinées à absorber peu à peu les unions. A la tête de l'organisation officielle allemande se trouve le *Deutsche Landwirtschaftsrath,* qui comprend 75 membres, élus par les Chambres d'agriculture et par les Unions régionales.

Ces diverses associations ont rendu de grands services à l'agriculture, mais leur influence sur la législation écono-mique a été toute morale. Lors de la conclusion des trai-tés de commerce de 1892, par suite desquels le droit de douane de 5 marks sur les blés et les seigles était réduit à 3 marks 50, les agriculteurs sentirent le besoin de s'unir pour défendre leurs intérêts sur le terrain politique. En perdant M. de Bismarck, qui avait quitté le pouvoir en 1890, ils avaient perdu leur meilleur soutien. Le succes-seur du vieux chancelier, M. de Caprivi, tout en recon-naissant la situation difficile de l'agriculture allemande, estimait que les intérêts agricoles devaient, lorsque les circonstances l'exigeaient, céder le pas aux intérêts indus-triels. Dès le 10 décembre 1891, lors de la première délibé-ration des traités de commerce avec l'Autriche-Hongrie et l'Italie il s'exprimait en ces termes :

« Nous importons tous les ans pour plus de 4 milliards de marks de marchandises étrangères et nous n'en expor-tons que pour un peu plus de 3 milliards... Nous ne pou-vons nous passer de ce que nous importons de l'étranger ; ce sont, soit des denrées de première nécessité, soit des matières premières ou objets fabriqués nécessaires à notre industrie. Nous devons être en situation de payer ces marchandises importées ; c'est avec nos produits fabriqués que nous devons le faire. »

Aux protestations des agriculteurs contre les traités de commerce, M. de Caprivi répondit qu'en maintenant un droit protecteur de 3 marks 50, l'Etat ne demandait pas un sacrifice à l'agriculture, mais qu'au contraire il faisait un sacrifice en sa faveur. Il ajouta que le développement industriel devait être l'objet de tous les efforts de la population allemande. «Il existe, disait-il, cette différence essentielle entre l'agriculture et l'industrie, que l'agriculture, dans un Etat, n'est capable de développement que jusqu'à un certain point, parce qu'elle dépend de l'étendue du sol. On peut faire de la culture intensive, et je ne doute pas qu'on ne puisse obtenir de notre sol plus encore qu'il ne donne aujourd'hui; mais c'est toujours le même territoire qui reste et qui doit être exploité. L'industrie au contraire ne dépend que des débouchés. Si on les étend, comme c'est notre but par ces traités de commerce, l'industrie peut aussi s'étendre, et la seule limite à envisager pour elle est la possibilité d'une vente rémunératrice de ses produits. Le commerce et l'industrie sont et restent les sources essentielles de la prospérité matérielle et par là de la puissance politique et de l'influence civilisatrice, car les arts ni les sciences ne sauraient se développer sans un certain degré de bien-être (1). »

A la politique agricole de M. de Bismarck allait succéder une politique d'expansion industrielle et commerciale, la *Weltpolitik*, de nature à accentuer encore la dépopulation des campagnes.

C'est pour réagir contre ces tendances économiques nouvelles qu'un certain nombre d'agriculteurs, sous l'im-

---

(1) *Vollstændige Sammlung der Reden dés Grafen von Caprivi*, herausgegeben von Rudolf Arndt. Berlin, Hofmann, 1894.

pulsion, ou du moins avec l'appui moral de M. de Bismarck, qui ne cessait, dans les *Nouvelles de Hambourg*, de harceler son successeur, fondèrent, le 18 février 1893, le *Bund der Landwirthe*, ligue agraire poursuivant un but de politique agricole, qui compte aujourd'hui plus de 223,000 membres et qui a fait passer aux dernières élections du Reichstag plus de 150 candidats d'opinions politiques très diverses.

Certaines des revendications des agrariens peuvent paraître exagérées, telle la fameuse proposition Kanitz, déposée pour la première fois au Reichstag le 7 avril 1894, rejetée par 159 voix contre 46 et plusieurs fois reprise depuis cette époque, et qui tend à donner à l'Etat le monopole de l'importation du blé, avec prix fixés législativement. Mais, ces réserves faites, il faut reconnaître que l'action des agrariens a été fort utile aux intérêts agricoles, sur lesquels ils ont sans cesse appelé l'attention des pouvoirs publics.

Les différentes mesures prises ces dernières années par le Gouvernement prussien en faveur de l'agriculture : la loi du 30 juin 1894, concernant l'établissement des Chambres d'agriculture ; la loi du 31 juillet 1895, concernant l'établissement d'une Caisse centrale pour le développement du crédit agricole personnel, dotée d'un fonds de 5 millions de marks, porté à 20 millions par une loi du 8 juin 1896, puis à 50 millions par une loi du 20 avril 1898 ; les deux lois du 3 juin 1896 et du 8 juin 1897, affectant une somme de 3 millions de marks, puis de deux autres millions, à la construction de magasins à céréales, sont autant de gages de bonne volonté donnés par la Monarchie prussienne en faveur de l'agriculture ; les autres Etats de l'Empire ont suivi et souvent devancé le mouvement. Mais c'est sur la politique économique générale de l'Empire que les agrariens cherchent surtout à agir. Ce sont eux qui ont fait voter la loi du 22 juin 1896 qui prohibe les opérations de Bourse sur les céréales et produits de la meunerie. Ils poursuivent de toute leur énergie l'abolition des traités de commerce et l'élévation des droits de douane sur les produits agricoles, et se sont jusqu'ici montrés très dédaigneux de toutes les concessions qui leur sont faites sur des points qu'ils jugent secondaires. « C'est, disent-ils, la politique des petits moyens. »

Aussi, jusque dans ces derniers temps, le parti agrarien est-il demeuré un parti d'opposition.

Il semble toutefois que la session législative ouverte au mois de janvier 1901 ait amené une détente notable dans les rapports entre le Gouvernement et les agrariens, et que la politique économique du nouveau Chancelier, M. de Bülow, s'annonce comme toute différente de celle de ses deux prédécesseurs, MM. de Caprivi et de Hohenlohe. La tradition protectionniste de l'ère bismarkienne semble renouée. A la séance du Landtag prussien du 26 janvier 1901, le comte de Limburg (Stirum) avait présenté une motion invitant le Gouvernement à « agir avec la plus grande énergie afin que, à l'occasion de la prochaine modification des traités de commerce, une protection douanière beaucoup plus efficace fût assurée à l'agriculture, et, dans cet esprit, à faire en sorte que le tarif douanier en préparation fût soumis le plus rapidement possible au Reichstag ». Invité à faire connaître l'avis du Gouvernement, M. de Bülow a fait la déclaration suivante : « Reconnaissant pleinement la situation difficile dans laquelle se trouve l'agriculture et animé du désir de l'améliorer d'une manière efficace, le Gouvernement royal est résolu à agir en vue de faire accorder aux produits agricoles une protection douanière suffisante et, par suite, plus élevée ; le Gouvernement royal est en outre disposé à hâter de toute manière la présentation du nouveau tarif douanier. »

La motion Limburg (Stirum) a été votée par le Landtag par 238 voix contre 43. Sans doute, le dernier mot appartient au Reichstag, mais, avec l'appui du Gouvernement, les agrariens ont les plus grandes chances de succès. Y a-t-il dans cette attitude du nouveau Chancelier un simple désir d'amener le Landtag à voter la construction des canaux interfluviaux auxquels l'Empereur attache une importance particulière? C'est naturellement ce que prétendent les libre échangistes ; mais il n'est pas défendu de penser, au contraire, que M. de Bülow, sans abandonner la politique d'expansion industrielle suivie par ses prédécesseurs, considère comme indispensable un développement parallèle de l'agriculture, et qu'il est disposé à appuyer toutes les mesures de nature à favoriser ce développement.

Les réclamations des agrariens contre l'admission temporaire.

La réforme de l'admission temporaire est un des points essentiels sur lesquels surtout les agrariens allemands font porter leurs revendications. L'article 2 du programme officiel du Bund der Landwirthe (1) est ainsi conçu :

« Le Bund poursuit la suppression des entrepôts mixtes de transit et des crédits de douane, non moins nuisibles à l'agriculture qu'à la petite meunerie. »

Aux *gemischten Transitlæger* les agrariens reprochent de permettre l'accumulation de stocks considérables de céréales étrangères, qui, sans avoir acquitté les droits de

____

(1) *Agrarisches Handbuch,* publié par le Bund der Landwirthe, vº Landwirthe (Bund der), p. 595 et suiv. — Les réclamations des agrariens allemands contre l'admission temporaire ont été indiquées au Congrès de la vente du blé (Versailles, 1900), par M. le Dr Rœsicke, président du Bund der Landwirthe. V. les compte rendus de ce Congrès, p. 90.

douane, peuvent être à toute époque jetées sur le marché, et constituent une offre permanente qui pèse sur les cours.

Aux *Mühlenkonten*, les agrariens font une critique analogue. Ils constituent, disent-ils, une véritable prime à la mise en œuvre du blé étranger. A supposer qu'un meunier ait, à égalité de prix et de qualité, à choisir entre du blé indigène et du blé étranger, il choisira nécessairement ce dernier, puisque le blé indigène ne pourra vraisemblablement être obtenu que contre paiement comptant, tandis que, pour le blé étranger, une partie du prix, représentée par le montant des droits de douane, ne sera payée qu'au bout de six mois et quelquefois davantage. Cette prime résultant de l'emploi de céréales étrangères admises en franchise douanière est d'autant plus dangereuse qu'elle profite exclusivement aux grands meuniers, qui sont à peu près seuls à importer directement et à travailler pour l'exportation. Ces grands meuniers, qui peuvent, avec des appareils perfectionnés, obtenir des rendements en farine plus considérables que les petits, ont en outre une seconde prime résultant de l'insuffisante fixation des taux d'extraction ; il est clair, en effet, que s'ils tirent 90 kilos de farine de 100 kilos de blé et s'il leur suffit de présenter à la sortie 75 kilos de farine pour apurer les droits de douane sur 100 kilos, ils auront introduit en franchise 15 kilos de blé.

Les petits moulins, situés loin des ports fluviaux ou maritimes, et pourvus d'un outillage rudimentaire, se trouvent donc placés dans un état d'infériorité considérable. La législation des admissions temporaires vient donc par un moyen artificiel accentuer la tendance à la concentration de l'industrie de la meunerie et la disparition des petits meuniers, qui constituent les meilleurs clients des agriculteurs.

La *Deutsche Tageszeitung*, l'organe officiel du parti agrarien, est remplie de ces critiques. On y trouve de nombreuses polémiques avec les journaux libre échangistes au sujet de l'admission temporaire et de la réglementation des Mühlenkonten. La *Correspondenz des Bundes der Landwirthe*, destinée à alimenter d'articles économiques les journaux agricoles locaux, et qui est reproduite dans toutes les campagnes, traite fréquemment cette question, qui reparaît dans presque toutes les publications, brochures, manifestes, etc... répandus en Allemagne à des centaines de milliers d'exemplaires lors des élections.

Les tentatives faites en 1894 pour supprimer les entrepôts mixtes et les crédits de douane.

Ces critiques se firent jour lors de la discussion au Reichstag de la loi sur les bons d'importation. Lors de la première délibération, à la séance du mercredi 7 mars 1894, M. de Puttkamer (Plauth), l'une des personnalités les plus en vue du parti agrarien, s'exprimait en ces termes :

« Il ne faut pas chercher à le dissimuler, la loi de 1882 a donné à la meunerie un privilège en lui permettant d'emplir les entrepôts de farines provenant de céréales étrangères, pour lesquelles le paiement des droits de douane est suspendu, et qui peuvent, suivant les besoins, être vendues à l'étranger ou à l'intérieur du territoire douanier. Il n'est pas douteux que dans ces conditions la petite meunerie indigène, contrainte à n'employer que des céréales indigènes, a eu fort à souffrir de cette concurrence.

« Messieurs, nous devons nous demander si à l'occasion de cette discussion nous ne devons pas songer à examiner de près la question de savoir s'il ne serait pas utile de donner avant tout le coup de grâce à ce qu'on appelle les entrepôts mixtes. (*Très bien ! à droite.*) Autant je dois reconnaître que les entrepôts purs et simples sont une nécessité pour le commerce, principalement dans les villes maritimes, du moins pour le commerce de transit, autant je dois révoquer en doute que les entrepôts mixtes présentent la même utilité. *(Très bien ! à droite.)* En tout cas ils donnent un puissant attrait, non pas seulement aux spéculations sur les céréales en général, mais aux spéculations sur les céréales étrangères en particulier, *(Très bien ! à droite)* parce que de semblables spéculations faites sur des céréales déposées dans un entrepôt mixte exigent beaucoup moins de capitaux que si elles étaient faites sur des céréales indigènes.

« Il en est de même pour les moulins. Si nous adoptons pour les produits de la mouture la suppression de l'identité telle qu'elle est proposée d'une manière générale pour le commerce d'exportation des céréales, il ne sera plus nécessaire de laisser subsister les entrepôts mixtes à côté des moulins qui font l'exportation (1). »

Un amendement déposé par M. le comte de Mirbach tendait à déclarer les comptes de douane passibles d'intérêts (2). Un projet de résolution de M. de Puttkamer invitant le Chancelier, soit à supprimer totalement les entrepôts mixtes de céréales et les comptes de mouture, soit à restreindre leur nombre, soit à limiter à deux mois les crédits de douane accordés aux céréales temporairement admises, fut adopté en troisième délibération par le Reichstag (3).

M. le comte de Posadowsky, plénipotentiaire au Bundesrath et secrétaire d'État au Trésor impérial, chargé de soutenir devant le Reichstag le projet sur les bons d'im-

---

(1) Reichstag, séance du 7 mars 1894 ; compte-rendu *in extenso*, p. 1647, B et C.

(2) Reichstag, séance du 9 mars 1894 ; compte-rendu *in extenso*, p. 1713.

(3) Documents parlementaires. Reichstag, 9me législature, 2e session (1893-94) no 265, p. 3.

portation, reconnut lui-même les inconvénients des entrepôts mixtes. « On ne saurait nier, disait-il, qu'il y a des
entrepôts de transit qui ne font guère de transit, mais qui,
au grand dommage des producteurs nationaux et des prix
intérieurs, prennent exclusivement ce manteau pour retarder le paiement des droits, et constituent en somme de
simples établissements de crédit douanier (1). »

Les représentants du Gouvernement donnèrent l'assu-
rance au Reichstag que le Bundesrath prendrait tous les
moyens en son pouvoir pour faire cesser cet abus. Conformément à leurs déclarations, l'administration, tenant
compte des vœux exprimés par les agrariens, a apporté,
depuis 1894, des restrictions assez importantes au régime
de l'admission temporaire, ainsi que nous le verrons bientôt.

----

(1) Reichstag, séance du 9 mars 1894 ; compte-rendu *in extenso*,
p. 1714, A.

CHAPITRE IV

LES PRÉLIMINAIRES DE LA LOI DU 14 AVRIL 1894.

—

Action incomplète des droits de douane dans les régions surpro-
ductrices de l'Empire.

L'Allemagne est un pays déficitaire au point de vue de
la production des céréales. Le tableau suivant montrera
qu'elle doit tous les ans faire appel à l'étranger dans une
mesure assez large :

Production et importations (1) de blé et de seigle
(en 1000 quintaux)

Périodes.			Blé.	Seigle.
1878-1882	{	Production	23.687	58.547
		Importations	3.107	7.910
1883-1887	{	Production	23.853	58.679
		Importations	5.295	7.367
1888-1892	{	Production	26.462	56.729
		Importations	7.457	7.959
1893-1897	{	Production	29.473	70.592
		Importations	11.263	6.999

Les importations, déduction faite des exportations, ont
atteint en 1898, 13,426,356 quintaux pour le blé, et pour le
seigle 7,943,663 quintaux. Ce chiffre particulièrement élevé
pour le blé s'explique par la récolte déficitaire de 1897. En
1899, l'Allemagne a importé 11,734,485 quintaux de blé et

---

(1) Déduction faite des exportations.

4,377,930 quintaux de seigle. En 1900, année de récolte abondante, les importations de blé ont encore atteint 9,987,842 quintaux, et les importations de seigle 8,172,347 quintaux, déduction faite des exportations. On peut estimer qu'en année moyenne l'Allemagne doit demander à l'étranger entre 1/7 et 1/6 des céréales nécessaires à sa consommation de pain (1).

Il semble donc qu'en Allemagne, les droits protecteurs sur les blés et sur les seigles auraient dû toujours jouer pour toute leur valeur, les quantités importées au prix du marché mondial augmenté des droits de douane étant assez considérables pour influer sur les cours de tout le marché intérieur.

Il était loin toutefois d'en être ainsi avant 1894, au moins dans tout l'Empire. Il ne faut pas oublier en effet que l'Allemagne est loin d'être unifiée comme en France et qu'au point de vue économique elle forme encore deux pays distincts, le Nord-Est et le Sud-Ouest, dont la frontière est approximativement marquée par la vallée supérieure de l'Elbe, jusque vers Magdebourg, par le plateau du Harz, et par la Weser depuis les environs de Minden jusqu'à son embouchure. L'Allemagne du Nord-Ouest est en général un pays très industriel, à population dense, déficitaire au point de vue de la production des céréales. Les provinces de l'Allemagne du Nord-Est sont au contraire rela-

______

(1) Il convient de remarquer que les Allemands, même dans la classe aisée, consomment beaucoup plus de pain de seigle que de pain de froment ; de plus, en Allemagne les pommes de terre jouent dans l'alimentation publique un rôle non moins considérable que le pain, et l'Allemagne en produit assez pour sa consommation (1,776,827 quintaux importés contre 1,808,147 quintaux exportés en 1900). Aussi faut-il se garder de juger du caractère déficitaire de la production allemande d'après le seul chiffre des importations de blé.

tivement peu peuplées ; ce sont de vastes plaines qui conviennent surtout à la production agricole, et elles produisent toujours plus de céréales qu'il n'en faut pour la consommation de leurs habitants. Il semblerait naturel que l'excédent des provinces du Nord-Est se déversât sur les marchés du Sud-Ouest; mais la constitution géographique de l'Empire s'y oppose. Il y a plus de 1,400 kilomètres, à vol d'oiseau, de Mulhouse à Tilsitt, et les voies de communication fluviales sont dirigées pour la plupart du Sud au Nord. Tant que le réseau des canaux interfluviaux, auxquels l'Empereur Guillaume II attache une particulière importance, ne sera pas constitué, les relations commerciales resteront fort difficiles, pour les marchandises pondéreuses, entre les deux parties de l'Empire.

Cette situation géographique explique comment les droits de douane exercent un effet tout différent suivant qu'on envisage la région déficitaire ou le région surproductrice. Dans les pays du Sud et de l'Ouest, obligés d'importer, les cours ont toujours été approximativement égaux à ceux des grands marchés régulateurs européens augmentés des droits de douane et des frais de transport; au contraire dans les provinces du Nord-Ouest, qui suffisent à leur consommation, les prix ont toujours tendu à s'établir indépendamment des cours de l'étranger (1) et sans que par suite les droits de douane exercent leur entière action.

Diminution des exportations de céréales allemandes depuis l'établissement des droits de douane.

Le seul moyen d'assurer l'action intégrale du droit de douane sur les marchés des régions surproductrices était

______

(1) V. *infra*, chapitre VIII, les tableaux des prix du blé à Mannheim et à Berlin, comparés avec ceux des marchés anglais.

de les débarrasser de leurs excédents. Mais précisément depuis l'établissement des droits de douane, ils étaient privés de leurs débouchés naturels. Avant 1879, l'Allemagne du Nord envoyait à l'étranger, particulièrement en Angleterre et dans les pays scandinaves, des quantités importantes de blé et de seigle ; lorsque fut établi le droit protecteur d'un mark par quintal, il eut pour effet de relever les prix à l'intérieur, sinon de toute sa valeur, du moins d'une somme suffisante pour qu'il fût très difficile d'exporter avec bénéfice. Cet effet fut encore accentué par l'augmentation des droits de douane, portés à 3 marks en 1885 et à 5 marks en 1887, et les exportations subirent un recul dont on peut avoir une idée par les chiffres suivants :

Exportations de blé et de seigle au commerce spécial (en quintaux).

Années.	Blé.	Seigle.	Total.	Droits de douane.
1878	8.031.000	2.002.000	10.033.000	Néant.
1879	6.155.000	1.484.000	7.639.000	1 mark.
1880	1.782.000	266.000	2.048.000	—
1881	534.000	116.000	650.000	—
1882	625.000	158.000	783.000	—
1883	808 000	121.000	929.000	—
1884	362.000	63.000	425.000	—
1885	141.000	40.000	181.000	3 marks.
1886	83.000	32.000	115.000	—
1887	28.000	31.000	59.000	5 marks.
1888	11.000	23.000	34 000	—
1889	8.000	6.000	14.000	—
1890	2.000	1.000	3.000	—
1891	3.000	1.000	4.000	—
1892	2.000	9.000	11.000	5 marks (tarif général).
1893	3.000	3.000	6.000	3 marks 50 (tarif conventionnel).

On voit que les exportations suivent une marche décroissante exactement parallèle à l'augmentation des droits de douane. En 1892, les traités de commerce réduisirent ce droit à 3 mark 50 pour une grande partie des céréales introduites en Allemagne : c'est le signal d'une très légère reprise dans les exportations, mais leur chiffre total est encore insignifiant. On peut dire qu'en 1893 l'Allemagne avait complètement cessé d'exporter des céréales à l'étranger.

Les excédents produits par les provinces de Prusse Orientale, de Prusse Occidentale et de Posen s'étaient déversés sur les marchés de l'Ouest. Mais ce débouché était loin d'offrir les mêmes avantages que les marchés extérieurs, d'abord parce que les frais de transport étaient plus considérables que pour l'Angleterre ou les pays Scandinaves, et ensuite parce que le blé allemand était beaucoup moins apprécié des consommateurs allemands du Nord ou de l'Ouest que des consommateurs suédois, norvégiens ou anglais. Ces derniers tiennent en effet, paraît-il, à avoir un pain léger pour lequel conviennent fort bien les céréales venues dans les terres sablonneuses de l'Allemagne du Nord, accompagnées d'une certaine proportion de céréales un peu plus riches en gluten pour donner du liant à la pâte. Les négociants des provinces orientales de l'empire d'Allemague avaient pris l'habitude d'expédier à leur clientèle extérieure un mélange de céréales russes et de céréales allemandes qui, sous le nom de mélange de Dantzig ou de mélange de Stettin, jouissait d'une certaine réputation. Lorsque l'établissement des droits de douane enchaîna en quelque sorte les céréales allemandes au territoire allemand, la situation changea du tout au tout. Le blé tendre, qui convenait si bien à la clientèle étrangère, était en discrédit auprès de la clientèle des régions allemandes de l'Ouest et du Nord, qui en produisaient de qualité semblable et qui, pour combler le déficit de leur production, préféraient importer d'Amérique ou de Russie du blé riche en gluten pour faire des mélanges. Aussi les producteurs allemands du Nord et de l'Ouest étaient-ils obligés de faire des concessions importantes pour placer leurs marchandises en Allemagne.

Les propositions relatives à la suppression de l'identité.

Pour assurer l'entière efficacité des droits de douane dans les régions surproductrices, il était donc nécessaire de rouvrir aux céréales allemandes leurs débouchés extérieurs en leur assurant une bonification à la sortie.

On songea à établir cette bonification par une extension du régime de l'admission temporaire, qui permît au commerce de transit, comme la loi de 1882 l'avait permis à la meunerie, d'exporter des céréales allemandes en compensation de céréales étrangères importées. C'était le but d'une proposition déposée au Reichstag par M. Rickert peu de temps après l'établissement des tarifs de 1879. Ce système aurait donné aux céréales indigènes exportées une certaine plus-value, mais il n'aurait pas contribué à dégager le marché des régions surproductrices ; la proposition de M. Rickert maintenait en effet le régime de l'identique en ce qui concerne la personne ; la bonification à la sortie consistait seulement dans une déduction sur les droits de douane portés au compte de l'exportateur, et, par suite, chaque exportation devait être nécessairement compensée par une importation faite par l'importateur lui-même.

Aussi les agriculteurs ne donnèrent-ils pas leur appui à la proposition de M. Rickert, qui aurait profité à peu près exclusivement au commerce de transit. Ils demandèrent l'établissement d'un système dans lequel les exportations faites dans le Nord et dans l'Est de l'Empire pussent être compensées par des importations faites dans l'Ouest ou dans le Sud. Par ce moyen seulement, la suppression de l'identité pouvait être utile à l'agriculture, en favorisant la sortie des excédents qui pèsent sur les cours.

C'est par application de cette idée que le comte de Mirbach demandait en 1887 l'établissement d'une prime de sortie pure et simple, accordée aux exportateurs de céréales sous forme de grains comme sous forme de farines. Comme les importations allemandes dépassent toujours les exportations, la compensation entre les sorties et les entrées se serait faite d'elle-même et sans qu'il fût besoin de lier chaque exportation à une importation déterminée.

Un deuxième système, proposé par M. de Puttkamer, était analogue à celui des drawbacks. Les importateurs de céréales auraient reçu, lors du paiement des droits de douane, une quittance (*Zollquittung*), sur la présentation de laquelle les droits auraient été remboursés aux exportateurs de céréales ou de farines. Comme les importations allemandes, disait M. de Puttkamer, dépassent de beaucoup les exportations, l'offre des quittances serait toujours considérable par rapport à la demande, et les exportateurs, pouvant se les procurer à un prix très bas, bénéficieraient d'une prime de sortie à peu près égale aux droits de douane.

Enfin une proposition déposée au Reichstag au mois de février 1888 par M. Ampach et plusieurs de ses collègues, tendait à l'établissement de pouvoirs d'entrée en franchise (*Einfuhrvollmachten*), accordés aux exportateurs de grains ou de farines, et applicables à des importations de grains ou de farines de la même espèce. C'était au fond un système analogue à celui que proposait M. de Puttkamer, mais avec cette différence que l'exportation devait précéder l'importation. Faisant le même raisonnement que M. de Puttkamer, M. Ampach estimait que, par suite du caractère déficitaire de la production allemande, les pouvoirs d'entrée en franchise auraient un marché assez large pour se négocier sans dépréciation sensible et pour assurer aux exportateurs une prime de sortie très voisine du droit de douane.

Le Reichstag, par un ordre du jour motivé en date du 5 mars 1888, renvoya la proposition Ampach à l'examen du Bundesrath, en l'invitant à lui transmettre le résultat de ses délibérations.

Le projet du Bundesrath sur les bons d'importation.

La Haute Assemblée se montra d'abord assez peu favorable à la suppression de l'identité. Mais les agriculteurs du Nord et de l'Est de l'Allemagne, voyant tout le bénéfice qu'ils pouvaient retirer de cette mesure, ne restèrent pas inactifs. De nombreuses pétitions furent envoyées au chancelier; l'une d'elles, du 15 mai 1889, portait au premier rang la signature du comte de Moltke. Une grande partie de la presse se prononça en faveur de la réforme projetée.

Sur ces entrefaites furent conclus, en 1892 et 1893, les premiers traités de commerce, qui causèrent à l'agriculture un préjudice considérable en réduisant de 5 m. à 3 m. 50 les droits de douane sur une grande partie des blés et des seigles importés en Allemagne. En 1894, le traité de commerce avec la Russie allait encore accentuer ce préjudice. Il parut nécessaire de donner une compensation aux agriculteurs du Nord et de l'Est, voisins de la Russie, et qui allaient être particulièrement éprouvés par le nouveau traité.

C'est dans cette vue que le Bundesrath se décida enfin à adopter et à transmettre au Reichstag un projet qui est devenu la loi du 14 avril 1894 sur les bons d'importation.

Le but nettement indiqué dans l'exposé des motifs (1)

---

(1) Documents parlementaires. Reichstag, 9e législature, 2o session (1893-94), no 209.

était de dégager le marché des régions surproductrices au moyen d'une bonification accordée à la sortie des céréales, quelle que fût leur origine, et sans qu'il fût besoin d'une importation correspondante faite par l'exportateur lui-même. Le projet reprenait dans ce but, sous le nom de bons d'importation, le système des pouvoirs d'entrée en franchise de la proposition Ampach. Les bons d'importation, accordés aux exportateurs de blé, de seigle, d'avoine, de légumes secs et d'orge, ou des produits extraits de ces denrées, donnaient le droit au porteur d'introduire en Allemagne, sans acquitter les droits de douane, des céréales en quantité équivalente à celles ayant donné lieu à la délivrance des bons, et de la même espèce.

Mais les auteurs du projet comprirent que s'ils limitaient ainsi d'une façon absolue le pouvoir d'entrée en franchise des bons d'importation, ces titres risqueraient — bien qu'en Allemagne les importations dépassent toujours les exportations — de subir une dépréciation sensible dans les années où les importations se ralentiraient, et que leur négociation amènerait alors un partage de la prime entre les importateurs et les exportateurs. Ce résultat eût été doublement fâcheux, puisqu'il aurait diminué les avantages accordés aux exportateurs en même temps que facilité les importations. Pour l'éviter, on décida que le Bundesrath aurait le droit, au cas où la valeur des bons d'importation viendrait à diminuer, d'augmenter leur demande dans les proportions qu'il jugerait convenable, en les déclarant applicables à d'autres produits qu'aux céréales. C'est ce qui résultait du paragraphe final du projet, ainsi conçu :

« Le Bundesrath pourra autoriser l'usage des bons d'importation, dans la mesure de la valeur douanière qu'ils représentent, au paiement des droits de douane sur d'autres marchandises que celles désignées au n° 1, dans les conditions qu'il déterminera. »

On changeait ainsi d'une façon éventuelle la nature des bons d'importation ; il ne s'agissait plus seulement de modifier l'admission temporaire en supprimant l'identité entre les céréales importées et les céréales exportées ; il s'agissait en réalité de créer une véritable prime à l'exportation en compensation des droits de douane établis sur les céréales.

CHAPITRE V

LA LOI DU 14 AVRIL 1894.

—

Exposé de M. de Posadowsky.

Le projet de loi « portant modification au tarif douanier
du 15 juillet 1879 » et qui établissait le système des bons
d'importation subit au Reichstag les trois délibérations
réglementaires dans les séances des 7, 9 et 14 mars
1894 (1).

Ce fut M. le comte de Posadowsky, secrétaire d'Etat au
Trésor impérial, qui présenta le projet au nom du Bundesrath. Il en indiqua le but, qui était de porter remède à
la triste situation des agriculteurs des régions septentrionales et orientales de l'Empire. Il rappela que, dans la
seule province de Prusse Occidentale, de 1872 à 1892, les
expropriations forcées avaient atteint la proportion de 222
pour 1,000 propriétaires. Le régime douanier n'avait pu
réussir à relever le cours des céréales. Le prix moyen du
blé en Prusse, qui était de 221 marks 8 la tonne dans la
période 1870-1879, était descendu à 184 marks 5 dans la
période 1880-1889, soit une baisse de 37 marks 3. Pour
le seigle, la baisse était un peu moins forte, mais elle atteignait encore 14 marks 7.

---

(1) Reichstag, 9ᵉ législature, 2ᵉ session (1893-94) ; séances 65, 67 et
74 ; compte rendu *in extenso*, pages 1641, 1712 et 1847.

R. P. 9

M. de Posadowsky montra ensuite que, sur les marchés du Nord-Est de l'Allemagne, les droits de douane n'exerçaient pas leur entière action. Du mois de septembre 1892 au mois de novembre 1893, dit-il, la différence moyenne entre le prix de la tonne de blé prise à l'entrepôt de Kœnigsberg avant et après l'acquittement des droits de douane a atteint 24 marks 1 ; pour le seigle, la même différence n'a pas dépassé 16 marks 8 ; autrement dit, les droits de douane portés aux traités de commerce sur les blés et les seigles, et qui s'élevaient à 35 marks par tonne, jouaient respectivement pour 60 0/0 et 48 0/0 de leur valeur. L'explication en est, dit M. de Posadowsky, dans les droits de douane eux-mêmes, qui, en élevant, de si peu que ce soit, les cours des marchés allemands au-dessus de ceux des marchés non protégés, ont créé comme une sorte de prohibition à l'exportation et ont amené l'encombrement des marchés.

Le système proposé, ajouta le ministre, revient à supprimer cette prohibition et à permettre à nos producteurs de porter leurs grains sur certains marchés extérieurs où ils seront mieux payés, parce qu'à raison de leurs qualités propres ils y sont plus recherchés des consommateurs.

« Le Bundesrath n'a pas la prétention, disait M. de Posadowsky en terminant son discours, de posséder une panacée qui, du jour au lendemain, guérisse l'agriculture souffrante ; mais il a l'intention loyale et bien arrêtée de lutter par tous les moyens contre sa malheureuse situation actuelle, qu'on ne peut mettre en doute *(Bravo ! à droite)*, et il considère le projet qui vous est soumis sur la suppression de l'identité comme un moyen capable tout au moins de faire beaucoup de bien à certaines provinces en amenant une élévation dans le prix des céréales qu'elles produisent. »

*Les conditions des agriculteurs des régions importatrices
et l'abolition des « staffeltarife ».*

La plupart des orateurs qui prirent part à la discussion
se déclarèrent partisans du projet. Cependant M. le baron
de Buol, qui succéda à la tribune à M. de Posadowsky,
posa nettement ses conditions. Les agriculteurs allemands,
disait-il en substance, sont menacés dans leurs intérêts par
le traité de commerce avec la Russie, adopté en première
lecture par le Reichstag. On propose d'accorder à ceux
du Nord et de l'Est une compensation sous la forme de
bons d'importation, fort bien ; mais ceux du Sud et de
l'Ouest ont droit aussi à une compensation. Il existe depuis 1891 en Allemagne des tarifs de chemins de fer à
base décroissante, dits *staffeltarife*, qui facilitent le
transport des produits agricoles de l'Est sur les marchés
de l'Ouest et du Sud et qui faciliteraient le transport des
produits introduits de Russie à la faveur du nouveau
traité : les agriculteurs de l'Ouest et du Sud de l'Empire
voteront la loi sur les bons d'importation en échange
de l'abolition de ces tarifs. M. de Buol ajoutait que le
représentant du Chancelier avait fait le jour même des
déclarations précises devant la Commission chargée
d'examiner le projet de traité avec la Russie et que le
ministère prussien avait résolu de supprimer les *staffeltarife*.

M. de Buol insista de plus sur les inconvénients qu'il y
aurait pour les agriculteurs des régions importatrices à
ce que les bons d'importation pussent être achetés sensiblement au-dessous de leur valeur nominale : ils amèneraient alors, comme les acquits-à-caution français, une
diminution de la protection douanière. C'est dans ce but
que le projet accordait au Bundesrath le droit de déclarer
les bons d'importation applicables aux droits de douane

sur d'autres marchandises que les céréales : **M.** de Buol demanda que l'on établît ce système dans la loi elle-même (1). Après avoir adopté en deuxième délibération un texte qui répondait à cette pensée, le Reichstag, en troisième délibération, adopta une solution intermédiaire en déclarant que le Bundesrath *devrait* (au lieu de *pourrait*) établir une liste de produits autres que les céréales auxquelles les bons d'importation seraient applicables, mais dans les conditions qu'il déterminerait.

Pour garantir d'une manière encore plus efficace les agriculteurs du Sud et de l'Ouest de l'Allemagne contre les effets d'une dépréciation possible dans la valeur des bons, M. de Buol demandait en outre que leur usage fût limité à une certaine zone. Un amendement rédigé en ce sens par M. Humann fut rejeté lors de la troisième délibération du projet (2). Une pareille proposition allait directement à l'encontre du but que l'on se proposait, toute limitation dans le pouvoir des bons d'importation tendant à restreindre leur demande et par conséquent à diminuer leur valeur. C'était une conséquence de ce préjugé, qui n'a pas été encore complètement abandonné par certains agriculteurs, que les bons d'importation, quelles que soient les précautions prises pour éviter leur dépréciation, et même s'ils se négocient à leur entière valeur, ont pour effet d'encourager les importations ; un certain nombre de députés considéraient même que l'abandon des *staffelta-rife* était une compensation pour les agriculteurs du Sud et de l'Ouest, non pas seulement au traité de commerce avec la Russie, mais au système des bons d'importation

____

(1) Reichstag, séance du 7 mars 1894 ; compte rendu *in extenso*, p. 1644, C.

(2) Reichstag, séance du 9 mars 1894 ; compte rendu *in extenso*, p. 1724, D.

lui-même. L'avenir s'est chargé de démontrer que leurs
craintes n'étaient pas fondées.

Les objections des libre échangistes.

Les seuls orateurs qui se montrèrent nettement opposés
au projet furent M. Schippel au nom des socialistes et
M. Richter, au nom des libéraux, tous deux représentants
de la minorité libre échangiste du Reichstag.

1º *Contradiction apparente du projet avec les doctrines*
d'économie nationale.

Ils relèvent tous deux avec ironie la contradiction qui
semble exister entre le système de l'économie nationale et
celui des bons d'importation. Toute la politique économique
de l'Empire avait eu jusque là pour but de rendre l'Allemagne indépendante de l'étranger pour sa consommation
intérieure, et voici que, par un revirement inattendu, on
proclamait cette idée fondamentale de l'Ecole de Manches-
ter qu'il faut porter les produits là où ils ont le plus de
valeur, et qu'on rouvrait aux céréales allemandes leurs
débouchés extérieurs en annihilant par des moyens artificiels l'action du droit de douane. C'était, suivant l'expression de M. Schippel, « un coin de libre échange
introduit dans le vieux système de l'économie nationale ».

M. Richter caractérisait le projet du mot de « libre
échange unilatéral ». M. de Puttkamer, dit-il, considère
comme un droit naturel pour les producteurs de porter
leur marchandise là où elle leur est payée le plus cher et
où ils ont le moins de frais de transport à supporter.
Sans doute ; mais la réciproque n'est-elle pas vraie, et
n'est-ce pas aussi pour les consommateurs un droit naturel que de se procurer les marchandises au moindre prix
possible ? Comment dès lors justifier les droits de douane ?

On ne peut établir à la fois le libre échange au profit des producteurs et la protection au détriment des consommateurs.

Ces observations n'étaient pas absolument décisives. Le libre échange et la protection ne sont pas des théories absolues, ce sont des mesures de politique économique qui peuvent varier suivant les époques et suivant les nécessités.

Loin d'être en contradiction avec le système de l'économie nationale, les bons d'importation peuvent au contraire être considérés comme une application directe des idées émises par List, son fondateur en Allemagne. Toute la doctrine du *Nationales System der politischen Œkonomie* peut en effet se résumer dans cette idée qu'il faut assurer, au besoin par certains sacrifices, un développement harmonique des forces productives de la nation. Lorsque l'une d'elles, comme l'agriculture, est menacée dans son existence, il convient de prendre toutes les mesures propres à la sauver, sans rechercher si elles sont conformes à telle ou telle théorie. Il est parfaitement exact que les bons d'importation ont par certains côtés un caractère libre échangiste en ce qu'ils abaissent les barrières qui s'opposent à l'exportation des céréales ; il est certain qu'ils augmentent les importations de céréales étrangères puisqu'il faut bien compenser les céréales exportées ; qu'importe, si l'agriculture en profite ? Et quel inconvénient y a-t-il donc à ce que les céréales allemandes nourrissent des Suédois ou des Anglais, si ceux-ci les paient un prix suffisant ? List ne considérait pas le système protecteur comme devant isoler chaque nation ; il pensait au contraire qu'il devait amener entre les nations normales, c'est-à-dire où toutes les forces productives seraient harmonieusement développées, un courant d'échanges plus large qu'entre des nations demeurées à l'état

simple, c'est-à-dire exclusivement agricoles ou exclusive
ment industrielles.

2⁰ *La question du renchérissement du prix du pain.*

A côté de cette contradiction apparente qu'ils se plaisaient
à relever, les libre échangistes allemands du Reichstag en
soulevaient d'autres qu'il est intéressant de noter parce
qu'elles ont été reprises en 1900 et 1901 devant le Parlement français lorsqu'il s'est agi d'introduire chez nous le
système des bons d'importation. M. Schippel fit valoir que
si la hausse des céréales pouvait profiter aux propriétaires
fonciers et à ceux des ouvriers agricoles qui reçoivent leur
salaire en nature, les ouvriers industriels, les ouvriers des
villes, ainsi que les journaliers agricoles payés en argent et
non nourris se trouveraient lésés par une hausse du pain.
« Nous ne voulons pas, disait M. Schippel, tailler des la-
nières dans la peau des consommateurs au profit des grands
propriétaires fonciers, et nous voterons contre la suppression de l'identité. »

M. Richter reprit le même argument. Il rappela que le
but non caché des partisans des bons d'importation était
d'amener un renchérissement des céréales dans les régions
surproductrices de l'Empire. Il citait à cet égard l'opinion
du président supérieur de la Prusse Occidentale, M. le
comte Udo de Stolberg qui, dans une lettre publiée le
23 décembre 1893, demandait aux députés conservateurs
de la province de voter en faveur de la loi.

« La suppression de l'identité, lisait-on dans ce docu-
ment, aurait pour effet de relever le prix des céréales indigènes au-dessus de celui des céréales étrangères de toute
la valeur du droit de douane, car les exportateurs de céréales indigènes recevraient le prix du marché mondial
augmenté d'un bon d'importation d'une valeur égale au
droit de douane. » M. le comte de Stolberg évaluait entre

14 et 18 marks par tonne l'élévation du prix des céréales devant résulter dans la province de Prusse Occidentale de la suppression de l'identité.

Mais le Gouvernement n'admettait pas ce raisonnement. Il se défendit de vouloir provoquer un renchérissement des céréales à l'intérieur. A chaque sortie de blé allemand, disait-il, correspondra nécessairement une entrée en franchise de blé étranger ; les quantités disponibles pour la consommation ne varieront pas, et l'action sera nulle sur les prix des marchés allemands. L'avantage pour l'agriculture résultera donc exclusivement de la valeur plus grande donnée à ses produits par leur exportation sur certains marchés étrangers où ils étaient particulièrement appréciés.

Ce fut M. Miquel, ministre des Finances de Prusse, qui se chargea de soutenir devant le Reichstag cette thèse déjà indiquée dans l'exposé des motifs de la loi. Elle était difficilement acceptable. Sans doute, chaque exportation devait être nécessairement compensée par une importation, mais pas sur le même point de l'Allemagne : c'était le principe essentiel de la suppression de l'identité. Par le système des bons d'importation, on dégageait le marché des régions surproductrices, par conséquent on y amenait une hausse des prix et, comme l'expliquait M. le comte Udo de Stolberg, on donnait aux droits de douane leur entier effet par un avantage perpétuel accordé à l'exportation tant que la différence entre les prix du marché intérieur et ceux des marchés extérieurs non protégés restait inférieure à 3 marks 50.

Aussi M. Miquel fut-il interrompu par les rires de la gauche lorsqu'il soutint que le principal avantage de la loi projetée était d'assurer aux agriculteurs des régions surproductrices de l'Allemagne des débouchés pour leurs produits, fût-ce aux mêmes prix qu'autrefois. C'était se mettre

en contradiction avec la pensée fondamentale du projet,
qui était d'assurer l'entière action des droits de douane
sur les marchés du Nord et de l'Est de l'Allemagne, et par
conséquent d'y amener une hausse des prix. M. Haussmann
fit éclater cette contradiction à la tribune du Reichstag.

« Voici, dit-il, les propres paroles de M. le Dr Miquel,
ministre des Finances : « Je ne puis reconnaître comme
« fondée l'objection fondamentale faite au projet, à savoir
« qu'il amènerait à n'en pas douter un renchérissement du
« du prix des céréales dans les parties orientales de la
« monarchie... Je considère que l'avantage essentiel du
« projet sera d'amener la vente des céréales qui y sont
« produites, *quand même ce ne serait pas à de plus hauts*
« *prix.* »

« Telle est l'explication de M. le Ministre des Finances.
Or, dans la même séance, le représentant du Trésor impérial (M. de Posadowsky) nous a recommandé de voter
pour la loi « parce que le Bundesrath estime que cette loi
« assurera aux producteurs de certaines régions de l'Em-
« pire le bienfait d'une hausse dans le prix des céréales
« qu'ils cultivent ».

« Or, je vous le demande, ajoutait M. Haussmann,
n'est-il pas singulier de voir dans la même séance deux
représentants du Gouvernement venir apporter au nom du
Gouvernement deux opinions aussi différentes sur la fixation des prix. Il me faut bien en présence de ces argumen-
tations opposées me poser cette question : lequel des deux
a rendu ici hommage à la vérité (1) ? »

M. de Posadowsky répliqua qu'il n'y avait aucune contradiction dans ses paroles et celles de M. Miquel et que
les producteurs de céréales pouvaient obtenir sur les mar-

-----

(1) Reichstag, séance du 14 mars 1894; compte-rendu *in extenso*,
p. 1850, A et B.

chés étrangers des prix plus élevés sans que les prix du
marché intérieur en fussent affectés. L'affirmation était
risquée ; il paraît évident en effet que si les céréales allemandes exportées en Angleterre y acquéraient une valeur
plus grande qu'en Allemagne, le prix des mêmes céréales
vendues en Allemagne allait hausser par suite de cette
concurrence. Ce que M. de Posadowsky aurait pu répondre, c'est qu'en somme il ne s'agissait pas d'amener à pro-
prement parler une hausse sur les marchés allemands des
régions surproductrices, mais de contrebalancer les causes
de baisse résultant du traité de commerce avec la Russie ;
il aurait pu ajouter enfin qu'il est parfaitement légitime
de demander à une partie de la nation un très léger sacrifice lorsqu'il s'agit de sauver l'une des branches essentielles
de la production nationale.

3º Facilités données à la spéculation.

M. Richter objecta encore les facilités qu'on allait donner à la spéculation avec le système des bons d'importation. Comment, disait-il, l'une des raisons qu'on donnait
en 1879 lorsqu'on a voté les premiers droits de douane
était la nécessité d'endiguer la spéculation, de ne pas lui
permettre de faire plus d'importations que n'en comporte
la situation du marché, sous peine de perdre le droit de
douane sur les quantités introduites en trop et qu'il faut
réexporter, et voici que, grâce à une prime de sortie égale
au droit de douane, on vient permettre à des spéculateurs
d'introduire temporairement des céréales sur le marché
intérieur pour déprécier les cours, puis, ce résultat
obtenu, les réexporter sans avoir déboursé autre chose,
outre les frais de transport, que l'intérêt des droits de
douane pendant la durée de l'opération ! Au moment où
les agriculteurs dénoncent avec le plus de vigueur les mauvais effets des entrepôts de transit, on propose en somme

de transformer toute l'Allemagne en un immense entrepôt !

En outre, disait M. Richter, on a toujours invoqué en faveur du protectionnisme les nécessités de la défense nationale. Que deviendrez-vous si un conflit éclate le jour où, à la faveur des bons d'importation, les spéculateurs auront exporté une grande partie de la production intérieure ? Ce jour-là, il sera trop tard pour prononcer des interdictions d'exporter, car, dans la période de tension diplomatique, les prix des céréales se seront sensiblement élevés sur les marchés extérieurs, et le vide se sera produit sur les marchés allemands.

L'avenir se chargea de dissiper les craintes soulevées par M. Richter : les bons d'importation fonctionnent en Allemagne depuis sept ans, et tous ceux qui ont étudié leurs résultats sont d'accord pour reconnaître qu'ils n'ont donné lieu à aucune spéculation. Les spéculateurs assez puissants pour faire la hausse et la baisse ont, dans les opérations fictives des Bourses de commerce qui, malgré la loi de 1896, n'ont pas encore complètement disparu en Allemagne, des moyens d'action beaucoup plus simples que les courants artificiels d'importations et d'exportations dont parlait M. Richter et qui nécessiteraient des frais de transport considérables.

Quant à la crainte d'exportations excessives, elle aurait pu être fondée si les bons d'importation avaient assuré aux exportateurs un bénéfice notable par rapport à la vente sur le marché intérieur ; mais en fait la prime de 3 marks 50 est complètement absorbée par la différence des cours entre le marché allemand et le marché où les céréales sont expédiées, ainsi que par les frais de transport.

Le commerce d'exportation fonctionne en réalité depuis 1894 dans les conditions normales où il fonctionnait avant l'établissement des droits de douane.

4º *Les représailles de l'étranger.*

M. Richter montrait en terminant que les bons d'importation proposés, surtout avec leur extension aux droits d'entrée sur certaines denrées exotiques, avaient le caractère d'une véritable prime à l'exportation des céréales, payée sous la forme d'un papier-monnaie analogue à un billet de banque, et reçu comme de l'argent comptant dans toutes les caisses de l'administration des douanes. La liaison entre les exportations et les importations n'était plus dès lors qu'un mot ; autant accorder une prime directement payable par les agents des douanes lors de la sortie. Sans doute le Bundesrath avait le pouvoir de supprimer indirectement la prime de sortie qu'on proposait d'établir, en limitant aux céréales le pouvoir d'entrée en franchise des bons d'importation ; mais, disait **M.** Richter, au milieu des rires des uns et de l'approbation des autres, je n'ai pas grande confiance dans le Bundesrath : il a des vues très changeantes, et ce qui le prouve bien c'est qu'après s'être montré pendant trois ans entièrement opposé à la loi qui nous est soumise, il vient aujourd'hui nous lancer ce projet de loi comme un coup de pistolet.

Au surplus, ajoutait l'orateur libéral, nous ne savons pas comment l'étranger accueillera la mesure qu'on nous propose de voter. La première manifestation de notre politique de protection douanière se produisit en 1876 ; elle eut pour but de répondre à la prime d'exportation résultant pour les fers français du régime des acquits-à-caution. Qui vous dit que les pays où nous exporterons des céréales se déclareront satisfaits, et qu'à notre prime d'exportation ils n'opposeront pas une élévation des droits de douane sur les céréales ? Tout l'effet de notre système se trouverait détruit.

Sur ce point encore l'avenir a dissipé les appréhensions

de M. Richter, et aucun pays n'a songé jusqu'ici à établir sur les céréales ou sur les farines allemandes un tarif de représailles.

Texte de la loi du 14 avril 1894.

Les objections présentées par les libre échangistes contre le système des bons d'importation ne parurent pas décisives au Reichstag, qui, dans la séance du 14 mars 1894 adopta en troisième lecture, par assis et levés, les dispositions qui lui étaient soumises (1).

La loi se présente comme une modification aux articles du tarif douanier relatifs à l'admission temporaire. Le texte, approuvé par le Bundesrath, et promulgué le 14 avril 1894, est ainsi conçu :

Loi portant modification au tarif douanier du 15 juillet 1879 (2)

Les dispositions du § 7, alinéas 1, 3 et 4, du tarif douanier du 15 juillet 1879(texte publié par le Chancelier de l'Empire le 24 mai 1885, *Bulletin des Lois de l'Empire*, p. 111) (3) sont remplacées par les suivantes :

1. « Toute exportation au commerce spécial de blé, seigle, avoine, légumineuses, orge, colza et navette, pourra, lorsque la quantité exportée atteindra au moins 500 kilogrammes, donner lieu, sur la demande de l'exportateur, à la délivrance d'un certificat (bon d'importation), donnant le droit au porteur, dans un délai à fixer par le Bundesrath, mais qui ne dépassera pas six mois, d'importer une quantité de céréales de la même espèce correspondante à la valeur portée sur le bon sans acquitter de droits de douane. L'expédition de céréales destinées à l'exportation ne pourra donner lieu à la délivrance d'un bon d'importation que dans les bureaux de douane désignés par le Bundesrath.

« Des entrepôts privés pourront être autorisés pour les marchandises ci-dessus désignées, qui pourront y être librement manipulées et

---

(1) Reichstag, séance du 14 mars 1894 ; compte rendu *in extenso*, p. 1858, C.

(2) *Reichs-Gesetzblatt*, n° 2161 ; 19 avril 1894, p. 335.

(3) L'alinéa 3 avait déjà été modifié par la loi du 23 juin 1882. (V. *supra*, chapitre II, p. 104.)

empaquetées sans qu'il soit besoin d'une déclaration, et mélangées avec des marchandises indigènes. Lorsque les marchandises introduites seront exclusivement destinées à l'exportation, les quantités exportées seront déduites du total des céréales étrangères entrées en entrepôt ; ce total atteint, le surplus sera considéré comme marchandise indigène (1).

« Lorsque les marchandises introduites en entrepôt seront destinées, soit à l'exportation, soit à la consommation intérieure, les quantités livrées à la consommation intérieure seront déduites du total des céréales indigènes entrées en entrepôt ; ce total atteint, le surplus sera considéré comme marchandise étrangère (2).

« Des entrepôts privés pourront être autorisés pour les marchandises comprises au n° 9 du tarif, autres que celles énumérées ci-dessus, et qui ne seraient introduites que pour être ensuite réexportées ; les marchandises entreposées pourront être librement manipulées et empaquetées, sans qu'il soit besoin d'une déclaration, et mélangées avec des céréales indigènes ; mais alors ne sera considérée comme entrée en transit et exempte de droits que la quantité de marchandises étrangères réexportée dans le mélange. De semblables entrepôts pourront être autorisés pour les mêmes marchandises alors qu'elles seraient destinées, soit à la consommation intérieure, soit à la réexportation.

« Le dépôt des marchandises dans un entrepôt officiel, ou dans un entrepôt de transit placé sous la clef du service des douanes, équivaut à leur exportation. »

3. « Les propriétaires de moulins ou de malteries qui exporteront les produits de leur industrie recevront une déduction douanière consistant dans la dispense du droit d'entrée sur les céréales étrangères apportées au moulin ou à la malterie pour une quantité correspondante aux produits exportés. La mise des produits fabriqués dans un entrepôt placé sous la clef du service des douanes équivaut à leur exportation. Le taux d'extraction à établir à cet effet est déterminé par un décret du Bundesrath. Les céréales étrangères expédiées en douane et destinées au moulin ou à la malterie, ainsi que toutes celles qui seraient emmagasinées dans les locaux désignés comme devant recevoir

---

(1) C'est-à-dire donnera droit à la délivrance des bons d'importation, lorsqu'elle sera exportée.

(2) C'est-à-dire donnera lieu au paiement des droits de douane si elle entre dans la consommation intérieure.

des céréales étrangères ne peuvent être cédées ni vendues avant la mise en œuvre sans l'autorisation de l'administration. Les contrevenants seront punis d'une amende qui peut aller jusqu'à 1,000 marks.

« Les propriétaires de moulins ou de malteries qui auront droit à cette déduction douanière pourront recevoir lors de l'exportation de leurs produits fabriqués des bons d'importation (voir le n° 1) applicables à l'entrée d'une quantité de céréales correspondante, s'ils préfèrent ce système à l'exemption du droit de douane sur une quantité égale de céréales introduite dans leur moulin ou leur malterie, conformément au précédent alinéa.

« Les propriétaires de moulins ou de malteries, même s'ils ne sont pas dans les conditions requises pour bénéficier de la bonification douanière indiquée au premier alinéa, recevront sur leur demande lors de l'exportation de leurs produits, des bons d'importation applicables à l'entrée d'une quantité de céréales correspondante (voir le n° 1). »

4. « Le Bundesrath réglera tous les détails d'exécution, en ce qui concerne notamment la forme des bons d'importation, la nature (minimum de qualité) des marchandises exportées admises à réclamer le bénéfice de bons d'importation, ainsi que les conditions à exiger des propriétaires d'entrepôts.

« Le Bundesrath fera également connaître dans quelles conditions il autorise l'emploi des bons d'importation, dans la mesure de la valeur douanière qu'ils représentent, au paiement des droits de douane sur d'autres marchandises que celles prévues aux numéros 1 et 3.

« La présente loi entrera en vigueur le 1er mai 1894. »

CHAPITRE VI

LE SYSTÈME ALLEMAND DES BONS D'IMPORTATION.

—

Caractère et fonctionnement des bons d'importation.

Les bons d'importation allemands constituent au fond
une prime accordée aux exportateurs de blé, de·seigle,
d'avoine, de légumineuses, d'orge, de colza, de navette,
ainsi que de farine ou de malt. Cette prime n'est payée par
l'État que sous une forme indirecte ; elle n'est pas obtenue
dès l'exportation et se trouve par là diminuée d'un escompte
assez variable, mais elle offre les deux caractères essentiels
d'une prime d'exportation : bonification accordée par
l'État lors de la sortie d'un produit, et certitude pour l'exportateur de bénéficier d'une somme approximativement
égale à cette bonification. L'intermédiaire obligé d'un importateur ne saurait enlever au système le caractère de
prime d'exportation si des mesures sont prises pour éviter
que l'importateur puisse garder pour lui une part importante de la bonification.

Ces mesures résultent du pouvoir, accordé au Bundesrath par le n° 4, alinéa 2, de la loi de 1894, de déclarer
les bons d'importation applicables au paiement des droits
de douane sur un grand nombre de marchandises. Nous
avons indiqué le but et la portée de cette disposition. Si le
pouvoir d'entrée en franchise des bons d'importation
était limité aux céréales, comme la loi exige qu'il s'agisse

de céréales de la même espèce que celles ayant donné lieu à la délivrance des bons, ils risqueraient de subir une dépréciation sensible dans les années où les importations de certaines céréales se ralentiraient. Par suite de cette dépréciation, les exportateurs ne toucheraient plus qu'une prime de sortie inférieure aux droits de douane, en même temps que les importateurs pourraient éluder une partie de ces mêmes droits. Pour éviter ce résultat, il fallait donner aux exportateurs la possibilité de convertir en argent comptant leurs bons d'importation sans être contraints de s'adresser à des importateurs de céréales, et dans des conditions telles qu'ils n'eussent à subir, en tout état de cause, qu'un léger escompte.

C'est dans ce but que le projet de loi autorisait le Bundesrath à déclarer éventuellement les bons d'importation applicables à l'entrée d'autres marchandises que les céréales. Le Reichstag transforma cette simple faculté en obligation pour le Bundesrath (1), mais en le laissant libre d'étendre ou de restreindre à son gré la liste des produits à l'entrée desquels les bons d'importation sont applicables en dehors des céréales. Cette liste, établie par le Bundesrath, dès avant la mise à exécution de la loi, par un décret en date du 27 avril 1894, a été reproduite dans le dernier décret en date du 15 mars 1900 ; elle figure sur les bons d'importation eux-mêmes, dont on trouvera un modèle à la fin de ce chapitre. Le Bundesrath n'a choisi que des matières premières ou objets d'alimentation n'ayant pas de similaires dans la production allemande ; il a pensé que, si léger que dût être l'avantage résultant de l'emploi des bons d'importation, il convenait de ne pas l'accorder

---

(1) Le projet portait : Derselbe (der Bundesrath) *ist ermæchtigt*, etc. zu gestatten. Le texte adopté par le Reichstag porte : Derselbe *wird* Vorschriften erlassen, etc.

aux importateurs de marchandises qui pourraient venir concurrencer la production allemande.

Les dernières dispositions prises par le Bundesrath en exécution de la loi de 1894 sont contenues dans un décret du 15 mars 1900 (1), qui reproduit le décret du 27 avril 1894 avec certaines modifications ou additions.

Malgré le pouvoir très large accordé aux bons d'importation, on n'a pas voulu s'écarter de cette idée que leur but est avant tout d'assurer un simple échange entre les céréales indigènes exportées des régions surproductrices et les céréales indigènes importées dans les régions déficitaires. Aussi a-t-on décidé que le porteur d'un bon ne pourrait pas indifféremment l'employer pour des céréales ou pour d'autres marchandises. S'il veut s'en servir dès sa création — et il y a avantage puisque chaque jour de retard dans l'utilisation du bon constitue une perte d'intérêts — il ne peut l'employer que pour importer en franchise des céréales ; le bon est valable à cet effet pendant une durée de 6 mois. C'est seulement à partir du quatrième mois que le bon d'importation peut servir à acquitter les droits de douane sur les denrées exotiques désignées par le Bundesrath ; il peut être utilisé de cette manière jusqu'à la fin du dixième mois, à dater du jour de sa création. Par conséquent, celui qui ne trouve pas à utiliser ses bons pour entrer des céréales perd, ou si l'on veut manque à gagner, l'intérêt des bons pendant une période d'au moins quatre mois. Il y a donc un avantage assez appréciable à se servir des bons pour entrer en franchise des céréales.

----

(1) Allgemeine Ausführungsbestimungen zu § 7, Ziffer 1 und 3, des Zolltarifgesetzes ; *Central-Blatt für das Deutsche Reich*, mercredi 28 mars 1900, p. 173.

Au bout de quatre mois le bon d'importation constitue donc une véritable monnaie admise en paiement dans toutes les caisses de l'administration des douanes. Il y a à toute époque, et en grande quantité, des gens désireux d'importer des denrées exotiques et qui sont enchantés de trouver des bons d'importation pour payer les droits de douane, quand bien même ils n'y auraient qu'un avantage de quelques pfennigs sur un paiement en argent.

Grâce à cette extension ainsi donnée au pouvoir des bons d'importation, la demande de ces titres est toujours supérieure à l'offre, et la dépréciation qu'ils subissent est insignifiante. Elle comprend deux éléments : l'avantage très léger qu'il est nécessaire d'accorder aux importateurs pour qu'ils aient intérêt à se servir des bons d'importation plutôt qu'à payer les droits de douane en argent comptant, et l'escompte commercial ordinaire correspondant au délai qui s'écoulera entre le jour de la négociation du titre et le jour de son utilisation.

Cet escompte est presque nul lorsque les importations de céréales sont nombreuses, parce que le bon peut trouver facilement son utilisation immédiate. Lorsque les importations de céréales se ralentissent, les bons d'importation courent le risque de ne pouvoir servir qu'au bout de quatre mois, puisque c'est seulement à partir de ce délai qu'ils sont reçus en paiement des droits de douane sur les denrées exotiques, et ils subissent un escompte correspondant à ce laps de temps. La situation s'est produite en 1899 pour le seigle ; la récolte ayant été particulièrement bonne, l'importation au commerce général n'a pas dépassé 5,612,513 quintaux, au lieu de 9,140,723 en 1898 et de 8,933,333 en 1900. Aussi les bons d'importation du seigle n'étaient-ils plus cotés que 3 marks 40, soit un escompte de 2, 8 0/0. C'est le maximum de la dépréciation qu'ils aient subie. Normalement, les importations de céréales sont assez nombreuses en Allemagne pour que l'utilisation immédiate des bons n'offre aucune difficulté. Leur dépréciation est le plus souvent à peu près insensible : par exemple, le 5 septembre 1900, la *Süd Deutche Bank* de Mannheim achetait entre 3 marks 47 et 3 marks 48 les bons d'une valeur nominale de 3 marks 50.

Tout ce qui précède montre combien est subtile la différence entre le bon d'importation allemand et une prime d'exportation. En somme, l'exportateur d'un quintal de blé reçoit de l'Etat une bonification douanière approximativement égale à 3 marks 50. Que l'Etat les paie directement ou qu'il les paie au moyen d'un abandon sur des recettes douanières absolument certaines, il y a là qu'une différence de forme. Le résultat est le même au point de vue financier. Il est aussi le même au point de vue juridique : dans le droit allemand comme dans le droit français le paiement par compensation équivaut à un paiement en argent comptant.

Toutefois si le bon d'importation constitue bien une prime à l'exportation, c'est une prime à l'exportation limitée, et sans danger pour le Trésor. Le § 18 du règlement du 15 mars 1900, qui reproduit à peu près textuellement le § 8 du règlement du 27 avril 1894, s'exprime ainsi :

« Tout porteur du bon d'importation a le droit, soit d'importer en franchise dans le territoire de l'Union douanière, dans un délai de six mois à dater du jour de la délivrance du titre, par tout bureau de douane ou de perception ouvert à l'importation des céréales, une quantité de céréales équivalente à celle qui est portée sur le bon et de la même espèce, soit d'employer ce bon, après un délai de quatre mois à dater du jour de la délivrance du titre, et pendant un nouvel espace de six mois, en guise d'argent comptant, dans tous les bureaux de l'Union douanière, au paiement de droits de douane, immédiatement exigibles ou portés en compte, sur les marchandises désignées dans l'annexe ci-jointe, *à moins qu'un avis du Chancelier de l'Empire n'ait fait connaître que ce mode de dation en paiement est provisoirement suspendu.*

« Le remboursement en argent comptant des bons d'importation n'est pas admis. »

On voit qu'à tout moment le Bundesrath est maître de supprimer le caractère de prime à l'exportation donné aux bons d'importation. Son pouvoir discrétionnaire n'est aucunement limité à ce sujet, et même les droits des porteurs de bons ne sont pas réservés ; le jour où l'avis du Chancelier prévu par le réglement serait publié, les bons remontant à plus de six mois et qui d'après les dispositions actuelles peuvent être encore utilisés pendant quatre mois au paiement des droits de douane sur les denrées exotiques, se trouveraient destitués de toute valeur.

Il y a dans cette limitation de la prime une garantie que le Gouvernement a jugée nécessaire dans l'intérêt du Trésor. Le jour où, la production en Allemagne de l'une des céréales donnant lieu à délivrance des bons d'importation ayant fait beaucoup de progrès, les exportations viendraient à dépasser les importations, la valeur totale des bons d'importation accordés à la sortie de cette céréale dépasserait le montant des droits perçus à l'entrée et l'abandon fait par l'Etat d'une partie des droits de douane sur les denrées exotiques deviendrait un sacrifice pur et simple. Ce jour est encore éloigné, l'Allemagne paraissant devoir être d'autant plus longtemps importatrice de céréales que la population, du moins la population industrielle, s'y accroît sans cesse. Mais on a tenu à prévoir l'avenir et l'on a voulu corriger ce que le nouveau système pouvait avoir de hardi en donnant au Gouvernement le pouvoir d'en arrêter instantanément les effets.

La question du remboursement en argent des bons d'importation.

Si les bons d'importation constituent dans le fond une véritable prime d'exportation, ils n'en ont pas la forme, en ce sens que la bonification douanière accordée par l'Etat est payée par compensation au lieu d'être payée en argent comptant.

Le système du paiement par application aux droits de douane est plus commode pour l'administration des Finances, à laquelle il évite des mouvements de fonds. Mais il a pour effet de diminuer la prime établie au profit des exportateurs, du bénéfice, très léger il est vrai, qu'il faut accorder aux importateurs en sus de l'escompte pour qu'ils aient avantage à se servir des bons plutôt qu'à payer les droits de douane en argent comptant.

Aussi les agrariens allemands ont-ils demandé à plusieurs reprises le remboursement en argent des bons d'importation dans les caisses du Trésor. Ils font valoir à l'appui de cette demande un autre argument. Ils soutiennent qu'il y a dans le bon d'importation « un attrait perpétuel à l'impórtation étrangère », le seul moyen de donner sa valeur au bon étant en définitive de faire une importation.

Cette critique avait déjà été présentée au Reichstag lors de la discussion de la loi : elle aurait sa valeur si les bons d'importation ne pouvaient se négocier qu'avec une dépréciation sensible. Mais nous savons qu'il n'en est pas ainsi. Ce ne sont pas les quelques pfennigs que gagne un importateur à se servir d'un bon d'importation qui peuvent le déterminer à importer plus qu'il ne lui est nécessaire pour les besoins de son commerce. Souvent d'ailleurs les importateurs ne paient les droits que par l'intermédiaire de commissionnaires en douane, qui règlent tous les trois mois leur compte avec l'administration, soit en argent comptant, soit avec des bons d'importation, sans que

MODÈLE DE BON D'IMPORTATION

(ANNEXÉ AU RÈGLEMENT DU 15 MARS 1900).

État de ....  ....

BON D'IMPORTATION

N° 

Le *15 Juin* 1900, il a été { mis en entrepôt / exporté } par M. *A. Schulz,*
marchand à *Dantzig,* d'après le n° *5* du registre *des déclarations* du
bureau de douane *auxiliaire* de *Neufahrwasser,* la quantité déclarée de *six cents* kilogs de *froment* (sous forme de { farine, etc. / malt. }) Les
droits d'entrée sur celte quantité, à raison de *3 m. 50* par quintal
métrique, s'élèvent à *21 m.,* en toutes lettres : *vingt-et-un* marks.

Tout porteur de ce bon d'importation a le droit, contre sa remise,
soit d'importer en franchise dans le territoire de l'Union douanière,
dans un délai de six mois à dater du *10 Juillet* 1900, par tout bureau
de douane ou de perception ouvert à l'importation des céréales, une
quantité de *froment* équivalente à sa valeur douanière, soit, dans un
délai de six mois à dater du *10 Novembre* 1900, de l'employer en
guise d'argent comptant, dans tous les bureaux de l'Union douanière,
au paiement des droits de douane immédiatement exigibles ou portés
en compte sur les marchandises désignées ci-contre, à moins qu'un
avis du Chancelier de l'Empire n'ait fait connaître que ce mode de
dation en paiement est provisoirement suspendu.

Dantzig, le *10 Juillet* 1900.

LE DIRECTEUR DES CONTRIBUTIONS DE LA PROVINCE,

(Signature.)

(Place pour le Timbre.)

Le présent titre pourra être porté en compte pour les marchandises suivantes : Noix d'arachides et Amandes fraîches ; — Bois à ouvrer (Buis, Cèdre, Coco, Ébène, Acajou) ; — Fruits du Sud ; Épices de tout genre, non autrement dénommés ; Harengs salés ; Cafés bruts ; Cacao en noix ; Écorces de cacao ; Caviar et produits succédanés ; Olives ; Écorces fraîches et séchées de fruits du Midi ; Oranges vertes ou marinées ; Caroubes ; Moules et autres coquillages d'eau salée ; Huîtres, Homards et Tortues ; Riz, décortiqué ou non ; Huile d'Olive en barils ; Huile de graine de coton en barils ; Graisse et Huile de poisson ; Pétrole ; Huiles minérales à graisser.

CERTIFICAT D'IMPORTATION EFFECTUÉE EN FRANCHISE DES DROITS

Le soussigné reconnaît avoir introduit en franchise .... kilogs de *froment* par le bureau d .... , le .... 19............, pour une valeur douanière correspondante à celle indiquée ci-contre.

A .... , le 19............ .

CERTIFICAT DE DROITS DE DOUANE PORTÉS EN COMPTE

Le soussigné reconnaît que la somme indiquée ci-contre de .... m. .... pf., en toutes lettres : .... , lui a été portée en compte le .... 19............, par le bureau de.. pour les droits de douane dus sur.. .

A .... , le 19............ .

ENREGISTREMENT

Le total ci-dessus a été porté en :

Recettes.	Dépenses.
Le Caissier,	*Le Caissier,*

ces bons soient appliqués à telle ou telle importation déterminée.

Le Gouvernement s'est toujours opposé à cette idée d'une prime à l'exportation pure et simple. Cela tient sans doute d'abord à ce qu'elle a été généralement présentée sous la forme d'un paiement comptant lors de la sortie, ce qui eût forcé le Trésor à faire un déboursé immédiat, tandis qu'avec le système actuel le déboursé, qui ne se fait pas en argent, et qui résulte seulement d'une moins-value sur les recettes douanières, ne se produit que plus ou moins longtemps après l'exportation. L'opposition du Gouvernement s'explique aussi et surtout par ce fait que les propositions des agrariens ne prévoyaient pour la prime de sortie aucune limitation analogue à celle résultant des pouvoirs donnés au Bundesrath. Mais si les agriculteurs se bornaient à demander le remboursement en argent des bons non utilisés dans le délai de 4 mois pour l'entrée en franchise des céréales, en laissant au Chancelier le pouvoir de suspendre ce mode de paiement, leur proposition ne soulèverait aucune objection de principe, et elle offrirait cet avantage d'éviter d'une manière absolue toute prime à l'importation, si minime qu'elle fût.

CHAPITRE VII

Les dispositions de la loi du 14 avril 1894 relatives à l'admission temporaire furent complétées par deux règlements du Bundesrath en date du 27 avril 1894, le premier sur l'admission temporaire des céréales destinées à être réexportées sous forme de produits fabriqués, le second sur l'admission temporaire des céréales destinées à être réexportées sous forme de grains.

Le premier de ces textes a cessé d'être en vigueur, et est remplacé par un nouveau règlement publié par le chancelier de l'Empire à la date du 15 mars 1900.

1° Admission temporaire des céréales destinées à être réexportées sous forme de produits fabriqués.

Le règlement du 27 avril 1894.

Le règlement du 27 avril 1894 (1) n'apportait à celui du 27 juin 1882 que des modifications de détail. L'obligation de réexporter à l'identique était en effet supprimée pour les meuniers depuis la loi du 23 juin 1882, et la loi de 1894

---

(1) Regulativ betreffend die Gewæhrung einer Zollerleichterung bei der Ausfuhr von Mühlen oder Mælzereifabrikaten. Supplément au *Central-Blatt für das Deutsche Reich*, publié par le Ministère impérial de l'Intérieur, samedi 28 avril 1894, p. 207.

s'était bornée sur ce point à étendre aux propriétaires de malteries le bénéfice de la réexportation à l'équivalent. Les rendements officiels établis pour la farine étaient les mêmes que précédemment : 75 0/0 pour le froment et 65 0/0 pour le seigle. Le rendement fixé pour le malt d'orge fut de 75 0/0, et de 78 0/0 pour le malt de froment.

Nous avons vu qu'aux termes du décret de 1882 l'exportation de farine mélangée de seigle et de blé ne donnait lieu qu'à la bonification douanière la plus faible, c'est-à-dire à celle accordée à la farine de blé, dont il fallait présenter 75 kilos pour obtenir la même déduction qu'avec 65 kilos de seigle. Le règlement de 1894 autorisa les meuniers qui fabriquaient des farines mélangées à déclarer à la douane la proportion du mélange, et décida qu'en pareil cas la déduction douanière accordée à la sortie serait calculée en tenant compte de cette déclaration. Au cas où la déclaration n'aurait pas eu lieu, la déduction est faite suivant les règles à établir par l'autorité financière supérieure de chaque pays (§ 9, al. 2). Toutefois, ces mélanges ne peuvent donner lieu à la délivrance des bons d'importation (§ 9, al. 3).

Ces dispositions sur les mélanges ont été reproduites dans le règlement du 15 mars 1900 (§ 6, al 1, et § 7).

Les restrictions aux comptes de mouture.

Les réclamations soulevées par les agrariens en 1894 contre les comptes de mouture ne demeurèrent pas sans effet. M. de Posadowsky avait reconnu à la tribune du Reichstag que beaucoup d'industriels se servaient surtout de ces comptes pour retarder le paiement des droits de douane beaucoup plus que pour se livrer à l'exportation, et avait pris l'engagement de faire cesser cet abus. Aussi, depuis 1894, l'administration a-t-elle usé à plusieurs reprises de son pouvoir discrétionnaire pour supprimer les comptes de mouture de tous les établissements qui d'une façon permanente importaient plus de céréales qu'ils n'exportaient de farines ou de malt. C'est ainsi que, sur 149 comptes existant en 1895, 38 ont été supprimés. Tout récemment, la *Weser Müllerei Actien Gesellschaft*, dont le siège est à Hameln et qui est peut-être la minoterie la plus importante de toute l'Allemagne, voyait fermer son compte pour insuffisance des exportations par rapport aux importations.

Au surplus, depuis la loi de 1894, un certain nombre de meuniers commencent à préférer au système des *mühlenkonten* celui des bons d'importation qui, s'il les oblige à faire l'avance des droits de douane, offre l'avantage de les soustraire à la surveillance administrative. Dans un rapport de l'ambassade de France à Berlin, daté du 26 septembre 1900 (1), M. Raoul de Chamberet constate qu'une minoterie importante de Hambourg a renoncé volontairement à son compte de mouture pour s'en tenir au système des bons d'importation.

Pour ces raisons, l'admission temporaire a subi en Allemagne un recul considérable. Au mois de janvier 1896, 111 établissements possédaient encore un compte de mouture. Au mois de février 1901, leur nombre était tombé à 56. Les chiffres suivants montreront que tout le terrain ainsi perdu par l'admission temporaire a été gagné par les bons d'importation :

---

(1) Ce rapport, non publié, a été communiqué à M. Debussy, rapporteur à la Chambre des Députés du projet de loi sur les bons d'importation.

Exportation de farines provenant des usines allemandes (1)
(en quintaux).

Années.	Apurement de comptes de mouture.	Commerce spécial (avec bons d'importation depuis 1894).	Total.
1890	1.147.510	14.530	1.162.040
1891	1.036.720	5.150	1.041.870
1892	1.049.330	2.580	1.051.910
1893	1.461.540	4.610	1.466.150
1894	1.642.680	241.060	1.883.740
1895	1.391.740	275.570	1.667.310
1896	1.203.660	296.010	1.499.670
1897	1.050.290	571.950	1.622.240
1898	719.120	655.350	1.374.470
1899	749.680	869.080	1.618.760
1900	561.108	694.469	1.255.577
Janv.-Fév. 1901	29.634	79.234	108.868

Le règlement du 15 mars 1900.

La restriction des comptes de mouture n'a pas causé
un préjudice bien considérable aux meuniers exportateurs ;
à part l'avance nécessaire des droits de douane, les bons
d'importation leur assurent un avantage équivalent. Mais
une atteinte plus sensible leur a été portée par le décret
du 15 mars 1900 (2).

Jusque là les rendements officiellement présumés étaient
de 65 0/0 pour le seigle et de 75 0/0 pour le blé, c'est-à-
dire que l'exportateur de 100 kilos de farine de seigle
obtenait, soit une déduction douanière sur 153 kilos 85 de

---

(1) D'après les publications de l'*Office impérial de statistique* de
Berlin : *Statistisches Jahrbuch für das Deutsche Reich*, 21e année,
1900 ; *Monatliche Nachweise über den auswærtigen Handel*, février
1901.

(2) Regulativ für Getreidemühlen und Mælzereien ; *Central-Blatt
für das Deutsche Reich*, 28 mars 1900, p. 131.

— Allgemeine Ausführungsbestimmungen zu § 7 Ziffer 1 und 3 des
Zolltarifgesetzes ; ibid., p. 173.

seigle, soit un bon d'importation pour la même quantité, autrement dit une bonification égale à 5 marks 38. Pour la farine de blé, la bonification s'élevait seulement à 4 marks 66, ce qui s'explique puisque 100 kilos de farine de blé correspondent à une quantité de grains moins considérable que 100 kilos de farine de seigle.

Le règlement de 1900 (1) établit une équivalence variable suivant la qualité des farines exportées. Deux types sont fixés pour les farines de seigle, quatre pour les farines de blé, sur les bases suivantes :

Seigle .....
- 1re classe de 1 à 60 0/0 d'extraction.
- 2e — de 60 à 65 —

Blé ....
- 1re classe de 1 à 30 0/0 d'extraction.
- 2e — de 30 à 70 —
- 3e — de 70 à 75 —
- 4e — de 1 à 70 —

Les rendements officiels ont été établis ainsi qu'il suit :

30 kil. de farine de seigle de la 1re classe représentent 95 kil. de seigle.
5 — 2e — 5 —
30 kil. de farine de blé de la 1re classe représentent 48 kilog. de blé.
40 — 2e — 47 —
5 — 3e — 5 —
70 — 4e — 95 —

D'après ces données, l'exportation d'un quintal de farine sert à apurer l'importation de grains dans la mesure suivante :

Farine de seigle.
- 1re classe. 158k 33) Au lieu du chiffre uniforme
- 2e — 100 ») de 153k 85.

Farine de blé...
- 1re classe. 160k »)
- 2e — 147 50 (Au lieu du chiffre uniforme
- 3e — 100 » (de 133 kilog.
- 4e — 135 71)

____

(1) V. le § 3 des dispositions relatives à l'admission temporaire et le § 4 des dispositions relatives aux bons d'importation.

On voit que si, pour les farines extraites à un degré très faible, la même quantité exportée peut servir à apurer l'importation d'une quantité de grains plus forte que par le passé, par contre, pour les farines poussées à un haut degré d'extraction, la situation est renversée, et la bonification douanière accordée à la sortie est diminuée. Pour les farines de blé, au lieu de 4 marks 66, la prime de sortie s'élève suivant les types à 5 marks 60, 4 marks 11, 3 marks 50 et 4 marks 75. La prime de 5 marks 60 est accordée au type n° 1 qui représente un taux d'extraction de 1 à 30 0/0, et qui ne se rencontre que rarement ; le type le plus fréquent, celui de 70-75, n'obtient plus que 3 marks 50 au lieu de 4 marks 66.

Pour les farines de seigle, la prime est légèrement augmentée pour la qualité supérieure (5 marks 54 au lieu de 5 marks 38), mais pour la qualité inférieure elle est notablement diminuée (3 marks 50 au lieu de 5 marks 38).

Dans l'ensemble, les meuniers n'obtiennent plus pour l'exportation de leurs farines qu'une bonification inférieure à celle qu'ils obtenaient auparavant. Si nous prenons par exemple le second semestre de l'année 1900, nous trouvons que les exportations, soit en apurement de comptes de mouture, soit avec bons d'importation, ont atteint les chiffres suivants (en quintaux) :

	1re classe ...	34.564
	2e — ...	8.958
Farines de blé	3e — ...	76.023
	4e — ...	68.195
Total		187.740
	1re classe....	303.053
Farines de seigle.......	2e — ...	94.404
Total		397.457

Avec la bonification uniforme de 4 marks 66 et de 5 m. 33,
le total des primes se fût élevé pour les exportateurs de
blé à 874 808 marks 40, et pour les exportateurs de seigle
à 2,118 445 marks 81. Avec les chiffres établis par le nouveau règlement, les primes ont atteint respectivement
pour chaque qualité de farine de blé 193,558 marks 40 ;
36,817 marks 38 ; 266,080 marks 50, et 323,926 marks 25,
soit au total 820,382 marks 53 ; et pour chaque qualité de
farine de seigle, 1,678,913 marks 60 et 33,041 marks 40,
soit au total 1,711,955 marks.

En résumé, par suite du nouveau règlement, les exportateurs de farine de blé et de farine de seigle ont touché
sous forme de déduction douanière, dans le deuxième semestre de l'année 1900, 2,532,237 marks 53, tandis qu'ils
auraient touché 2,993,254 marks 21 si les rendements anciens étaient demeurés en vigueur, soit une différence de
461,016 marks 68.

Dans l'ensemble, le nouveau règlement a donc réduit
dans d'assez fortes proportions les avantages accordés aux
meuniers exportateurs, et bien qu'il soit encore trop ré-
cent pour qu'on puisse en apprécier définitivement les effets, on peut remarquer que les exportations de farines
mises en œuvre par les moulins allemands, qui avaient atteint en moyenne de 1895 à 1898, 1,540,922 quintaux, et,
en 1899, 1,618,760 quintaux, sont tombées en 1900 à
1,255,577 quintaux. Elles paraissent donc avoir subi depuis le 1ᵉʳ janvier 1900, date de l'entrée en vigueur du
nouveau règlement, un recul assez notable.

Les meuniers exportateurs ont vivement réclamé contre les rendements établis par le nouveau règlement. Ils
n'allèguent pas que ces rendements soient supérieurs aux
rendements réels ; ils auraient d'ailleurs le droit, s'ils le
voulaient, de faire contrôler leur fabrication et d'obtenir

une bonification douanière à la sortie de leurs farines
exactement correspondante à la quantité de céréales mises
en œuvre (règlement du 15 mars 1900, § 6, al. 2).
Mais ils soutiennent que, pour pouvoir lutter avec leurs
concurrents sur les marchés étrangers, ils ont besoin
d'une bonification supérieure au montant des droits de
douane sur les céréales. Ils pétitionnent pour obtenir
une prime égale aux droits de douane sur les farines,
soit 6 marks ; il ne s'agirait plus seulement de protéger
la meunerie contre les effets des droits de douane sur les
céréales, il s'agirait de créer en sa faveur des primes
d'exportation qui ne seraient compensées par aucun droit
d'entrée.

**2⁰ Admission temporaire des céréales destinées à être réexportées
sous forme de grains.**

Etablissement du régime de l'équivalent.

La loi du 14 avril 1894 établit pour les céréales admises
en entrepôt le régime de l'équivalent dans les conditions
où la loi de 1882 l'avait admis pour les céréales destinées à
la mouture.

De même que le tarif de 1879, elle distingue les entrepôts purs et simples et les entrepôts mixtes. Les dispositions relatives aux entrepôts, contenues dans le n° 1,
alinéas 2 à 5, de la loi de 1894 ont été complétées par l'un
des trois règlements rendus le 27 avril 1894 en exécution
de la loi (1).

L'alinéa 2 du n° 1 de la loi du 15 avril 1894 vise les en-

______

(1) Regulativ für Privattransitlæger von den in Nr. 9 des Zolltarifs
aufgeführten Waaren (Getreide, u. s. w.), ohne Mitverschluss der
Zollebehœrde ; supplément au *Central-Blatt für das Deutsche Reich*,
28 avril 1894, p. 243.

trepôts privés purs et simples, c'est-à-dire ceux dans lesquels les céréales introduites sont exclusivement destinées à l'exportation. Tandis que sous le régime antérieur les céréales indigènes introduites dans ces entrepôts étaient dénationalisées *ipso facto*, la loi nouvelle pose en principe que les céréales étrangères admises dans un entrepôt pur et simple pourront être compensées par des sorties de céréales indigènes, et qu'une fois la compensation opérée d'une manière complète, le surplus des marchandises restant en entrepôt sera considéré comme de provenance indigène, et par suite donnera droit, en cas d'exportation, à la délivrance d'un bon d'importation. C'est ce que dit expressément le décret du 27 avril 1894, § 11, alinéa 3, et § 13, alinéa 2.

L'alinéa 4 du n° 1 de la loi concerne les entrepôts mixtes, c'est-à-dire ceux dans lesquels les céréales introduites sont destinées, soit à l'exportation, soit à la consommation intérieure. Tandis que sous le régime antérieur les céréales étrangères provenant d'un entrepôt mixte et expédiées à l'intérieur de l'Empire avaient toujours à payer le droit de douane, la loi nouvelle pose en principe que les quantités livrées à la consommation intérieure seront considérées comme indigènes jusqu'à concurrence du total des céréales indigènes introduites dans l'entrepôt ; le surplus seul sera considéré comme de provenance étrangère et donnera lieu au paiement des droits.

En résumé, dans les différents mouvements de marchandises auxquels donnent lieu les entrepôts, les céréales étrangères peuvent être remplacées par des céréales indigènes, et réciproquement ; comme conséquence, on supprime la déclaration précédemment exigée pour les mélanges en entrepôt mixte (§ 18 du règlement du 27 avril 1894).

Les chiffres suivants donneront une idée de l'importance

respective de l'admission temporaire et des bons d'importation en ce qui concerne les céréales exportées sous forme de grains hors du territoire allemand ; on verra qu'à la différence de ce qui concerne les céréales exportées sous forme de farines, les exportations réalisées au moyen des bons d'importation n'ont pas diminué le rôle de l'admission temporaire, qui a reçu au contraire un nouvel essor par suite de la suppression de l'identité réalisée en 1894.

Exportations allemandes de blé et de seigle de 1890 à 1900 (1)
(en quintaux)

Années.	Apurement d'entrées en entrepôt.	Commerce spécial (avec bons d'importation depuis 1894.)	Total. Commerce général.
		1º BLÉ.	
1890	1.533.490	2.060	1.535.550
1891	1.724.090	3.370	1.727.460
1892	1.308.837	2.440	1.311.277
1893	1.413.210	2.930	1.416.140
1894	915.340	791.910	1.707.250
1895	1.236.280	699.110	1.935.390
1896	1.683.140	752.140	2.435.280
1897	2.372.470	1.713.380	4.085.850
1898	1.948.050	1.348.200	3.296.250
1899	1.365.370	1.974.020	3.339.390
1900	969.309	2.950.796	3.920.105
		2º SEIGLE.	
1890	237.210	1.190	238.400
1891	286.870	1.340	288.210
1892	371.540	8.910	380.450
1893	327.790	2.710	330.500
1894	327.730	497.120	824.850
1895	278.300	359.920	638.220
1896	196.160	383.220	579.380
1897	97.440	1.064.350	1.161.790
1898	141.600	1.297.060	1.438.660
1899	293.382	1.234.580	1.527.962
1900	433.057	760.916	1.193.973

(1) *Statistiches Jahrbuch für das Deutsche Reich*, 1900, p. 141.

Caractère de l'admission temporaire en Allemagne.

L'admission temporaire fonctionne donc à l'équivalent depuis la loi de 1894, soit pour les céréales destinées à la mouture, soit pour les céréales destinées à être réexportées sous forme de grains. Mais c'est un équivalent limité à la substance et qui ne s'étend pas à la personne ; le titulaire d'un compte de mouture ou le propriétaire d'un entrepôt qui importe des céréales en admission temporaire doit les réexporter lui-même. L'admission temporaire ne peut donner lieu à aucun trafic d'acquits entre les importateurs et les exportateurs. La possibilité pour un meunier ou pour un négociant d'exporter des farines ou des céréales sans faire lui-même une importation équivalente est assurée par les bons d'importation, qui constituent, bien qu'ils soient établis dans le même texte législatif, un régime tout-à-fait distinct de celui de l'admission temporaire.

CHAPITRE VIII

LES EFFETS DES BONS D'IMPORTATION EN ALLEMAGNE.

La loi du 14 avril 1894 a pleinement réalisé le but poursuivi par ses auteurs. En rendant possible l'exportation des céréales dans les mêmes conditions qu'avant l'établissement des droits de douane, elle a diminué la concurrence que les Allemands se faisaient à eux-mêmes sur leurs propres marchés, et renforcé l'action des droits de douane dans toute l'étendue de l'Empire.

Accroissement des exportations de grains et de farines.

Nous avons vu que par suite de l'établissement des droits de douane sur les céréales, les exportations allemandes de blés ou de farines au commerce spécial étaient tombées à un chiffre insignifiant. Les céréales ne pouvaient pratiquement être exportées du territoire allemand qu'au commerce général, c'est-à-dire en compensation d'entrées de céréales étrangères antérieurement faites dans la même usine ou dans le même entrepôt. Cette réexportation, depuis 1882, pouvait être faite à l'équivalent pour les produits de la mouture, mais pour les grains elle devait nécessairement avoir lieu à l'identique, sans compensation possible avec des céréales indigènes. La loi de 1894 accorde une bonification douanière aussi bien aux exportations au commerce spécial qu'aux exportations au commerce général. Aussi a-t-elle eu pour conséquence une augmentation considérable des exportations au commerce spécial, augmentation dont on peut donner une idée par les chiffres suivants :

Quantités exportées au commerce spécial de 1890 à 1900 (1)
(en quintaux)

Années.	Blé.	Seigle.	Farine.
1890	2.060	1.190	14.530
1891	3.370	1.340	5.150
1892	2.440	8.910	2.580
1893	2.931	2.700	4.610
1894	791.907	497.118	241 060
1895	699.109	359.923	275.570
1896	752.144	383.215	296.010
1897	1.713.799	1.064.347	571.950
1898	1.348.198	1.297.060	655.350
1899	1.974.020	1.234.583	869.080
1900	2.950.796	760.916	694.469

La majeure partie des céréales ainsi exportées a été expédiée en Angleterre, en Belgique, en Suède, en Danemark et en Autriche-Hongrie (2).

Beaucoup de sociétés coopératives agricoles pour la vente des céréales, sociétés qui ont pris un développement rapide en Allemagne depuis quelques années, envoient directement leurs produits à l'étranger. C'est ainsi que l'Union des sociétés de vente de Poméranie a fait construire à Stettin un magasin où sont centralisées les céréales destinées à l'exportation.

Il y a lieu de remarquer que les chiffres donnés ci-dessus ne représentent pas tous nécessairement des exporta-

----

(1) *Statistiches Jahrbuch für das Deutsche Reich*, 1900, p. 141.
(2) Buchenberger, *Grundsætze der - deutschen Agrarpolitik ;* 2ᵉ édit, 1899, p. 238.

tions de céréales indigènes. Il peut s'agir, soit de céréales allemandes, soit de céréales étrangères nationalisées par l'acquittement des droits de douane. Ceux qui font le commerce de transit peuvent en effet introduire des céréales en payant les droits de douane, puisque ces droits leur seront remboursés à la sortie. Cependant, en fait, la plupart des commerçants préfèrent introduire en entrepôt les céréales qu'ils destinent à la réexportation, pour n'avoir pas à faire l'avance des droits de douane : d'autant plus que depuis la loi de 1894 ils ne sont pas obligés de les réexporter à l'identique, et qu'ils peuvent substituer des céréales indigènes aux céréales importées, tout aussi bien que s'ils avaient importé au commerce spécial. Aussi les importations et les exportations au commerce spécial des blés étrangers qui ne font que transiter en Allemagne sont-elles encore l'exception. On peut considérer sans grande chance d'erreur le chiffre des exportations au commerce spécial comme représentant des céréales de provenance indigène.

Ceci n'est cependant exact que pour les céréales exportées sous forme de grains. Pour les farines nous avons vu que, par suite des restrictions apportées aux comptes de mouture, beaucoup de meuniers sont obligés d'importer au commerce spécial, en payant les droits de douane, des céréales destinées à la réexportation; ils n'ont d'ailleurs à faire qu'une avance, puisque les droits leur sont restitués à la sortie sous la forme d'un bon d'importation; quelques-uns préfèrent même ce système, qui les soustrait à la surveillance de l'administration. Il en résulte que dans les exportations de farines au commerce spécial figurent des quantités, de plus en plus grandes puisque les comptes de mouture deviennent de plus en plus rares, qui ne proviennent pas de céréales indigènes.

Dans l'ensemble, les exportations de farine mises en

œuvre par la minoterie allemande ont augmenté dans une proportion notable depuis la loi de 1894. Si l'on prend en effet le total des exportations de farines allemandes, déduction faite des farines exportées en provenance d'entrepôts, on trouve les chiffres suivants (en quintaux) :

Exportations de farines provenant de l'industrie allemande (1).

1890	1.162.040	
1891	1.041.870	
1892	1.051.910	Moyenne : 1.180.492
1893	1.466.150	
1894	1.883.740	
1895	1.667.310	
1896	1.499.670	
1897	1.622.240	Moyenne : 1.556.492
1898	1 374.470	
1899	1.618.760	

Les exportations de l'année 1900 ont été, il est vrai, inférieures. Par suite des nouveaux rendements établis par le décret du 15 mars 1900, elles n'ont pas dépassé 1,256,577 quintaux. Mais il y a là une raison tout à fait indépendante de la loi de 1894, et les chiffres ci-dessus montrent que la possibilité d'exporter des céréales sous forme de grains comme sous forme de farines n'a pas nui aux intérêts de la meunerie. Non seulement celle-ci ne s'est pas trouvée frustrée, au profit de ses concurrents étrangers, de la matière première qu'elle mettait en œuvre, mais elle a reçu des facilités nouvelles pour l'exportation, qui est devenue possible même en dehors de toute importation antérieure. Tandis que la loi de 1882 avait établi un véritable monopole d'exportation au profit des meuniers titulaires d'un compte de mouture, la loi de 1894 a rouvert à tous le marché extérieur, et beaucoup de petits industriels en ont profité.

____

(1) *Statistisches Jahrbuch für das Deutsche Reich*, 1900.

Effet de la loi de 1894 sur les prix des céréales.

Le second effet de la loi de 1894 a été de relever les cours du blé en Allemagne, en renforçant l'action des droits de douane. Si en effet le prix du blé sur un marché allemand s'abaissait sensiblement au dessous du prix du marché mondial augmenté des droits de douane, le *point d'exportation* serait atteint, puisque les exportateurs, qui toucheraient une prime de 3 marks 50, n'auraient à subir qu'une différence de cours inférieure à 3 marks 50. La concurrence qu'ils se feraient alors amènerait une hausse du prix du blé sur le marché intérieur, hausse qui s'arrêterait au *point d'importation*, c'est-à-dire lorsque l'écart normal de 3 marks 50 serait rétabli. Ainsi, par le double jeu du droit d'entrée et de la prime de sortie, les cours des marchés allemands tendent sans cesse à se fixer au niveau des cours du marché mondial augmentés des droits de douane, avec les variations, en plus ou en moins, résultant du transport et des autres frais nécessaires, soit pour importer, soit pour exporter.

Il convient toutefois de remarquer que, dès avant 1894, le droit de douane jouait en entier dans une grande partie de l'Allemagne. L'Empire allemand, ainsi que nous avons déjà eu l'occasion de le faire observer, forme au point de vue économique, et particulièrement au point de vue de la production des céréales, deux pays distincts, un pays surproducteur, le Nord-Est, et un pays déficitaire, le Sud-Ouest, entre lesquels les longues distances et l'absence de moyens de communication à bon marché peuvent maintenir pour les marchandises pondéreuses comme les céréales des différences de prix fort importantes.

Aussi convient-il d'envisager successivement les effets de la loi de 1894 dans ces deux régions. L'examen des prix du blé nous montrera que dans la région déficitaire les

droits de douane ont toujours exercé leur action, mais que
cette action a été renforcée par la loi de 1894, et que
dans la région surproductrice, les droits de douane qui,
avant 1894, ne jouaient pas d'une façon complète, ont à
présent leur entière efficacité.

Observations préliminaires.

Mais avant d'aborder l'examen des chiffres, deux observations sont indispensables :

1° *Sur quoi doit porter la comparaison des prix.* —
Ce qu'il faut comparer pour apprécier les effets d'une législation douanière, ce ne sont pas les cours des marchés
intérieurs pris en eux-mêmes avant et après cette législation, les variations pouvant tenir à des causes d'ordre général ; ce sont les écarts entre les prix des marchés intérieurs et ceux des pays qui ne possèdent pas la même législation. Sans doute, pour que cette méthode eût une valeur absolue, il faudrait que toutes les circonstances qui
peuvent influer sur les prix fussent exactement les mêmes
dans les deux pays pris pour points de comparaison, à l'exception de la législation douanière dont on recherche les
effets. Il est bien évident qu'il n'en est pas ainsi : la gelée,
la pluie, le soleil, l'abondance de la récolte, l'importance
des arrivages, un accaparement, une *fin de mois* en Bourse,
et jusqu'à la mentalité des spéculateurs, sont autant de causes, variables suivant les pays, agissant en des sens divers,
et dont il est impossible de calculer l'effet exact. Les écarts
entre les divers marchés résultant des différences de qualités dans les marchandises cotées peuvent également varier
suivant les années. Aussi les déductions tirées des chiffres
ne peuvent-elles avoir qu'une valeur relative ; mais, comme
le disait M. Couteaux à la tribune du Sénat, il n'y a qu'une
chose d'absolue en ce monde, c'est que tout est relatif.

2° *Nécessité de tenir compte des variations des droits de douane.* — Pour rechercher, par voie de comparaison, quel a pu être l'effet de la loi de 1894 sur le fonctionnement du droit de douane, il faut nécessairement tenir compte des variations de ce droit. Lors de la discussion devant le Parlement français du projet de loi sur les bons d'importation, M. le ministre de l'Agriculture a contesté que la loi allemande eût eu pour résultat d'amener une hausse des prix sur les marchés allemands, en faisant observer que l'écart entre les marchés allemands et les marchés français qu'il prenait pour point de comparaison n'avait guère été modifié depuis 1894 (1) ; il a même soutenu dans son discours au Sénat (2) que la différence, qui était avant 1894 de 22 centimes en faveur de la France, s'est élevée depuis à 76 centimes. La force probante de cet argument fut détruite par cette observation de M. Viger (3) qu'au moment où la loi de 1894 a commencé à recevoir son application en Allemagne, est intervenu un autre facteur, le traité de commerce entre l'Allemagne et la Russie, remplaçant le droit de 5 marks et même la taxe différentielle de 7 m. 50 dont avaient été frappés un moment les céréales russes par un tarif conventionnel de 3 marks 50. L'effet normal de ce traité aurait dû être d'abaisser les prix des marchés allemands par rapport à ceux des marchés français ; si l'écart antérieur s'est maintenu, c'est qu'il est intervenu sur les marchés allemands d'autres causes qui ont agi dans le sens de la hausse.

M. Viger aurait pu ajouter qu'en cette même année 1894 le droit de douane sur les blés a été porté en France

---

(1) Chambre, séance du 11 juin 1900 ; compte-rendu *in extenso*, p. 1420, col. 2 et 3 ; — séance du 12 juin 1900 ; compte-rendu, p. 1437, col. 1.

(2) Sénat, séance du 7 mars 1901 ; compte-rendu, p. 482, col. 1.

(3) Chambre, séance du 12 juin 1900 ; compte rendu, p. 1437, col. 1.

de 5 à 7 francs, ce qui aurait dû contribuer à faire hausser les prix des marchés français par rapport à ceux des marchés allemands ; l'absence de variations sensibles dans la différence des cours est une preuve qu'il existe en Allemagne des causes de hausse qui n'existent pas en France ou qu'il existe en France des causes de baisse qui n'existent pas en Allemagne.

Ce que nous recherchons, ce n'est pas si d'une façon absolue les prix du blé ont haussé ou baissé, c'est quelle a pu être, au milieu des causes diverses de hausse ou de baisse, l'action des bons d'importation sur les droits de douane. Il faut donc nécessairement tenir compte, dans la comparaison entre les années qui ont précédé et les années qui ont suivi la loi de 1894, des variations des droits de douane.

Ces variations n'ont pas été moins nombreuses en Allemagne qu'en France. Le droit sur les blés et sur les seigles, fixé à 1 mark par quintal dans le tarif de 1879, fut successivement porté à 3 marks en 1885 et à 5 marks en 1887.

Le 1er février 1892 entrèrent en vigueur les traités de commerce conclus pour 12 ans, jusqu'au 31 décembre 1903, entre les trois pays de la Triple alliance, et qui réduisirent à 3 marks 50 les droits de douane sur les céréales provenant d'Autriche-Hongrie ou d'Italie. L'atteinte ainsi portée à la protection agricole peut sembler d'abord assez légère, les importations de céréales italiennes en Allemagne étant insignifiantes, et celles d'Autriche-Hongrie peu considérables (1). Mais les traités de commerce allaient avoir des conséquences beaucoup plus importantes par suite de la clause de la nation la plus favorisée, contenue

____

(1) La moyenne des importations autrichiennes en Allemagne depuis 1892 n'a pas dépassé pour le blé 244,000 quintaux et pour le seigle 61,000. Elle a atteint cependant pour l'orge 1,903,300 quintaux.

au profit de la France dans l'article 11 du traité de Francfort, et insérée également dans des conventions conclues en 1785, 1799 et 1828 entre la Prusse et les États-Unis d'Amérique (1).

La concurrence de la France n'était pas à redouter au point de vue agricole, mais les importations des céréales en provenance des États-Unis allaient prendre un développement rapide (2), et une grande partie du blé entrant en Allemagne allait être soumise au droit de 3 marks 50 au lieu de 5 marks.

La Suisse et la Belgique adhèrent aux traités en 1892, puis la Serbie en 1893, ce qui n'avait pas grand inconvénient au point de vue agricole, mais, en 1893 également, l'adhésion de la Roumanie, pays grand exportateur de blé, vint étendre encore le champ de l'application du droit de douane de 3 marks 50.

La Russie était cependant restée en dehors des premiers traités de commerce ; or comme la Russie constitue le principal grenier de l'Allemagne, le droit de 5 marks recevait une application encore très étendue. Au cours de l'année 1893, ce droit fut même porté à 7 marks 50 pour les céréales russes, par représailles à l'égard d'un tarif industriel très élevé établi en Russie.

Mais cette guerre de tarifs ne fit que hâter la conclusion d'un traité déjà projeté depuis longtemps. Ce traité, présenté au Reichstag le 26 février 1894, et voté en troisième

____

(1) V. dans les *Beitræge zur neuesten Handelspolitik Deutschlands* publiés par le *Verein für Socialpolitik* (1er volume, Leipzig, Duncker et Humblot, 1900), l'étude de M. George M. Fisk intitulée *Die Handelspolitik der Vereinigten Staaten 1890-1900*, chapitre IV, *Die Clausel der meistbegünstigten Nationen*, p. 34 et suivantes.

(2) Les importations de blé de provenance américaine ont atteint 6,302,130 quintaux en 1892 et 3,149,380 quintaux en 1893, contre 549,880 en 1890 et 1,435, 390 en 1891.

lecture dans la séance du 16 mars, comportait la réduction
du droit sur les blés et sur les seigles à 3 marks 50.

Par conséquent, bien que le droit de 5 marks subsiste
toujours en Allemagne au tarif général, il est d'une
application très restreinte, et le tarif conventionnel de
3 marks 50 est aujourd'hui applicable à la grande majorité des blés et des seigles entrant en Allemagne (1).

On voit que, de 1892 à 1894, plusieurs tarifs douaniers
ont été simultanément applicables aux importations de
céréales en Allemagne. Dans ces conditions, lorsque pour
rechercher dans quelle mesure la loi du 14 avril 1894 a
donné aux droits de douane leur entière efficacité, on com-
pare, comme on le fait généralement, les années qui ont
immédiatement précédé 1894 et celles qui ont suivi, on
risque d'arriver à des déductions entièrement fausses.
Quel est le montant du droit de douane dont on pourrait
rechercher les effets dans les années 1892 et 93? Est-ce le
droit de 5 marks inscrit au tarif général? Est-ce le droit
conventionnel de 3 marks 50? Est-ce la taxe différentielle
de 7 marks 50 dont ont été frappées les céréales russes
du mois d'août 1893 au mois de mars 1894? Dans l'impossibilité pratique de déterminer un droit de douane uniforme, qui aurait joué ou qui n'aurait pas joué sur les
marchés allemands au cours de ces deux années, le plus
sage est de faire remonter la comparaison jusqu'aux années précédentes.

Telles sont les règles dont il importe de ne pas s'écarter
pour l'observation des statistiques, qui risqueraient de
conduire à des déductions inexactes si on ne les étudiait
de très près.

---

(1) Sur 20,803,580 quintaux de blé et de seigle importés en 1900,
20,802,451 l'ont été au droit de 3 marks 50, et 1,129 seulement au
droit de 5 marks.

Effets de la loi de 1894 dans les régions déficitaires.

La comparaison entre les cours moyens anglais et ceux du marché de Mannheim (1) depuis l'établissement des droits de douane en Allemagne nous donne les chiffres suivants (en marcs par quintal) :

Années.	Angleterre.	Mannheim.	Droit de douane en Allemagne.	Différence en plus pour Mannheim
1879	20.54	22.65		2.11
1880	20.77	24.74		3.97
1881	21.24	24.98	1 m.	3.74
1882	21.12	23.75		2.63
1883	19.48	20.67		1.19
1884	16.71	18.51		1.80
1885	15.34	18.74	3 m.	3.40
1886	14.55	18.93		4.38
1887	15.20	19.01		3.81
1888	14.91	20.62		5.71
1889	13.97	21.13	5 m.	7.16
1890	14.91	21.83		6.92
1891	17.30	24.15		6.85
1892	14.18	20.45	5 m.	6.27
1893	12.33	17.85	3 m. 50 7 m. 50	5.52
1894	10.73	15.07		4.34
1895	10.84	15 50		4.66
1896	12.30	16.84		4.95
1897	14.20	19.48		5.28
1898	15.90	20.94	3 m. 50	5.04
1899	12.10	17.93		5.83
1900	12.70	17 80		5.10
Janv. et fév. 1901	12.42	18.15		4.78

On voit que la différence entre les cours anglais et ceux de Mannheim est constamment égale ou supérieure au

---

(1) Les chiffres sont extraits, pour l'Angleterre, des statistiques publiées par Sauerbeck dans le *Journal of the Royal Statistical Society*, et pour Mannheim, des *Vierteljahrshefte zur Statistik des Deutschen Reichs*, publiés par l'Office impérial de statistique.

montant des droits de douane augmentés des frais de transport. La comparaison entre les marchés anglais et ceux de Francfort-sur-le-Mein ou de Munich amènerait à des constatations analogues. Les droits de douane ont toujours exercé leur entière efficacité sur les marchés de l'Allemagne occidentale et méridionale parce que cette région est toujours obligée de faire appel à l'étranger pour sa consommation. Néanmoins, depuis 1894, les droits de douane exercent une action encore plus complète qu'auparavant, puisque la différence moyenne entre les cours anglais et ceux du marché de Mannheim qui, de 1887 à 1891, atteignait 6 marks 09, soit 121, 8 0/0 du droit de douane de 5 marks est passée entre 1895 et 1901 à 4 marks 99, soit 142,5 0/0 du droit de douane de 3 marks 50 (1).

Il serait donc inexact de soutenir, comme on l'a fait lors de la discussion de la loi au Reichstag, que les bons d'importation constituent un cadeau aux producteurs de blé prussiens du Nord et de l'Est au détriment de ceux des autres régions de l'Empire. Non seulement les bons d'importation n'est pas diminué le protection douanière dans les pays importateurs, mais ils l'ont notablement renforcée. La loi de 1894, qui n'était faite que pour les agriculteurs des régions surproductrices, a profité également à ceux des régions déficitaires en leur ouvrant de nouveaux débouchés. Nous en avons eu personnellement la preuve aux mois de septembre et d'octobre 1900, au cours d'une enquête sur les magasins à blé en Allemagne. Les directeurs de plusieurs *Kornhœuser* visités par nous dans la Hesse-Cassel, dans la province de Saxe et dans la Bavière, nous ont indiqué que grâce aux bons d'importation ils pouvaient trouver des débouchés à l'étranger, et notam-

---

(1) Nous avons indiqué pourquoi nous ne faisons pas entrer les deux années 1892 et 1893 dans la comparaison. (V. *supra*, p. 174.)

ment en Suisse. Le même renseignement nous a été fourni au consulat français à Stuttgart. Le rapport annuel pour 1895 de la Chambre de commerce de Stuttgart confirme cette indication : « La suppression des certificats d'identité et l'adoption des bons d'importation, y est-il dit, a été favorable à l'agriculture et au commerce des céréales. De l'Oberland, de la région d'Ulm et de Rottweil on recommence à exporter les céréales vers la Suisse. »

Effets de la loi de 1894 dans les régions surproductrices.

La comparaison entre les cours moyens anglais et ceux du marché de Berlin nous donne les chiffres suivants (en marks par quintal) :

Années.	Angleterre.	Berlin.	Droit de douane en Allemagne.	Différence en plus pour Berlin.
1879	20 54	19 79		— 0 75
1880	20 77	21 79		1 02
1881	21 24	21 95		0 71
1882	21 12	20 42	1 m.	— 0 70
1883	19 48	18 64		— 0 87
1884	16 71	16 22		— 0 49
1885	15 34	16 09	3 m.	0 75
1886	14 55	15 13		0 58
1887	15 20	16 44		1 24
1888	14 91	17 22		2 31
1889	13 97	18 77	5 m.	4 80
1890	14 91	19 54		4 63
1891	17 30	22 42		5 12
1892	14 18	17 64	5 m. 3 m. 50	3 46
1893	12 33	15 15	7 m. 50	2 82
1894	10 73	13 61		2 88
1895	10 84	14 25		3 41
1896	12 30	15 62		3 32
1897	14 20	17 37		3 17
1898	15 90	18 55	3 m. 50	2 65
1899	12 10	15 53		3 43
1900	12 70	15 18		2 48
Janv.-fév 1901.	12 42	15 63		3 21

L'examen des mercuriales des marchés de Dantzig, de Kœnigsberg ou de Breslau, donnerait des résultats analogues. On voit que sur les marchés de l'Allemagne orientale et septentrionale, région surproductrice, les droits de douane n'ont jamais eu pour effet, sauf dans l'année déficitaire 1891, d'établir une différence pleinement égale à leur montant entre les prix du marché intérieur et ceux des marchés non protégés. Toutefois, depuis 1894, une amélioration très sensible s'est produite, et le droit de 3 marks 50 joue dans toute la mesure où le bon d'importation peut le faire jouer, c'est-à-dire pour son montant diminué des frais de transport.

Si nous examinons en effet le fonctionnement des droits de douane avant et après l'établissement des bons d'importation, nous arrivons aux constatations suivantes :

De 1879 à 1884, non seulement le droit de douane de 1 mark ne joue pas, mais dans quatre années sur six, les prix de Berlin sont inférieurs, en moyenne de 0 m. 70, à ceux des marchés anglais.

De 1885 à 1886, le droit de douane de 3 marks joue en moyenne pour 0 m. 66, soit 22 0/0 de sa valeur.

De 1887 à 1891, le droit de douane de 5 marks joue en moyenne pour 3 marks 62, soit 72, 4 0/0 de sa valeur.

Après la mise en vigueur de la loi sur les bons d'importation (1er mai 1894), le droit de douane, définitivement réduit à 3 marks 50, joue, de 1895 à 1901, en moyenne pour 3 marks 18, soit 90, 85 0/0 de sa valeur.

Par conséquent, ce premier examen permet d'affirmer que depuis 1894 les droits de douane exercent à Berlin à peu près leur entier effet, tandis qu'il n'en était pas de même auparavant.

Mais nous avons un procédé de comparaison beaucoup plus direct et beaucoup plus sûr. La comparaison entre les cours d'un marché libre, comme celui de Londres, et les cours d'un marché protégé par un droit de douane, peut indiquer d'une manière approximative si ce droit exerce ou non son effet, mais les causes locales qui agissent sur les prix, notamment les différences de qualité, peuvent infirmer la valeur des déductions obtenues. La comparaison, sur une même place, entre les cours des marchandises qui ont acquitté les droits de douane et ceux des marchandises admises en transit, offre des résultats beaucoup plus précis. Depuis 1885, les statistiques officielles allemandes cotent, sur le marché de Dantzig, les céréales en transit, droits non acquittés, et les mêmes céréales à l'intérieur du territoire douanier de l'Empire, de provenance indigène, ou de provenance étrangère, mais droits acquittés. On peut voir ainsi d'une manière parfaitement exacte de combien le paiement des droits de douane a fait hausser les prix, c'est-à-dire dans quelle mesure ces droits exercent leur action.

Or cette comparaison montre d'une manière évidente que depuis 1894 le droit de douane joue d'une manière presque complète, tandis qu'il n'en était pas ainsi auparavant. Voici en effet les cours du blé sur le marché de Dantzig (en marks par quintal) (1) :

Années.	Droits non acquittés.	Droits acquittés.	Droit de douane.	Jeu du droit de douane.
1888	13 52	16 85		3 33
1889	13 75	18 08		4 33
1890	14 51	18 93	5 m.	4 42
1891	17 81	22 34		4 50
1892	15 81	19 20	5 m.	3 39
1893	12 58	14 62	3 m. 50 7 m. 50	2 04
1894	10 26	13 20		2 94
1895	10 79	14 21		3 42
1896	11 79	15 28		3 49
1897	13 15	16 54	3 m. 50	3 36
1898	14 87	17 87		3 »
1899	11 72	15 11		3 39

____

(1) *Vierteljahrshefte zur Statistik des deutschen Reichs*, 1er volume de 1901, p. 40.

On voit par ce tableau que dans les années 1888 à 1893, où le droit de douane était uniformément de 5 marks, ce droit jouait en moyenne à Dantzig pour 4 marks 14, soit 82 0/0, tandis que de 1895 à 1899 le droit de 3 marks 50 a joué en moyenne pour 3 marks 33 soit 95,14 0/0. Les années 1892 et 1893 ne peuvent fournir un point de comparaison certain, puisque plusieurs tarifs douaniers étaient simultanément appliqués : néanmoins, à supposer même que dès 1893 ce fût le moins élevé, c'est-à-dire celui de 3 m. 50, qui dût l'emporter dans l'action sur les prix, cette action ne se produisait que dans la limite de 2 marks 04, tandis qu'en 1895 le même droit jouait pour 3 marks 42. Dans l'intervalle était entrée en vigueur la loi sur les bons d'importation, à laquelle il n'est peut-être pas téméraire d'attribuer cette différence, qui s'est produite sur un même marché, celui de Dantzig, et sans qu'il paraisse y avoir eu d'autre cause que cette loi comme pouvant agir sur les droits de douane. « C'est seulement depuis la suppression de l'identité et l'établissement d'une bonification douanière, dit Buchenberger, que le droit protecteur a commencé à faire sentir son action dans les provinces du Nord et de l'Est (1). »

La loi de 1894 a-t-elle égalisé les prix entre les diverses régions de l'Empire ?

Il nous semble donc établi que la loi de 1894 a eu pour effet d'amener par rapport aux prix du marché mondial une hausse générale sur les marchés allemands. Faut-il ajouter qu'elle a amené une égalisation des prix entre les diverses régions de l'Empire? Ce serait vrai si la hausse s'était limitée aux provinces orientales, mais nous avons

---

(1) Buchenberger, *Grundsætze der deutschen Agrarpolitik*, 2ᵉ édit., 1899, p. 238.

vu qu'elle n'avait pas été moindre dans les provinces de l'Est et du Sud.

Il pouvait paraître cependant, dans les premiers temps d'application de la loi, que son action se ferait sentir seulement dans les régions surproductrices, et qu'elle atténuerait par suite l'écart entre les marchés de l'Est et ceux de l'Ouest.

« Par suite de cette élévation du prix des céréales dans l'Allemagne du Nord, dit Buchenberger, les cours se sont nivelés dans toute l'Allemagne ; dans les 4 mois qui ont précédé la suppression de l'identité, la différence entre Berlin et Mannheim était de 23 marks 1 (1), tandis que dans les mois qui ont immédiatement suivi, cette différence n'était plus que de 10 marks 3. »

Mais la comparaison de statistiques portant sur des périodes plus étendues nous montre au contraire que la différence entre les cours des marchés de l'Est et ceux des marchés de l'Ouest n'a guère diminué depuis 1894. Si nous reprenons les cours déjà cités de Berlin et de Mannheim, nous trouvons les différences suivantes en faveur de Mannheim (en marks par quintal) :

1879	2.86	1891	1.73
1880	2.95	1892	2.81
1881	2.83	1893	2.70
1882	3.33	1894	1.46
1883	2.06	1895	1.25
1884	2.29	1896	1.22
1885	2.65	1897	2.11
1886	3.80	1898	2.39
1887	2.57	1899	2.40
1888	3.40	1900	2.62
1889	2.36	Janv.-fév. 1901	2.52
1890	2.29		

____

(1) Par tonne métrique (1000 kilogrammes).

Il résulte de ces chiffres que, de 1879 à 1893, l'écart entre les cours de Berlin et ceux de Mannheim atteignait en moyenne 2 marks 70 par quintal, et que, de 1895 à 1901, il s'élevait encore à 2 marks 07 ; la différence n'est pas bien considérable.

L'examen de deux autres marchés, par exemple celui de Kœnigsberg et celui de Cologne, nous permet des constatations semblables. Voici les prix en marks par quintal (1) :

Années.	Kœnigsberg.	Cologne.	Différence en plus pour Cologne.
1879-83	19.67	22.36	2.69
1884-88	16.01	17.48	1.47
1889-93	18.20	19.83	1.63
1894	12.69	14.06	1.37
1895	13.97	14.72	0.73
1896	14.78	16.20	1.42
1897	16.77	18.42	1.65
1898	18.25	20.69	1.84
1899	15.13	16.97	1.84
1900	14.35	17.06	2.71
Janv. et fév. 1901	14.67	16.34	1.67

L'écart moyen, qui était de 1 mark 92 avant 1894, s'élève encore depuis cette date à 1 mark 68.

Enfin la comparaison entre le marché de Breslau et celui de Munich tend également à prouver qu'aucun nivellement de prix ne s'est produit entre l'Allemagne du Nord et l'Allemagne du Sud depuis 1894. Les chiffres, en marks par quintal, sont les suivants :

----

(1) D'après les *Vierteljahrshefte zur Statistik des deutschen Reichs*, publiés par l'*Office impérial de statistique*, 1901, vol. I, p. 41, et les *Monœtliche Nachweise über den Auswœrtigen Handel des deutschen Zollgebiets*, février 1901, p. 210.

nnées.	Breslau.	Munich.	Différence en plus pour Munich.
1879-83	18.68	21.52	2.84
1884-88	15 24	18.40	3.16
1889-93	17.96	20.59	2.63
1894	12.93	15.58	2.65
1895	14.00	16.43	2.43
1896	15.14	17.45	2.31
1897	16.25	18.73	2.48
1898	16.81	21.05	4.24
1899	14.39	17.88	3.49
1900	13.72	17.86	4.14
Janv. et fév. 1901	13.87	18.55	4.68

Ici, l'écart moyen semble plutôt avoir augmenté, puisque de 2 marks 99 avant 1894 il passe à 3 marks 39 depuis cette époque.

Par conséquent, contrairement aux premières constatations faites par ceux qui ont étudié les résultats de la loi de 1894, cette loi n'a pas eu pour effet de régulariser les cours des marchés allemands. Cela s'explique par cette raison fort simple que l'élévation des prix a été générale en Allemagne par rapport au cours du marché mondial. La hausse qui s'est produite sur les marchés de l'Est n'a pas eu pour conséquence d'atténuer l'écart avec les marchés de l'Ouest, parce que les cours ont subi une augmentation parallèle dans cette région. Au surplus, la loi de 1894 n'avait pas pour but d'amener sur tous les marchés allemands un cours uniforme, mais de relever les prix, ce qui est beaucoup plus avantageux pour les agriculteurs.

Comparaison entre les cours moyens du blé en Allemagne et en France.

Un autre procédé d'investigation pour rechercher les effets de la loi de 1894 peut nous être fourni par la comparaison entre le prix moyen du blé en France et en Allemagne. Si nous tenons compte des variations successives des droits de douane dans les deux pays, nous arrivons aux constatations suivantes :

Prix moyen du blé en Allemagne et en France (1)
(en marks par quintal).

Années.	Allemagne.	France.	Droit de douane en + pour la France.	Prix en + pour la France.
1881	23 10	23 05	— 0 32	— 0 05
1882	21 33	23 15	»	1 82
1883	18 64	19 86	»	1 22
1884	17 49	18 48	»	0 99
1885	16 94	17 36	— 0 60	0 42
1886	16 73	18 27	»	1 54
1887	17 35	18 72	— 1 »	1 37
1888	18 14	19 83	»	1 69
1889	18 95	19 20	»	0 25
1890	19 87	19 98	»	0 11
1891	22 91	21 69	— 2 60	— 1 22
			(à partir du 10 juillet)	
1892	19 24	18 87	$\left. \begin{array}{l} - 2\ 60 \\ - 1\ 10 \end{array} \right.$	— 0 37
1893	15 82	17 10	$\left. \begin{array}{l} - 1\ » \\ + 0\ 50 \end{array} \right.$	2 28
1894	14 13	15 90	+ 2 10	1 77
1895	14 78	14 89	»	0 11
1896	16 »	15 36	»	— 0 64
1897	17 05	19 87	»	2 82
1898	19 66	20 37	$\left\{ \begin{array}{l} + 2\ 10 \\ - 3\ 50 \end{array} \right\}$	1 71
			(du 4 mai au 1ᵉʳ juillet)	
1899	16 60	15 84	+ 2 10	— 0 76
1900	16 28	14 80	»	— 1 48
Janv.-Fév. 1901	16 66	14 88	»	— 1 78

(1) Pour le calcul du prix moyen du blé en Allemagne, nous avons pris la moyenne des marchés de Berlin, Breslau, Dantzig, Francfort-sur-le-Mein, Halle-sur-Saale, Cologne, Kœnigsberg, Leipzig, Lindau,

Si les droits de douane avaient toujours exercé une action égale dans les deux pays, les prix des marchés allemands auraient dû subir depuis 1894, par rapport à ceux des marchés français, une diminution proportionnelle à la diminution des droits de douane.

Les chiffres ci-dessus montrent au contraire que le prix moyen du blé en Allemagne s'est relevé depuis 1894 par rapport au prix moyen en France ; et même, si nous mettons de côté les années 1897 et 1898, où les prix se sont élevés sur les marchés français à des cours qui ne peuvent être considérés comme normaux, nous trouvons que, depuis 1894, l'écart est presque toujours en faveur de l'Allemagne.

Par conséquent, depuis 1894, le droit de douane de 3 marks 50 exerce en Allemagne une action supérieure au droit de 7 francs en France.

Est-ce parce que l'Allemagne est plus déficitaire que la France ? Mais elle n'était pas moins déficitaire avant 1894, et cependant les droits de douane, supérieurs d'un quart aux droits de douane français, exerçaient sur les prix une action inférieure. Il paraît incontestable que, depuis 1894, l'action des droits de douane sur les marchés allemands s'est notablement renforcée. Dans quelle mesure ce résultat est-il dû aux bons d'importation, dans quelle mesure à la loi du 22 juin 1896 sur les Bourses de commerce, qui a restreint le domaine de la spéculation, dans quelle mesure enfin aux lois prussiennes de 1896 et de 1897 sur les *Kornhœuser*, aux encouragements accordés par les gou-

---

Magdeburg, Mannheim, Munich, Posen et Stettin, en ayant soin de ne prendre pour Dantzig que les cours des blés ayant acquitté les droits de douane.

Les prix du blé en France sont tirés de la statistique officielle du Ministère de l'Agriculture (*Bulletin* de novembre 1900, p. 614) et convertis en marks. Les chiffres à partir de l'année 1900 ont été établis d'après les tableaux hebdomadaires du *Journal Officiel*.

vernements des divers Etats aux coopératives agricoles, et au développement pris dans ces dernières années par l'organisation collective de la vente du blé ? Il serait difficile de chiffrer d'une façon exacte l'importance de chacune de ces causes dans l'amélioration du prix des céréales sur les marchés allemands, mais cette amélioration paraît incontestable.

Les bons d'importation et l'opinion allemande.

La loi du 15 avril 1894 a été fort bien accueillie par l'opinion allemande. M. de Meaux, inspecteur des finances, chargé en 1896 d'aller étudier sur place les effets des bons d'importation, pouvait dire dans son rapport que « le pays était unanime à se féliciter du système inauguré en 1894 ». C'est l'impression que nous avons pu recueillir nous-même dans les mois de septembre et d'octobre 1900, au cours d'une mission qu'avait bien voulu nous confier M. le Ministre de l'Agriculture.

Les agriculteurs et les commerçants de toutes les régions de l'Allemagne sont d'accord avec les pouvoirs publics pour proclamer les bons effets de la loi de 1894 ; nous n'avons rencontré dans notre enquête aucune note discordante, même parmi les grands meuniers, qui se bornent à demander une prime plus élevée pour l'exportation des farines.

Au cours de la discussion au Sénat français du projet de loi sur les bons d'importation, M. Girault a voulu tirer argument de ce que les agriculteurs allemands réclamaient une élévation des droits de douane pour soutenir qu'ils n'étaient pas satisfaits du régime des bons d'importation(1). M. Couteaux a repris la même idée (2). Le rai-

____

(1) Sénat, séance du 28 février 1901. *J. Off.*, compte-rendu *in extenso*, p. 439, col. 2.

(2) Sénat, séance du 1er mars 1901. *J. Off.*, compte-rendu *in extenso*, p. 453, col. 1.

sonnement n'était pas très solide : ce n'est pas une raison parce que les agriculteurs ont eu satisfaction sur un point, pour qu'ils se croisent les bras et abandonnent leurs autres demandes.

C'est ce que M. Viger, rapporteur du projet de loi, répondait à ses contradicteurs en citant une lettre que nous lui avions écrite sur ce point, et où nous résumions ainsi les résultats de notre enquête en Allemagne :

« .... Tous les agriculteurs allemands que j'ai pu consulter, et non seulement les agriculteurs, mais leurs représentants, directeurs d'unions d'associations agricoles ou présidents de chambres d'agriculture, sont d'accord sur les bons effets de la loi de 1894. Cela ne veut pas dire qu'ils aient abandonné leurs autres revendications. Ils réclament encore, et ils vont obtenir une augmentation des droits de douane sur les céréales. Ils protestent aussi contre le système des entrepôts mixtes, où s'accumulent des céréales étrangères qui viennent virtuellement faire concurrence à l'agriculture nationale sans avoir payé les droits ; ils protestent contre les crédits de douane, qui assurent des privilèges aux importateurs ; enfin, ils ont soulevé, au sujet des taux de blutage, des plaintes auxquelles il a été donné satisfaction par un règlement en date du 15 mars 1900, contre lequel la grande minoterie a vivement protesté.

« Pour que les agrariens les plus intransigeants donnent leur approbation à une mesure due à M. de Caprivi, l'auteur des traités de commerce, il faut vraiment que cette mesure soit tout à fait favorable à leurs intérêts (1). »

Rappelons toutefois que s'ils sont unanimes à se féliciter des résultats du régime inauguré en 1894, les agricul-

---

(1) Sénat, séance du 5 mars 1901. *J. Off.*, compte-rendu *in extenso*, p. 472, col. 3, et 473, col. 1.

teurs allemands estiment qu'on pourrait perfectionner la forme de la bonification douanière accordée à la sortie, et qu'ils demandent une prime directement payée dans les caisses de l'Etat sur le vu du certificat de sortie, au besoin après un certain délai et en prenant des mesures pour que ce système ne puisse porter aucun préjudice aux intérêts du Trésor.

L'opinion des représentants du commerce n'est pas moins favorable que celle des représentants de l'agriculture. On en trouve la preuve dans les rapports annuels des Chambres de commerce (1). Voici par exemple ce qu'écrivait dès 1894 la Chambre de commerce de Kœnigsberg :

« La nouvelle législation, en substituant le régime de l'équivalent à celui de l'identique, a rendu au commerce des céréales sa liberté d'action et lui a rouvert au dehors des débouchés plus avantageux que le marché national. Nos froments et nos seigles ont trouvé à s'écouler en Suède, en Norvège, en Danemark, même en Suisse, en Hollande et en Angleterre. Cette reprise de nos exportations en Suisse — exportations que l'Allemagne du Sud est seule à même d'effectuer — montre bien que l'institution et le libre trafic dés bons n'ont pas profité seulement aux régions des côtes.

« Ce régime, loin de déprimer les cours dans le Sud et dans l'Ouest, a détourné de ces pays le trop-plein que les provinces orientales y déversaient précédemment...

« Dans le Nord, les droits jouent pleinement aujour-

____

(1) V. les rapports annuels des Chambres de commerce allemandes : Kœnigsberg, 1894, p. 21-24 ; Hambourg, 1895, p. 8 ; Brême, 1894, p. 15 et 1895 p. 17 ; Osnabrück, 1894, p. 124 ; Karlsruhe, 1894, p, 119 ; Mannhein, 1894, p. 245 ; Cologne, 1894, p. 91, 1895, p. 97 ; 1896, p. 14 ; ainsi que les rapports annuels de la corporation des marchands de Dantzig, 1895, p. 41 ; 1896, p. 14.

d'hui pour le froment, le seigle, l'avoine et l'orge, alors qu'auparavant les différences entre les prix de l'intérieur et ceux du dehors n'y étaient jamais en rapport avec les tarifs douaniers. Bien plus, pour les qualités supérieures qui sont particulièrement recherchées à l'étranger, les prix dépassent sensiblement ceux des blés russes augmentés des droits d'entrée. »

Les renseignements fournis par nos agents commerciaux en Allemagne confirment les bons effets de la loi. Voici par exemple ce qu'écrit M. Léon Duplessis, consul à Dantzig, dans un rapport daté du 3 août 1899 : « En abrogeant la preuve d'identité ou d'origine, la première conséquence de la loi de 1894 a été de permettre de nouveau aux commerçants de Kœnigsberg et de Dantzig de mélanger sans obstacle les blés russes et allemands. Ils ont recouvré par là leur clientèle principale, celle de l'Angleterre et des pays scandinaves...

« Au point de vue des producteurs de blé ou agriculteurs des deux provinces de Prusse Orientale et de Prusse Occidentale, la loi de 1894 a mis un terme à la concurrence que les Allemands se faisaient sur leurs propres marchés; l'offre ne surpasse plus la demande, et les agriculteurs sont mis en mesure d'élever le prix de leurs blés. Un deuxième gain leur est assuré d'autre part en ce qu'ils peuvent désormais exporter en Angleterre et dans les pays scandinaves leurs céréales de qualité supérieure tandis qu'ils importent pour les remplacer des grains russes à meilleur marché. »

A la date du 30 août 1899, notre consul à Hambourg formule son apréciation en ces termes : « Les résultats obtenus sont aussi marquants et aussi satisfaisants que possible. »

Le consul de France à Düsseldorf écrit à la date du 13 septembre 1899 : « La loi a eu une action favorable sur les prix : elle les a fait monter dans les provinces de l'Est et du Nord, qui peuvent atteindre plus facilement par voie de mer les Etats Scandinaves et l'Angleterre, sans nuire aux prix dans les provinces rhénanes. Ces pays, en effet, commencent à exporter, notamment en Suisse et en Bavière, où ils se débarrassent de leur blé moins riche en gluten, tandis qu'ils vendent plus cher les bonnes qualités recherchées pour la meunerie. En rendant au commerce des céréales la souplesse de ses mouvements, la loi allemande lui permet de se plier aux circonstances et de profiter des marchés étrangers voisins lorsqu'ils sont plus favorables que le marché intérieur et que les frais de transport sont plus avantageux. »

M. Lefaivre, consul de France à Stuttgart, s'exprime ainsi dans un rapport daté du 16 août 1899 :

« En résumé, on peut apprécier d'une manière très favorable l'action de la loi. Elle satisfait à peu près toutes les classes de la population et ne donne lieu dans le Würtemberg à aucune réclamation... Elle facilite le commerce des céréales, elle égalise les prix entre l'Est et l'Ouest, elle a ranimé l'exportation actuellement languissante des céréales. »

M. le baron de Bellissen-Bénac, consul à Francfort-sur-le-Mein, écrit le 1er septembre 1899 : « Tant que le marché intérieur offre des prix moins rémunérateurs que les marchés étrangers, on exporte : aussi, grâce à cet avantage donné aux exportateurs de céréales, les prix du marché intérieur se sont maintenus à un cours favorable à l'agriculture. »

M. le comte de Chappedelaine, notre consul à Mannheim (1), écrit à la date du 2 octobre 1900 : « Les effets

______

(1) M. le comte de Chappedelaine est l'auteur de la traduction française, parue chez Roustan en 1900, d'une brochure intitulée : *Considé-*

de la loi d'avril 1894 ont été des plus favorables et se sont manifestés par une nouvelle vie donnée au commerce d'exportation des céréales, notamment dans le nord de l'Allemagne..... En somme, les effets du droit protecteur ne se sont manifestés dans le nord de l'Allemagne que depuis la suppression de la preuve d'identité et la création des bons d'importation. »

Enfin, M. Raoul de Chamheret, dans une note de l'ambassade de France à Berlin en date du 26 septembre 1900, résume ainsi les résultats de la loi de 1894 : « Producteurs, négociants exportateurs de l'Est, négociants importateurs de l'Ouest, et consommateurs, se déclarent également satisfaits. »

Les représentants les plus autorisés de la science économique allemande ont également constaté les bons résultats de la loi de 1894 (1). Voici par exemple ce qu'écrit M. Buchenberger, président du ministère des Finances du Grand Duché de Bade : « Les bons effets de la loi se sont manifestés d'abord par un relèvement immédiat des exportations de céréales, particulièrement dans les régions du Nord et de l'Est de l'Allemagne. Ils se sont manifestés en-

---

rations sur la baisse du prix du blé en France et des moyens d'y remédier, où M. Carl Simon, consul général de Roumanie à Mannheim, expose et recommande à l'attention du législateur français le système des bons d'importation allemands.

(1) V. Buchenberger *Grundsætze der deutschen Agrarpolitik*, 2e édit., Berlin, 1899, p. 236. — Voir dans le même sens Lexis, article du *Handwœrterbuch der Staatswissenschaften*, au mot *Identitætsnachweiss*, Iéna, 1900 ; et, dans les *Beitræge zur neuesten Handelspolitik Deutschlands*, publiées par le *Verein für Socialpolitik* (2 volumes déjà parus, Leipzig, 1900 et 1901), les études de Conrad : *die Stellung der landwirtschaftlichen Zœlle in den 1903 zu schliessenden Handelsvertrægen Deutschlands* (1er vol. p. 104), et de Heinrich Dade : *die Agrarzœlle* (2e vol., p. 1).

suite par l'élévation du prix des céréales dans les régions surproductrices. » M. Buchenberger ajoute que les bons d'importation se négocient sans dépréciation sensible, et n'amènent par suite aucune diminution dans les droits de douane payés par les importateurs.

Le Gouvernement allemand a eu l'occasion de constater officiellement les bons résultats du système des bons d'importation. Dans un discours au Reichstag du 7 février 1896, le secrétaire d'Etat au Trésor impérial, a pu dire « qu'il ne connaissait pas en ces dernières années de loi qui ait eu d'aussi heureux effets, et qui soit aussi franchement et universellement approuvée dans le monde de l'agriculture comme dans les cercles commerciaux ».

Dans un mémoire qu'il nous a fait l'honneur de nous adresser à la date du 11 octobre 1900, sur le fonctionnement du système des bons d'importation en Allemagne, et qui mériterait d'être reproduit dans son entier, M. le docteur Kœhn, l'éminent conseiller privé au ministère des Finances de Berlin, qui a suivi les effets de la loi de 1894 avec d'autant plus d'attention qu'il en est l'un des auteurs, s'exprime ainsi :

« Les craintes qui s'étaient manifestées de divers côtés à l'encontre du système des bons d'importation (1) ne se sont pas réalisées. Au contraire, les agriculteurs et les commerçants reconnaissent d'une façon unanime, que le résultat espéré par les auteurs de la loi — relèvement dans l'exportation des céréales indigènes et action du droit de douane pour sa *pleine* valeur de 35 marks par tonne — a été atteint presque tout de suite. Les bons d'importation se sont négociés dans le commerce d'une façon normale, sans

---

(1) On craignait notamment une dépréciation dans leur valeur semblable à celle des acquits-à-caution. V. *supra*, chapitre V, p. 131.

avoir jusqu'ici donné lieu à aucune spéculation sérieuse. Non seulement ils n'ont pas amené sur les marchés allemands une inondation de céréales indigènes dépassant les besoins de la consommation et de nature à peser sur les prix — danger qui d'ailleurs paraît pour le moment problématique en présence d'une augmentation annuelle de 7 à 800,000 âmes dans la population — mais leur négociation n'a amené entre leur valeur nominale et leur prix de vente aucune différence qui puisse être considérée comme une diminution de la protection douanière accordée à l'agriculture. Pour une valeur nominale de 35 marks par tonne, les bons d'importation se négocient entre 34 marks 60 et 34 marks 75 ; la différence constitue un simple escompte... Quant au Trésor, il n'a pas à craindre une diminution dans ses recettes douanières. Aussi longtemps en effet que l'Allemagne ne suffira pas à sa consommation de céréales et que le Trésor encaissera chaque année une certaine somme provenant des droits sur les céréales étrangères, toutes les fois qu'à une frontière quelconque, des droits de douane sur des marchandises autres que des céréales seront payés, non pas en argent comptant, mais au moyen de bons d'importation, à une autre frontière le Trésor encaissera des droits de douane sur une quantité équivalente de céréales, parce que les nécessités de la consommation intérieure exigent que l'exportation qui a donné lieu à la délivrance du bon soit compensée par une importation équivalente. »

Il paraît difficile, après des témoignages si nombreux et si autorisés qu'on puisse révoquer en doute les heureux résultats de la loi allemande de 1894. La situation de la France est-elle, au point de vue économique, assez différente de celle de l'Allemagne pour qu'une expérience législative aussi concluante dans l'un des pays ne puisse profiter à l'autre, et pour qu'un système qui apparaît au-delà du Rhin comme l'expression de la vérité économique ne soit qu'erreur en-deçà ? C'est ce qu'il nous reste à examiner dans la troisième partie de notre étude.

LES BONS D'IMPORTATION
DEVANT LE PARLEMENT FRANÇAIS

CHAPITRE PREMIER

LA PREMIÈRE PROPOSITION DE M. VIGER
(15 JUIN 1896).

—

La suppression des zones et les bons d'importation.

La première proposition de loi tendant à l'établissement en France du système des bons d'importation fut déposée par M. Viger à la Chambre des Députés dans la séance du 15 juin 1896.

A cette époque le régime en vigueur pour l'admission temporaire était celui des zones limitées, c'est-à-dire que les exportations de farines devaient être faites par un des bureaux de la direction douanière où avait eu lieu l'importation. Ce système, établi en 1873 pour limiter le trafic des acquits, avait toujours donné lieu à de nombreuses réclamations de la part des meuniers, qui demandaient, soit la suppression totale des zones, soit du moins leur extension. Ils faisaient valoir, dans l'intérêt de l'agriculture elle-même, les avantages qu'il y aurait à pouvoir compenser par des exportations de farines dans les régions surproductrices du Nord, de l'Est et de l'Ouest, les importations de blé faites dans les régions déficitaires du Midi.

Placé à plusieurs reprises à la tête du Ministère de l'Agriculture, M. Viger avait eu à examiner ces demandes en même temps que les plaintes des agriculteurs relatives à la fissure résultant du type à 60 0/0. Dès 1894, il avait fait instituer la Commission des farines, en vue de procéder à un remaniement des types. La suppression des zones lui apparaissait comme pouvant être profitable à l'agriculture, mais, instruit par l'expérience du passé, M. Viger ne voulait l'établir qu'en prenant des mesures pour éviter les inconvénients du trafic des acquits. Ayant reçu communication, à la fin de 1895, d'un rapport de M. le comte de Chappedelaine, consul de France à Mannheim, sur les bons d'importation allemands, il pensa que ce régime pouvait être de nature à concilier les intérêts de la meunerie avec le maintien intégral de la protection douanière, et pria son collègue des Finances, M. Doumer, de faire procéder sur place à une enquête sur les résultats de cette loi. M. de Meaux, inspecteur des Finances, fut chargé de cette mission, et rédigea le 1er mars 1896 un rapport où il constatait « que le pays était unanime à se féliciter du système inauguré en 1894 (1) ».

M. Méline avait succédé à M. Viger au Ministère de l'Agriculture lorsque parvint le rapport de M. de Meaux. M. Viger en prit connaissance. Il y vit qu'en Allemagne les bons d'importation se négociaient toujours à leur entière valeur, sous déduction d'un léger escompte, et que par conséquent, tout en permettant de compenser les importations de régions déficitaires par les exportations de régions surproductrices, ils n'entraînaient pas une diminution sérieuse des sommes à payer par les importateurs.

---

(1) Le rapport de M. de Meaux, publié en 1896, par le Ministère des Finances, a été reproduit dans le rapport de M. Viger au Sénat sur les bons d'importation (séance du 13 déc. 1900, annexe n° 401).

Le bon d'importation apparaissait dès lors comme une solution toute naturelle du problème posé par la suppression des zones : permettre de compenser une importation faite sur un point quelconque du territoire par une exportation faite sur un autre point, sans que la négociation à intervenir entre l'exportateur et l'importateur pût jamais assurer à ce dernier un bénéfice sensible sur les droits de douane.

Telle furent les raisons qui déterminèrent M. Viger à déposer, le 15 juin 1896, une proposition de loi tendant à supprimer les zones de réexportation, mais à établir en même temps le système des bons d'importation pour neutraliser les inconvénients du trafic des acquits (1).

Les quatre premiers articles de la proposition de M. Viger concernaient l'admission temporaire, et avaient pour but de substituer à la réglementation par voie de décrets une réglementation législative dont nous avons exposé plus haut les grandes lignes (2). Les articles relatifs aux bons d'importation étaient ainsi conçus :

« Art. 5. — En dehors des acquits-à-caution qui seront délivrés conformément aux articles précédents, il pourra, en vue d'encourager l'exportation des farines provenant de la minoterie française, être délivré des bons d'importation de céréales, de cacao et de café contre l'exportation de 70 kilos de farine au type de 70 0/0, 60 0/0 et 55 0/0 d'extraction, chaque bon devant représenter une somme de 7 francs applicable à l'acquittement des droits de douane sur les divers produits ci-dessus énumérés. »

« Art. 6. — Les bons d'importation alloués en vertu de l'article précédent pourront être reçus dans tous les bureaux par lesquels se font les entrées des produits auxquels ils s'appliquent. »

Enfin l'article 7 supprimait les zones de réexportation dans les termes suivants :

---

(1) Documents parlementaires. Chambre ; session ordinaire 1896, annexe n° 1935 ; *J. Off.*, p. 461.

(2) V. *supra*, première partie, chapitre VI, p. 62.

« L'apurement des acquits-à-caution consentis par les importateurs
en vertu des articles 2, 3 et 4, pourra se faire par tous les bureaux
de douane ouverts à l'importation des farines. »

Caractère des bons d'importation proposés par M. Viger.

De même que le bon d'importation allemand, le bon
d'importation proposé par M. Viger était pratiquement
assuré contre toute dépréciation ; mis en circulation par
les seuls exportateurs de farines, il pouvait être utilisé par
tous les importateurs de céréales, de cafés et de cacaos ; la
demande aurait donc dépassé l'offre, d'une quantité suffisante pour assurer aux exportateurs de farines une prime
de sortie sensiblement égale aux droits de douane sur les
blés. Par suite les importateurs en admission temporaire
n'auraient plus trouvé d'exportateurs disposés à apurer
leurs acquits pour une somme inférieure au droit de
douane, et le trafic des acquits n'aurait plus présenté
aucun inconvénient.

La proposition de M. Viger différait du système allemand
sur un point important en ce qu'elle réservait aux exportateurs de farine le bénéfice des bons d'importation. Il ne
s'agissait pas encore de faciliter l'exportation des excédents de blé récoltés dans certaines années ; il s'agissait
seulement de permettre à une industrie de transformation
d'exporter ses produits malgré les droits de douane établis
sur les matières premières mises en œuvre, ce qui est le
principe essentiel de l'admission temporaire.

La meunerie ne pouvait que gagner au nouveau système.
Sans doute les meuniers importateurs n'auraient plus trouvé de preneurs pour leurs acquits qu'à des prix insigni-
fiants, et ils auraient dû nécessairement payer tout près
de 7 francs par quintal de blé importé : ils en auraient été
quittes pour élever le prix de leurs farines. Quant aux meuniers exportateurs, la prime de près de 7 francs aurait ame-

né entre eux une concurrence assez vive pour l'exportation, et ils auraient dû acheter plus cher leurs blés, mais il est vraisemblable qu'ils n'auraient pas laissé aux producteurs tout l'avantage de la prime, et que celle-ci aurait augmenté plus ou moins leurs bénéfices. Aussi les représentants de la meunerie se montrèrent-ils tout d'abord partisans de la proposition de loi, en faveur de laquelle l'*Association de la Meunerie française* émit plusieurs vœux dans ses Congrès (1).

La proposition de M. Viger fut suivie de près par le décret du 29 juillet 1896 qui augmentait les quantités de farines exigées à la sortie, mais qui, par contre, étendait les zones de réexportation, ce qui allait faire renaître les inconvénients du trafic des acquits.

Au mois de novembre 1896, la Société nationale d'agriculture, consultée sur le point de savoir s'il convenait d'établir en France un système analogue à celui des bons d'importation allemands se prononça, sur le rapport de M. Henry Sagnier, contre cette innovation.

La proposition de M. Viger, qui avait été renvoyée à la commission des douanes, fut examinée dans les premiers mois de 1897. Mais à cette époque un nouveau décret sur l'admission temporaire était en préparation au Ministère de l'Agriculture et l'on voulut attendre ses résulats avant de procéder par voie législative (2). Puis la mauvaise récolte de 1897 amena une hausse des cours, et, depuis le mois de juin 1897 jusqu'au mois de mai 1898, la valeur des acquits-à-caution oscilla entre 10 et 15 centimes. Les importateurs étaient donc obligés de payer 6 francs 85 à

---

(1) Voir le texte du vœu émis au Congrès de 1899 (séance du 28 juin) dans la *Meunerie française,* 1899, p. 187.

(2) Ce décret fut signé le 9 août 1897.

6 fr. 90 aux exportateurs pour apurer leurs acquits, résultat analogue à celui que **M.** Viger voulait atteindre au moyen des bons d'importation.

La hausse du prix du blé modifia d'ailleurs les préoccupations des pouvoirs publics, et il parut plus nécessaire à ce moment de restreindre la protection douanière que de la renforcer.

La proposition de **M.** Viger ne vint pas en discussion devant la Chambre, et le changement de législature du 8 mai 1898 la rendit caduque. Mais elle n'avait pas été inutile, parce qu'elle avait appelé l'attention des législateurs et des économistes sur un système fort ingénieux, qui avait donné d'excellents résultats chez nos voisins, et dont nous pourrions tirer beaucoup d'avantages si nous savions l'adapter à notre organisation économique.

CHAPITRE II

—

Le marché du blé de 1897 à 1899.

A la suite de la récolte déficitaire de 1897, les cours des céréales subirent en France et à l'étranger un relèvement sensible, et les prix du pain montèrent au point de soulever une certaine inquiétude dans l'opinion publique. Au printemps de 1898, la déclaration de guerre entre l'Espagne et les Etats-Unis d'Amérique provoqua une véritable panique ; comme les belligérants n'avaient ni l'un ni l'autre adhéré à la Convention de Paris réglant les droits des neutres, on put croire un moment que les arrivages de céréales américaines allaient être suspendus. Malgré les déclarations rassurantes des gouvernements américain et espagnol, le mouvement de hausse s'accentua dans le courant du mois d'avril.

La campagne pour les élections législatives du 8 mai 1898 était ouverte. Les prix élevés du pain servaient de thème aux adversaires du gouvernement. Le mot de famine était journellement prononcé dans les réunions publiques, et bien qu'il y eût encore, soit dans le commerce, soit dans la culture, des stocks suffisants pour assurer les approvisionnements jusqu'à la récolte, le blé se raréfiait de plus en plus, les détenteurs spéculant sur une hausse encore plus considérable. Le 28 avril, le blé était coté à Paris

32 fr. 60 ; sur certains marchés, il avait atteint 34 et 35 francs. Le prix du pain s'élevait à un taux menaçant pour l'alimentation publique. On se trouvait manifestement dans les circonstances exceptionnelles prévues par l'article 1er de la loi du 29 mars 1887. Le gouvernement présidé par M. Méline, ministre de l'Agriculture, usant des pouvoirs que lui accorde cette loi, décida, par un décret en date du 3 mai, que les droits de douane sur les blés cesseraient d'être perçus à dater du 4 mai jusqu'au 31 juillet.

En limitant à une durée assez courte la suspension du droit, M. Méline espérait — il le dit expressément dans le rapport qui précède le décret (1) — éviter la constitution de stocks de blés de nature à influencer les cours de la nouvelle récolte. Cette espérance n'a pas été pleinement réalisée. A côté des quantités réellement importées par navires, et qui n'ont pas été très considérables, la suspension des droits de douane a permis de nationaliser par un simple jeu d'écritures de grandes quantités de blé étranger existant en entrepôt ou introduites en admission temporaire, si bien que dans un délai de deux mois il a été importé en franchise 11,976,764 quintaux. Ce stock considérable était loin d'être absorbé lors de la récolte de blé de 1898. Cette récolte, évaluée à environ 96 millions de quintaux, alors que notre consommation annuelle, semences comprises, n'en demande guère plus de 95, augmenta encore nos excédents, et les cours du blé s'abaissèrent progressivement. Les premiers mois de 1899 annoncèrent une récolte abondante, et la mévente des blés s'accentua. De nouveau le Parlement se préoccupa d'y porter remède. C'est alors que le système des bons d'importation, proposé dès 1896 par M. Viger, revint en dis-

---

(1) V. ce rapport au *Journal Officiel* du 4 mai 1898, p. 2937.

cussion, autant comme un moyen de neutraliser le trafic des acquits-à-caution, ce qui était la pensée primitive de son auteur, que comme un moyen de dégager le marché par des facilités données à l'exportation des céréales.

Caractère commun aux trois propositions.

A l'heure actuelle, l'exportation des céréales en nature est impossible, les cours des marchés intérieurs étant, bien que les droits protecteurs n'agissent pas d'une façon pleinement efficace, supérieurs à ceux du marché mondial où il s'agirait de les transporter. Seule l'exportation des farines est possible, parce que, grâce au régime de l'admission temporaire à l'équivalent, l'exportateur qui apure un acquit reçoit une bonification consistant dans la somme reçue de l'importateur auquel il rend ce service. Mais les acquits ne peuvent être apurés par une exportation de blé, et les céréales exportées sous forme de grains ne jouissent par conséquent d'aucune prime de sortie.

Cette idée d'accorder une bonification douanière à la sortie des céréales, même non transformées, constitue le trait commun des trois propositions déposées à la Chambre des Députés dans la séance du 5 juillet 1899 par M. le comte de Pontbriand, M. Debussy et M. Papelier. Elles offrent un caractère tout nouveau dans notre système douanier ; il ne s'agit plus seulement, comme le proposait M. Viger en 1896, de corriger les abus de l'admission temporaire par un système qui encourage l'exportation des farines tout en forçant les importateurs à payer l'intégralité des droits de douane : il s'agit, pour dégager le marché, de faciliter la sortie des matières premières exactement comme celles des produits fabriqués. C'est le système des bons d'importation allemands, avec quelque chose de plus. L'Allemagne est un pays toujours déficitaire ; il n'y a pas d'années où les importations ne dépassent les exportations, et la loi de 1894 a seulement pour effet d'assurer aux céréales leurs débouchés géographiques et d'amener un simple échange entre les régions surproductrices et les régions déficitaires ; en France, au contraire, il y a certaines années où nous suffisons à notre consommation, parfois même avec un excédent plus ou moins considérable : c'est cet excédent que les bons d'importation permettraient d'exporter dans les années de surproduction, quitte à recourir ensuite à des importations dans les années déficitaires.

En un mot, tandis qu'en Allemagne les bons d'importation amènent une compensation entre les récoltes des régions surproductrices et les récoltes des régions déficitaires, il s'agirait en France d'amener une compensation entre les récoltes des années surproductrices et les récoltes des années déficitaires, de réaliser dans le temps ce que la loi de 1894 réalise dans l'espace.

C'est le principe dont s'inspiraient les auteurs des trois propositions du 3 juillet 1899, et qu'ils mettaient en œuvre par des moyens divers.

La proposition de Pontbriand : primes d'exportation.

Le système le plus simple était celui de M. le comte de Pontbriand (1). Il proposait d'accorder la bonification douanière, qu'il réservait aux blés et à ses dérivés, sous la forme d'une prime de sortie pure et simple égale au droit de douane sur les blés. Il supprimait du même coup l'admission temporaire qui devenait à peu près inutile ; les meuniers qui font eux-mêmes la réexportation, au

---

(1) Documents parlementaires. Chambre, séance du 3 juillet 1899. Annexe n° 1102.

lieu d'introduire temporairement en franchise le blé étranger, auraient acquitté les droits, qui leur auraient été intégralement remboursés à la sortie de leurs farines ; ils n'y auraient perdu que les intérêts des droits de douane pendant la transformation. Quant à ceux qui achètent des acquits, ils n'auraient plus eu d'intérêt à le faire, assurés de toucher une prime de sortie nécessairement supérieure à celle pouvant résulter de l'apurement d'un acquit.

La proposition de M. de Pontbriand était ainsi conçue :

« Article premier. — Tous les blés étrangers importés en France acquitteront à leur entrée les droits de douane votés par le Parlement. Ils seront ainsi francisés et il n'existera plus de différence entre eux et les blés récoltés en France.

« Les entrepôts et les admissions temporaires seront supprimés.

« Art. 2. — A la sortie des blés et de leurs produits, semoules, pâtes alimentaires, farines, etc., et sans tenir compte de la provenance des blés français ou étrangers, il sera payé l'équivalent du montant des droits de douane dûs à l'importation par ces mêmes produits. »

La caractéristique du système était d'accorder à l'exportateur une bonification douanière sans qu'il lui fût nécessaire de s'entendre avec un importateur pour compenser la sortie opérée. Cette entente, en effet, a toujours pour résultat un partage de la bonification douanière entre l'exportateur et l'importateur, ce qui diminue d'une part les facilités qu'on veut donner à l'exportateur, et ce qui permet d'autre part à l'importateur de regagner une partie des droits de douane qu'il devrait normalement payer dans leur entier. C'est l'inconvénient fondamental du système des acquits-à-caution. Il faut éviter de créer un titre qui puisse donner naissance au même agio.

A ceux qui lui objectaient les dangers financiers de cette prime accordée sans limite aux exportateurs de blé, M. de Pontbriand répondait que le Trésor ne verserait ainsi d'une main que pour reprendre de l'autre sous forme de droits d'entrée, qu'en effet nous sommes loin dans l'ensemble de suffire à notre consommation de blé et que les exportations amèneraient nécessairement, tôt ou tard, des importations correspondantes.

Dans le fond, le système de M. de Pontbriand était celui qui se rapprochait le plus du système allemand des bons d'importation, qui constituent, ainsi que nous l'avons vu, une véritable prime d'exportation. Il y a toutefois une différence considérable : en Allemagne le Bundesrath a le pouvoir, en restreignant la validité des bons, de supprimer toute prime quand les circonstances paraissent l'exiger ; il y a là une garantie importante qui n'avait pas d'équivalent dans la proposition de M. de Pontbriand. De plus, la prime d'exportation proposée par M. de Pontbriand était limitée aux blés et à ses produits, tandis qu'en Allemagne le bon d'importation est accordé à presque toutes les céréales.

La proposition Debussy : bons d'importation.

La proposition de M. Debussy (1) était applicable à presque toutes les céréales. Elle se rapprochait davantage dans la forme, mais moins peut-être dans le fond, que celle de M. de Pontbriand, de la loi allemande de 1894. L'article 1er était ainsi conçu :

« Toute exportation de blé, avoine, orge, seigle, maïs, féverolles ; farines de blé et de fèves ; malts pour brasserie, quelle qu'en soit la provenance, donnera lieu à la délivrance par la douane d'un bon d'importation indiquant : 1° la quantité ou poids net de la denrée ex-

____

(1) Documents parlementaires. Chambre séance du 3 juillet 1899. Annexe n° 1109. *J. Off.*, p. 2353.

portée ; 2° la somme que cette denrée devrait payer à la douane à l'importation.

« Ce bon servira, au porteur, à acquitter les droits de douane sur les blés, avoines, orges, seigles, maïs, fèves et féverolles, importés en France, pour la somme qu'il indique. »

M. Debussy reconnaissait que le système le plus naturel et le plus logique pour faciliter les exportations de céréales eût été l'établissement d'une prime de sortie pure et simple, mais il n'avait pas voulu le proposer, beaucoup pouvant craindre que, la production augmentant, ce système ne devînt dangereux pour le Trésor.

Déclarer les bons d'importation applicables, comme en Allemagne, non seulement aux céréales, mais à un grand nombre de denrées exotiques, c'était soulever des objections analogues, l'application du système pouvant en pareil cas entraîner une diminution dans des recettes douanières certaines et présentant un caractère purement fiscal. C'est pourquoi M. Debussy limitait aux céréales elles-mêmes le pouvoir d'entrée en franchise des bons d'importation, le maximum du sacrifice à consentir par l'Etat en faveur des exportateurs de céréales ou de leurs dérivés s'élevant aux recettes douanières perçues sur les céréales.

Il est à remarquer que, dans le système de M. Debussy, les bons délivrés à la sortie d'une céréale quelconque étaient applicables à l'entrée de toutes les autres. Par exemple les bons délivrés à la sortie du blé eussent été applicables aux maïs. M. Debussy assurait de la sorte aux bons dont il demandait la création un marché assez large pour qu'ils pussent se négocier, sinon à leur entière valeur, du moins sans laisser entre les mains de l'importateur qui les utiliserait un bénéfice aussi considérable que les acquits-à-caution actuels. La valeur totale des bons d'importation créés n'aurait pas de longtemps dépassé le montant des droits de douane perçus à l'entrée des céréales, car en admettant même que, pour le blé, nous puissions à peu près suffire à notre consommation, il n'est pas douteux que pour l'ensemble des céréales nous soyons plus importateurs qu'exportateurs. Même dans une année de production particulièrement abondante, comme 1899, où les importations de blé au commerce spécial, déduction faite des importations en franchise de l'Algérie et de la Tunisie, ont été pour ainsi dire insignifiantes, le montant total des droits perçus sur les céréales auxquelles M. Debussy proposait de rendre applicables les bons d'importation leur assurait encore une utilisation très large. Si, en effet, nous n'avons importé en 1899 que 68,316 quintaux de blé au droit de douane de 7 francs, nous avons demandé à l'étranger 794,152 quintaux d'avoine, 117,356 quintaux d'orge, 3,077 quintaux de seigle, 412,572 quintaux de fèves, et surtout 5,220,539 quintaux de maïs, soit un total de 6,607,696 quintaux de farineux alimentaires frappés en moyenne d'un droit de douane de 3 francs. L'ensemble des droits de douane perçus sur les céréales dépasse 20 millions, ce qui représente près de 3 millions de quintaux de blé auxquels on aurait pu donner des bons d'importation pouvant trouver leur emploi.

On pouvait craindre néanmoins que les bons d'importation que proposait M. Debussy en 1899 ne fussent pas assurés contre toute dépréciation, et que les exportateurs ne fussent contraints de laisser aux importateurs auxquels ils auraient négocié leurs bons une partie plus ou moins considérable de la bonification douanière, ce qui aurait renouvelé, bien que d'une façon atténuée, les inconvénients du trafic des acquits.

La proposition Papelier : bons d'exportation.

La proposition de MM. Papelier et Fénal (1) était basée sur une limitation analogue à celle qui avait inspiré la proposition de M. Debussy. Après avoir montré la nécessité de faciliter la sortie des excédents de blé qui encombrent le marché dans certaines années, MM. Papelier et Fénal déclaraient qu'ils ne voulaient imposer dans ce but aucun sacrifice à l'Etat ; aussi proposaient-ils un système qui, comme celui de M. Debussy, limitait au total des droits de douane perçus sur les céréales les avantages à accorder aux exportateurs de blé. Ces droits de douane, disaient les auteurs de la proposition, n'ont pas été établis dans un intérêt fiscal, mais dans un intérêt protecteur, et on ne peut pas compter sur eux pour boucler les budgets.

La proposition de MM. Papelier et Fénal établissait pour les céréales un système analogue aux anciens draw-backs, avec cette différence toutefois que le remboursement des droits de douane était accordé à la matière première comme aux produits fabriqués. Le texte était ainsi conçu :

« *Article unique*. — Tout importateur de blé, seigle, orge, avoine, escourgeon, fève, féverolle et maïs qui payera les droits de douane de ces marchandises à leur arrivée en France, recevra de la douane, en échange de ce payement, un bon d'exportation indiquant le poids et la quantité des marchandises importées et le montant des droits de douane payés.

« Ce bon d'exportation (2), transmissible par voie d'endossement, sera remboursé en totalité ou en partie si, dans les six mois de sa création, le porteur du bon justifie qu'il a exporté par une frontière

---

(1) Documents parlementaires, Chambre, séance du 3 juillet 1899, Annexe, n° 1110 ; *J. Off*., p. 2353.

(2) Le texte publié au *Journal Officiel* porte par erreur : *bon d'importation*.

quelconque les céréales désignées ci-dessus ou leurs dérivés : étant entendu que les sommes remboursées seront les mêmes que celles réclamées par la douane sur ces produits à leur entrée en France. »

On voit que si le remboursement à la sortie, qui constituait en réalité une prime d'exportation limitée, tout à fait analogue à celle de M. Debussy, était accordé à la matière première comme aux produits fabriqués, ce n'était pas sur un pied d'égalité. Les meuniers n'avaient pas le droit de se plaindre de la proposion de M. Papelier, qui leur donnait, à la sortie de leurs farines, un remboursement égal aux droits de douane perçus sur les farines, c'est-à-dire bien supérieur aux droits sur la quantité de blé contenue dans ces farines.

Mais ce remboursement, qu'il fût donné aux céréales elles-mêmes ou à leurs dérivés, ne pouvait être obtenu par les exportateurs qu'à condition d'acheter des bons d'exportation ; la somme qu'ils auraient payée à cet effet aux importateurs aurait diminué la prime de sortie, en même temps qu'elle aurait constitué un remboursement partiel des droits de douane payés par les importateurs : on pouvait faire sur ce point à M. Papelier la même critique qu'à M. Debussy.

Les trois propositions du 3 juillet 1899 furent renvoyées à la Commission des Douanes, qui en aborda aussitôt l'étude.

CHAPITRE III

LES PRÉLIMINAIRES DE LA DISCUSSION A LA CHAMBRE DES DÉPUTÉS
(JUILLET 1899-JUIN 1900).

—

Les travaux de la Commission des Douanes et le rapport
de M. Debussy.

Les propositions de loi de MM. de Pontbriand, Debussy
et Papelier furent renvoyées par la Commission des
douanes à l'examen d'une sous-commission spéciale dont
M. Debussy fut nommé rapporteur. Cette sous-commission
fut d'avis qu'il y avait lieu de s'en tenir à la pensée qui
avait inspiré la première proposition de M. Viger, c'est-à-
dire uniquement de remédier aux inconvénients de l'admission temporaire des blés à l'équivalent, tout en maintenant
ses avantages. Elle écarta donc les propositions qui lui
étaient présentées en ce qu'elles s'appliquaient à d'autres
céréales qu'au blé et en ce qu'elles favorisaient la sortie des
céréales en grains comme celle des produits de la mouture.

Mais, lorsque les conclusions de la sous-commission vinrent en discussion devant la Commission des douanes, M. le
comte de Saint-Quentin fit adopter un amendement qui re-
venait au principe des trois propositions de MM. de Pontbriand, Debussy et Papelier : accorder une prime de sortie
aux matières premières comme aux produits fabriqués.
Toutefois, on s'en tint au blé : il ne fut plus question des
autres céréales. Conformément aux propositions de MM. de

Pontbriand et Debussy, on décida que la prime serait la même pour la farine et pour le blé.

Sous quelle forme accorder cette prime de sortie ? La Commission des douanes se trouvait en présence de deux systèmes : la prime directe et illimitée, préconisée par M. le comte de Pontbriand ; la prime indirecte et limitée au montant des droits de douane perçus sur un certain nombre d'articles, telle que la proposaient M. Papelier sous la forme de bons d'exportation, et M. Debussy sous la forme de bons d'importation.

Ce fut à ce dernier système que se rallia la Commission des douanes, et M. Debussy fut nommé rapporteur (1). La proposition de M. le comte de Pontbriand fut écartée comme pouvant offrir certains inconvénients financiers, et obliger tout au moins l'Etat à faire des avances de fonds dans les années de surproduction. Des deux autres systèmes en présence, la Commission préféra celui des bons d'importation, parce qu'il nécessite une sortie avant toute autre opération, ce qui contribue mieux à dégager le marché que si l'entrée devait être préalable à la sortie, et parce que c'est le régime adopté en Allemagne, où il a donné de bons résultats.

Mais une importante modification au texte primitif de M. Debussy était devenue nécessaire depuis qu'on avait décidé de limiter au blé et aux produits dérivés du blé la délivrance des bons d'importation.

Nous avons vu en effet que M. Debussy, qui donnait les bons à la sortie de toutes les céréales, les déclarait utilisables à l'entrée de toutes les céréales indistinctement. Le pouvoir des bons d'importation, que la Commission ne donnait plus qu'aux blés et aux farines de blé, allait-il être

---

(1) V. le rapport de M. Debussy. Documents parlementaires, Chambre, séance du 20 février 1900, annexe n° 1443 ; *J. Off.*, p. 589.

restreint à l'entrée en franchise des blés? Cette limitation aurait fait renaître tous les inconvénients du trafic des acquits-à-caution. Si en effet, pour l'ensemble des céréales, nous sommes tous les ans largement importateurs, il n'en est pas de même pour le blé, et dans les années de surproduction intérieure, il y aurait eu plus d'exportateurs ayant créé des bons d'importation que d'importateurs disposés à les utiliser, d'où la possibilité pour ces derniers de se procurer les bons d'importation bien au-dessous de leur valeur nominale, et par conséquent d'éluder une partie du droit de douane, tout comme aujourd'hui avec le trafic des acquits-à-caution.

La Commission des douanes de la Chambre voulut éviter cet inconvénient.

Les bons d'importation qu'elle proposa devaient servir au porteur à acquitter les droits de douane sur les cafés, thés et cacaos. Comme ces droits s'élèvent chaque année à 138 millions de francs environ, chiffre de beaucoup supérieur au montant total des bons d'importation sur les blés dont on pourrait prévoir la création même dans les années les plus abondantes, il était certain que la demande dépasserait toujours l'offre, et que les bons d'importation seraient assurés contre toute dépréciation sensible.

Il est à remarquer que, dans le texte primitif de la Commission, les bons d'importation n'étaient pas applicables à l'entrée en franchise des blés. On avait voulu restreindre le pouvoir des bons au paiement des droits de douane ayant un caractère fiscal et non un caractère protecteur, afin que, quand même les bons d'importation auraient assuré aux importateurs le bénéfice d'une légère diminution du droit de douane, ce bénéfice ne pût pas constituer une diminution de la protection douanière.

Plus tard, à la demande de M. Rose, la Commission, estimant qu'en somme l'avantage accordé aux importateurs par les bons d'importation serait insignifiant, et qu'il y avait intérêt à élargir le plus possible la demande de ces titres pour assurer d'une manière complète aux exportateurs le bénéfice de la prime, ajouta les blés eux-mêmes à la liste des denrées à l'entrée desquelles les bons devaient être applicables.

Le système définitivement proposé par la Commission des douanes se rapprochait donc du système allemand, dans lequel les bons d'importation sont applicables à la fois à l'entrée en franchise des céréales et au paiement des droits de douane sur un très grand nombre de denrées exotiques, ce qui les garantit contre toute dépréciation. Toutefois, nous avons vu que, d'après la loi allemande du 14 avril 1894, les bons d'importation ne peuvent être utilisés au paiement des droits de douane sur les denrées exotiques que quatre mois après leur création, ce qui fait que les importateurs, pour éviter une perte d'intérêts, s'en servent de préférence, lorsqu'ils le peuvent, pour les entrées en franchise de céréales. Au contraire, dans le projet de la Commission des douanes, les bons pouvaient être utilisés pour les thés, cafés et cacaos exactement dans les mêmes conditions que pour les blés, et dans le même délai, fixé à un an à dater de la création du titre.

Le projet de la Commission des douanes se rapprochait de la loi allemande à un autre point de vue. Pour prévenir les dangers qui pourraient résulter pour la consommation publique d'exportations excessives de blé dans des années déficitaires, il accordait au Gouvernement le pouvoir de suspendre l'application du système des bons d'importation dans les cas prévus par l'article 1er de la loi du 29 mars 1887 et par l'article 14 de la loi du 11 janvier 1892, c'est-à-dire dans des circonstances exceptionnelles et quand le prix du pain se serait élevé à des taux menaçants pour l'alimentation publique. Cette disposition était voisine de celle de la loi allemande qui permet au Bundesrath de limiter aux céréales le pouvoir d'entrée en franchise des bons d'importation ; mais, tandis qu'en Allemagne le Bundesrath est entièrement maître d'apprécier les cas dans lesquels il édictera cette limitation, le Gouvernement, dans le projet de la Commission des douanes, n'aurait pu suspendre la délivrance des bons que dans des circonstances exceptionnelles. Tant que le prix du pain n'aurait pas atteint un taux exagéré, les exportations auraient pu se multiplier, et les bons d'importation constituer une charge sérieuse pour le Trésor, sans qu'il eût été possible, comme en Allemagne, de limiter au total des droits de douane perçus sur les blés le maximum du sacrifice à consentir par l'État en faveur de cette céréale. C'était donc de la part de l'État un sacrifice éventuel égal aux droits de douane perçus sur les cafés, thés et cacaos, soit 138 millions par an.

Mais M. Debussy montrait dans son rapport qu'il se passerait encore de longues années avant que le montant total des bons d'importation créés pût atteindre un pareil chiffre.

« Pour que le système des bons d'importation soit onéreux pour le Trésor il faudrait, disait-il, que nous devenions constamment exportateurs et non accidentellement ; or, nous n'en sommes malheureusement pas encore là. Dans les dix dernières années, nous avons importé en moyenne 10,500,000 quintaux de blé par an ; il faudrait donc que nos rendements moyens annuels s'augmentent de plus de 10 0/0 pour que nous ne soyons plus tributaires de l'étranger. Il est vrai que les récoltes de 1894, 1895, 1896 ont approché d'assez près le chiffre nécessaire à nos besoins, que les récoltes de 1898 et 1899 les ont dépassés ; mais il ne faut pas oublier que le seul déficit de la récolte de 1897 a dépassé 25 millions de quintaux ; on peut donc af-

firmer que, si par hasard nous arrivons à récolter parfois
une quantité supérieure à notre consommation, la moyenne
de nos récoltes n'y atteint pas encore. Dans ces conditions
si le Trésor peut avoir, certaines années, à subir une perte
légère par suite de sorties dépassant les entrées, il rentrera largement dans ses débours pendant les années déficitaires. »

Les objections de M. Georges Graux et la réponse de M. Debussy.

Les conclusions du rapport de **M.** Debussy furent approuvées par la majorité de la Commission des douanes ;
mais la minorité, hostile au système des bons d'importation, fit entendre ses arguments par l'organe de **M.** Georges Graux, président de la Commission, dans une note
qui figure au rapport de **M.** Debussy. **M.** Georges Graux
reprochait à la loi proposée d'être une loi de circonstance,
ayant pour but principal de dégager le marché encombré
par deux années de surproduction intérieure ; il lui reprochait d'instituer une véritable prime à l'exportation des
blés, qui devrait logiquement être appliquée aux autres
produits agricoles et industriels et qui pourrait exciter
les représailles des pays étrangers ; il lui reprochait enfin
de favoriser des exportations excessives de blés faites
dans un but de spéculation, sans assurer un bénéfice sensible aux agriculteurs qui voudraient exporter leurs produits. Quant à l'exemple de l'Allemagne, ajoutait **M.** Georges Graux, il ne saurait être invoqué d'une façon utile à
raison de la différence profonde qui existe entre ce pays
et le nôtre au point de vue de la production du blé. L'Allemagne est, en effet, un pays toujours déficitaire et dans
lequel par conséquent les exportations sont toujours nécessairement compensées par des importations ; la France
tend au contraire de plus en plus à suffire à sa con-

sommation, et se trouve même dans certaines années en possession d'un stock supérieur à ses besoins. C'est surtout à cette dernière situation, disait M. Georges Graux, que la loi proposée a pour but de porter remède, en facilitant la sortie des blés par une prime égale au droit de douane perçu à leur entrée alors même que les exportations seraient supérieures aux importations. Or, si cette dernière situation se produisait en Allemagne, le Bundesrath n'hésiterait pas à sauvegarder les intérêts du Trésor en limitant aux céréales le pouvoir d'entrée en franchise des bons d'importation. Il n'y a donc pas lieu d'invoquer l'exemple de l'Allemagne en faveur d'une proposition de loi qui est surtout faite pour une hypothèse où la loi allemande cesserait d'être appliquée.

M. Debussy, à la fin de son rapport, répondit brièvement à la note de M. Georges Graux. Il s'attacha surtout à la critique qui lui avait été faite de favoriser les exportations excessives de blé faites dans un but de pure spéculation, et d'organiser « le baccarat des blés ». Il montra que la prime de 7 francs ne pouvait favoriser les exportations que lorsque l'écart entre les cours du marché français et ceux du marché mondial était inférieur à 7 francs, et par conséquent lorsque le droit de douane ne jouait pas pour la totalité de sa valeur; que les exportations qui se produiraient dans ce cas auraient pour effet une hausse sur les marchés intérieurs et par conséquent une diminution dans le bénéfice des exportateurs; que vraisemblablement, par l'effet naturel de la concurrence, les bénéfices du commerce d'exportation des blés ne seraient jamais sensiblement ni de façon durable supérieurs à ceux du commerce intérieur, et que les exportations se régleraient de la même façon que si nous étions soumis au régime du libre échange, toute hausse sur le marché intérieur ou toute baisse sur le marché extérieur entravant les exportations.

L'avis des grandes sociétés agricoles.

Le rapport de M. Debussy fut déposé à la Chambre dans la séance du 20 février 1900. Vers la même époque, les grandes sociétés d'agriculture de Paris furent consultées par le ministre de l'Agriculture sur les propositions de MM. de Pontbriand, Debussy et Papelier.

La Société nationale d'agriculture, sur le rapport de M. Henry Sagnier (1), prit la délibération suivante : « Les avantages que l'application de ces propositions procureraient aux cultivateurs n'apparaissent pas suffisamment à la Société pour qu'elle puisse, en présence des charges certaines qui en résulteraient pour les finances publiques, en conseiller l'adoption. »

A la Société nationale d'encouragement à l'agriculture, M. Georges Graux fut chargé de faire un rapport sur la question posée par le ministre (2).

Il reprit les arguments qu'il avait fait valoir devant la Commission des douanes, et exprima un avis défavorable à l'adoption des propositions de loi relatives aux bons d'importation ou d'exportation. Le rapport de M. Georges Graux fut publié dans la *Semaine agricole*, organe de la Société nationale d'encouragement à l'agriculture, mais cette société n'eut pas à délibérer sur la question.

La Société des Agriculteurs de France avait déjà émis un vœu tendant à la suppression de l'admission temporaire des blés et à son remplacement par un système dans lequel les droits de douane seraient nécessairement payés à

____

(1) Société nationale d'agriculture. Rapport présenté au nom d'une Commission spéciale par M. Henry Sagnier sur les propositions de loi relatives aux primes à l'exportation des blés et des farines (1900).

(2) Rapport de M. Georges Graux sur les bons d'importation et d'exportation des céréales et de leurs dérivés ; *Semaine agricole* du 11 mars 1900, p. 73.

l'entrée et remboursés à la sortie des blés comme des farines ; ce vœu présentait une certaine analogie avec le système proposé par M. de Pontbriand. Seulement, tandis que M. de Pontbriand accordait une prime de sortie pure et simple, la Société des Agriculteurs de France ne l'accordait que sous la condition d'une importation antérieure de blé : c'était le système des drawbacks appliqué aux blés, avec possibilité d'apurer le titre par des exportations de blé comme par des exportations de farines. Les propositions de MM. de Pontbriand, Debussy et Papelier étaient en somme conçues dans le même ordre d'idées : paiement du droit de douane par les importateurs, et bonification douanière à la sortie égale au droit de douane ; elles offraient de plus cet avantage d'assurer d'une manière plus complète aux exportateurs le bénéfice de cette bonification, en même temps que d'enlever aux importateurs le moyen d'éluder une partie importante du droit de douane.

Aussi, les sections spéciales de la Société des Agriculteurs de France auxquelles fut renvoyé l'examen de la question émirent-elles un avis qui ne peut être considéré comme défavorable aux propositions sur lesquelles était consultée la Société. « Les sections spéciales, écrivait M. le Marquis de Vogüé, président de la Société des Agriculteurs de France, au ministre de l'Agriculture, à la date du 3 mars 1900, ont écarté la proposition de M. Papelier sans se rallier d'ailleurs formellement à aucune autre, mais en se prononçant nettement contre le système de l'admission temporaire. »

L'avis de la Commission du budget et le rapport de M. Henri Ricard.

La proposition de loi rédigée par M. Debussy au nom de la Commission des douanes fut soumise à la Commission du budget qui fit connaître son avis par l'organe de

M. Henri Ricard, dans un rapport déposé le 31 mai 1900 (1).
Cet avis fut basé en grande partie sur une note communiquée à la Commission par le Ministère des Finances, et dont l'auteur, estimant à environ 5 millions de quintaux le stock resté disponible sur les deux récoltes de 1898 et de 1899, évaluait à 35 millions de francs le montant des primes de sortie que le Trésor devrait immédiatement payer sous une forme ou sous une autre si l'une des trois propositions pendantes devant la Chambre était adoptée. Cette avance de fonds, et celles qui pourraient se trouver nécessaires lorsque nous nous trouverions dans une situation semblable, devaient-elles être compensées par les droits d'entrée perçus sur les céréales dans les années où nous serions importateurs ? M. Ricard ne le pensait pas. A la faveur du relèvement de prix causé par les bons d'importation, la culture du blé, disait-il, va faire en France de nouveaux progrès, et les années déficitaires deviendront de plus en plus rares ; les bons d'importation constitueront pour le Trésor public une dépense sans recettes correspondantes, dépense qui, théoriquement, pourra s'élever à 138,534,000 francs, montant des droits de douane actuellement perçus en moyenne sur les cafés, thés et cacaos. M. Ricard estimait qu'en fait, cette dépense atteindrait cent millions par an. Le rapporteur de la commission du budget n'indiquait pas du reste sur quoi il basait cette évaluation, qui aurait correspondu à un excédent moyen annuel de 14,285,714 quintaux de blé remplaçant brusquement le déficit moyen annuel de 10,500,000 quintaux résultant de la

---

(1) Documents parlementaires. Chambre. Séance du 31 mai 1900. Annexe n.º 1660 : Avis présenté au nom de la Commission du budget sur la proposition de loi de M. Debussy, tendant à créer des bons d'importation en faveur des céréales ou de leurs dérivés exportés, avec, en annexe, une note communiquée par M. le Ministre des Finances sur les propositions de loi de MM. Debussy, Papelier et de Pontbriand.

statistique des dix dernières années, et que M. Ricard lui-, même, dans son rapport, tenait pour exact.

Quoi qu'il en soit, la Commission du budget donna un avis défavorable à l'adoption des trois propositions de MM. de Pontbriand, Debussy et Papelier.

Telles étaient les conditions dans lesquelles allait s'ouvrir à la Chambre des Députés la discussion sur la proposition rédigée par M. Debussy au nom de la Commission des douanes. Au cours même de cette discussion, deux importantes réunions agricoles eurent à donner leur avis sur la question. Le Congrès de la vente du blé, tenu à Versailles les 28, 29 et 30 juin 1900, sous la présidence de M. le baron de Courcel, adopta un vœu proposé par M. Le Breton et tendant à la suppression de l'admission temporaire et à la création d'une prime de 5 francs par quintal à la sortie des blés, soit en grains, soit en farines (1). C'était, sauf en ce qui concerne le taux de la prime, le système de M. le comte de Pontbriand, très voisin, ainsi que nous l'avons vu, de celui de la Commission des douanes.

Par contre, le Congrès international d'agriculture, réuni à Paris du 1er au 8 juillet 1900 sous la présidence de M. Méline, repoussa le système des bons d'importation, et demanda seulement une réforme de l'admission temporaire (2).

Mais de nombreuses associations agricoles, sociétés, comices ou syndicats, s'étaient déjà prononcées en faveur du système des bons d'importation, et bien que le mouvement d'opinion ne fût encore qu'à son début, il était évident que les promoteurs du système des bons d'importation avaient pour eux la majorité des agriculteurs français.

____

(1) V. *Congrès de la vente du blé*, rapport de M. Ch. Guernier, t. Ier, p. 110 ; compte-rendu de la troisième section, t. II, p. 192 et suiv. ; compte-rendu des séances générales, t. II, p. 79 et suiv.

(2) V. *Sixième Congrès international d'agriculture*, t. II (comptes-rendus), p. 388 à 395.

CHAPITRE IV

LA DISCUSSION A LA CHAMBRE DES DÉPUTÉS

(9, 11 ET 12 JUIN, 5, 6 ET 7 JUILLET 1900)

—

La Chambre décida de joindre à l'examen de la proposition de la Commission des douanes la discussion d'une interpellation de MM. Rose et de Pontbriand sur le fonctionnement de l'admission temporaire des blés et sur la mévente qui en résulte. Le Gouvernement se prononça contre la création des bons d'importation, mais il reconnut le bien fondé des réclamations soulevées contre l'admission temporaire, et M. Jean Dupuy, ministre de l'Agriculture, déposa dans la séance du 7 juillet 1900 un projet de loi apportant à ce régime d'importantes modifications, et dont nous avons indiqué plus haut les principales dispositions (1).

Le but de l'établissement des bons d'importation.

La grande majorité de la Chambre, et le Gouvernement lui-même, étaient d'accord sur la nécessité de porter remède à la mévente des blés et d'assurer aux agriculteurs des prix en rapport avec leurs frais de production. Sur cette question de principe, les auteurs du projet ne rencontrèrent d'opposition que dans la minorité libre-échangiste,

____

(1) V. *supra*, première partie, chapitre IX, p. 89.

représentée par M. Beauregard, qui accusa le protectionnisme d'avoir fait faillite à ses engagements (1). Mais la
majorité de la Chambre était résolue à maintenir intact le
droit de 7 francs voté en 1894, et même à renforcer son
action si cela paraissait nécessaire.

Les partisans du système proposé par la Commission
des douanes montrèrent que le droit de 7 francs ne jouait
pas dans son entier et en recherchèrent les causes.

Elles tiennent, disent-ils, d'une part, à ce que par suite
des 12 millions de quintaux de blé importés en 1898 à la
faveur de la suppression des droits de douane, et par suite
de la récolte abondante des années 1898 et 1899, il existe
en France un stock de blé dépassant les besoins de la consommation ; elles tiennent, d'autre part, à ce que par suite
du fonctionnement actuel de l'admission temporaire, le
droit de douane de 7 francs est purement nominal, et que
les importateurs peuvent en éluder une partie. D'où la nécessité d'établir un système qui permette d'exporter nos
excédents tout en contraignant les importateurs à payer
les droits de douane : c'est le but des bons d'importation.

MM. Rose (2), Plichon (3), et Viger (4) montrèrent successivement comment, en cédant leurs acquits, les importateurs de blé en admission temporaire recouvrent sur les
exportateurs de farine une partie du droit de douane.
M. Beauregard (5) répondit que le trafic des acquits, n'augmentant pas la quantité de blé existant en France, ne
pouvait agir sur les prix. M. Thierry, décomposant l'opération faite par le meunier importateur et le meunier

----

(1) Séance du 11 juin 1900 ; *J. Off.*, p. 1421, col. 3.
(2) Séance du 9 juin ; *J. Off.* p. 1398, col. 2.
(3) Séance du 12 juin 1900 ; *J. Off.*, p. 1433, col 1.
(4) Séance du 6 juillet 1900 ; *J. Off.*, p. 1853, col. 2.
(5) Séance du 11 juin 1900 ; *J. Off.*, p. 1422, col. 1.

exportateur, ajouta que cette opération était basée uniquement sur les cours du blé en France et à l'étranger, et en conclut qu'elle ne pouvait réagir sur les prix (1). Mais, ainsi que l'indiqua M. Méline (2), le trafic des acquits, s'il ne s'agit pas sur les quantités, agit sur le prix de revient des importateurs, et diminue ainsi la protection douanière. Prétendre, ainsi que l'a fait M. Thierry, que le prix de revient des importateurs n'a pas d'influence sur le cours du blé en France parce que c'est ce cours qui détermine les importations, c'est un peu raisonner comme si le cours du blé en France s'établissait d'une manière idéale, et indépendante tout au moins des opérations du commerce extérieur.

Mais à côté de cet inconvénient fondamental, le trafic des acquits offre pour les agriculteurs eux-mêmes un avantage que M. Thierry indiquait dans son discours (3) et que M. Rose reconnaissait lui-même expressément (4) : il permet aux minotiers du Nord et de l'Est d'exporter, grâce à la prime d'apurement, le trop plein de leur production, et de dégager ainsi le marché. Mais, ajoutait M. Rose (5), et M. de Pontbriand insistait sur ce point (6), ce dégagement ne peut se faire que par l'intermédiaire des meuniers, et ne contribue que d'une manière insuffisante à relever les cours. Il faut, disait M. de Pontbriand, que les cultivateurs puissent dire aux meuniers : « Nous exporterons notre blé, si vous ne voulez pas nous l'acheter à son prix. »

---

(1) Séance du 5 juillet 1900 ; *J. Off.*, p. 1832 et 1833.
(2) Séance du 7 juillet 1900 ; *J. Off.*, p. 1862, col. 3. — *V. supra*, première partie, chapitre IX, p. 88.
(3) Séance du 5 juillet 1900 ; *J. Off.*, p. 1832, col. 2.
(4) Séance du 9 juin 1900 ; *J. Off.*, p. 1397. col. 3.
(5) Séance du 9 juin 1900 ; *J. Off.*, p. 1398, col. 2.
(6) Séance du 9 juin 1900 ; *J. Off.*, p. 1406, col. 1.

Le système des bons d'importation, assurant aux exportateurs de blé ou de farine une prime égale au droit de douane sur les blés, devait avoir pour résultat d'encourager l'exportation sans faciliter l'importation. Il devait du moins être ainsi si les bons d'importation pouvaient se négocier sans dépréciation sensible. Mais plusieurs orateurs émirent des doutes à ce sujet. M. Beauregard (1) et M. Jourde (2) soutinrent qu'ils pourraient donner lieu aux mêmes négociations que les acquits-à-caution, et qu'en tout cas il était téméraire d'affirmer que leur dépréciation ne dépasserait pas 10 centimes. M. de Pontbriand exprima la même crainte et demanda à la Chambre de voter purement et simplement le système des primes de sortie, qui éviterait tout trafic entre les importateurs et les exportateurs (3). Il déposa dans ce but un amendement tendant à déclarer les bons d'importation remboursables en numéraire par le Trésor six mois après leur création. Mais cet amendement ne fut pas adopté (4). D'ailleurs la dépréciation des bons d'importation ne paraissait guère probable, M. Debussy (5) ayant apporté à la Chambre des renseignements précis d'où il résultait qu'en Allemagne ces titres se négocient à leur entière valeur, sous déduction d'un escompte insignifiant.

Les primes de sortie ne peuvent être efficaces que si les pays étrangers n'établissent pas à leur encontre des tarifs de représailles. Ce danger était-il à craindre avec les bons d'importation ? C'est ce que soutint M. le ministre de l'Agriculture (6); mais les partisans du projet répondirent en

____

(1) Séance du 11 juin 1900 ; *J. Off.*, p. 1424, col. 2.
(2) Séance du 12 juin 1900 ; *J. Off.*, p. 1433, col. 3.
(3) Séance du 9 juin 1900 ; *J. Off.*, p. 1405, col. 2.
(4) Séance du 7 juillet 1900 ; *J. Off.*, p. 1875, col. 2 et 3.
(5) Séance du 12 juin 1900 ; *J. Off.*, p. 1441, col. 3.
(6) Séance du 11 juin 1900 ; *J. Off.*, p. 1419, col. 1.

citant l'exemple de l'Allemagne, où les bons d'importation n'ont jamais attiré de représailles (1).

Était-il légitime, d'une manière générale, d'invoquer l'exemple de l'Allemagne ? Plusieurs orateurs firent remarquer que ce pays était totalement différent du nôtre au point de vue de la production du blé, et que le déficit annuel y atteint le tiers de la consommation. Mais M. Debussy répondit qu'en Allemagne on consomme beaucoup plus de seigle que de blé (2), et que si l'on tient compte de ces deux éléments, le déficit ne dépasse pas 14 0/0 ; la situation n'est donc pas aussi dissemblable de celle de la France qu'on pourrait le croire tout d'abord.

Les objections contre la proposition de la Commission des douanes.

Les bons d'importation étaient proposés dans l'intérêt de l'agriculture. Mais ne serviraient-ils pas bien plutôt les intérêts du commerce et ceux de la spéculation ? C'est ce que soutinrent successivement M. Pain (3), M. le ministre de l'Agriculture (4) et M. Méline (5). Des spéculateurs, dirent-ils, pourraient importer temporairement des blés étrangers destinés uniquement à peser sur les cours, et qu'ils réexporteraient ensuite à la faveur de la prime. D'autre part, les cultivateurs ne pourront pas exporter eux-mêmes, et ce sont les intermédiaires qui toucheront la prime résultant du bon d'importation.

---

(1) V. discours de M. Rose, 9 juin 1900 ; *J. Off.*, p. 1402, col. 1 ; de M. Plichon, 12 juin 1900 ; *J. Off.*, p. 1435, col. 3.

(2) De 1878 à 1897, la consommation moyenne annuelle de l'Allemagne, semences comprises, s'est élevée pour le blé à 29,490,780 quintaux, et pour le seigle à 58,004,120 quintaux.

(3) Séance du 9 juin 1900; *J. Off.*, p. 1407, col. 1.

(4) Séance du 11 juin 1900 ; *J. Off.*, p. 1419, col. 3.

(5) Séance du 7 juillet 1900 ; *J. Off.*, p. 1863, col. 3.

Mais M. Debussy réfuta ces objections en montrant que les spéculateurs qui voudraient peser sur les cours par des déplacements artificiels de marchandises auraient à subir des frais de transport qui rendraient leur opération fort peu lucrative (1), et que, d'autre part, le but des bons d'importation n'était pas tant de permettre aux agriculteurs d'exporter eux-mêmes, que d'étendre les débouchés de leurs produits, la concurrence entre les exportateurs devant amener une hausse sur les marchés intérieurs et faire jouer les droits de douane d'une manière à peu près complète (2).

L'objection la plus sérieuse était l'objection financière, présentée d'abord par M. Henri Ricard (3), rapporteur de la Commission du budget, qui évalua à cent millions le montant du sacrifice qui résulterait pour le Trésor de la création des bons d'importation. M. Ricard déclara avoir pris ce chiffre dans un rapport de M. Henry Sagnier à la Société nationale d'agriculture. Mais M. Henry Sagnier avait parlé seulement du total des primes de sortie qu'il serait immédiatement nécessaire de verser pour débarrasser le marché d'un stock estimé par lui à 10 ou 15 millions de quintaux, sans avoir la prétention de faire de ce chiffre une moyenne annuelle. M. le Ministre de l'Agriculture fut moins catégorique que M. Ricard, et se contenta de dire que la perte pour le Trésor serait d'autant de fois 7 francs qu'il y aurait de quintaux de blé exportés (4). Mais les partisans du projet répondaient à cette objection que les sommes ainsi versées à la sortie des blés seraient

____

(1) Séance du 7 juillet 1900 ; *J. Off.*, p. 1866, col. 1.
(2) Séance du 12 juin 1900 ; *J. Off.*, p. 1412, col. 1.
(3) Séance du 9 juin 1900 ; *J. Off.*, p. 1403, col. 2.
(4) Séance du 11 juin 1900 ; *J. Off.*, p. 1419, col. 2.

compensées tôt ou tard par une augmentation correspondante des droits perçus à l'importation. Les effets des bons
d'importation sur les finances publiques d'un pays, disait
M. Rose (1), sont différents suivant la situation de ce pays
au point de vue de la production des céréales qui donnent
lieu à la délivrance des bons. S'agit-il d'un pays constamment déficitaire, comme l'Allemagne, l'expérience est
faite : les bons d'importation ne peuvent rien coûter au
Trésor. S'agit-il d'un pays déficitaire dans l'ensemble, mais
surproducteur dans certaines années, — c'est la situation
de la France à l'heure actuelle pour le blé — les bons
d'importation obligeront le Trésor à faire des avances dans
les années de surproduction où les exportations dépasseront
les importations, mais ces avances seront recouvrées dans
les années déficitaires, où les importations dépasseront les
exportations. Envisageant enfin la situation d'un pays qui
serait constamment surproducteur, M. Rose reconnaissait
que les bons d'importation constitueraient bien alors une
charge pour le Trésor, mais dans ce cas, l'ensemble de la
nation, et le Trésor lui-même, profiteraient alors de la
source importante de créances sur l'étranger résultant des
exportations, ce qui compenserait bien les charges financières du système. N'est-il pas à désirer qu'au lieu d'envoyer chaque année 150 à 200 millions à l'étranger pour
acheter du blé, nous y envoyions du blé pour faire entrer
en France de l'argent qui se répandrait sur l'ensemble de
la population ? Au reste, ajoutaient les partisans des bons
d'importation, c'est au législateur futur qu'il appartiendra
de décider s'il conviendra de maintenir le système lorsque
nous serons en situation d'exporter plus de blé que nous
n'en importons. Mais nous n'en sommes pas là. Les dernières statistiques décennales, ou même quinquennales,

---

(1) Séance du 9 juin 1900 ; *J. Off.*, p. 1400, col. 1.

dit M. Rose, montrent que la France est restée un pays importateur (1).

Les adversaires du projet faisaient valoir, il est vrai, que les progrès dans la culture du blé pouvaient réserver des surprises. M. Thierry montrait que, grâce à l'emploi des engrais chimiques, les rendements à l'hectare augmentent sans cesse, tandis que la population reste stationnaire, et que, si nous ne sommes pas encore arrivés à la surproduction, nous n'en sommes pas très éloignés (2). Les bons d'importation, disaient M. Henri Ricard (3) et M. le Ministre de l'Agriculture (4), vont développer la culture du blé au point de hâter le moment où nous serons devenus surproducteurs. Mais M. de Pontbriand répondait à cet argument en montrant que nos assolements ne se prêtent pas à une augmentation indéfinie de la production du blé (5), et M. Debussy indiquait qu'à supposer dans les récoltes une augmentation moyenne égale à celle des dix dernières années, ce n'est pas avant trente-neuf ans que nous pourrions devenir exportateurs (6).

« Qu'on ne vienne donc plus, disait M. Viger, nous parler de la surproduction ! Oui, l'agriculture française fait des progrès ; oui, à l'abri du régime de la protection, elle ne reste pas dans la routine, mais ces progrès sont limités à une certaine partie du sol national, et ils sont atténués également par les incidents atmosphériques dont la science n'est pas la maîtresse (7). »

Beaucoup de députés estimaient néanmoins que, si la

---

(1) Séance du 9 juin 1900 ; *J. Off.*, p. 1396, col. 3.
(2) Séance du 6 juillet 1900 ; *J. Off.*, p. 1849, col. 2.
(3) Séance du 9 juin 1900 ; *J. Off.*, p. 1403, col. 1.
(4) Séance du 11 juin 1900 ; *J. Off.*, p. 1419, col. 3.
(5) Séance du 9 juin 1900 ; *J. Off.*, p. 1405, col. 3.
(6) Séance du 9 juin 1900 ; *J. Off.*, p. 1404, col. 1.
(7) Séance du 6 juillet 1900 ; *J. Off.*, p. 1852, col. 1.

France n'est pas à l'heure actuelle un pays surproducteur, elle pourrait le devenir, et qu'il serait dangereux d'exposer, même éventuellement, le Trésor à verser des primes de sortie aux exportateurs de blé jusqu'à concurrence des droits de douane perçus sur les blés, cafés, thés et cacaos.

M. Papelier avait indiqué que la proposition primitivement déposée par lui ne soulevait pas cette objection puisqu'elle limitait, en tout état de cause, le montant des bonifications accordées lors de la sortie au montant des droits perçus à l'entrée des céréales (1).

M. Plichon, tout en montrant par des statistiques détaillées que le péril financier ne paraissait pas à craindre, reconnut cependant qu'il était impossible de chiffrer d'une façon absolue l'importance de la production future, et par suite le total des primes de sortie à verser par le Trésor. Aussi proposa-t-il un amendement aux termes duquel la loi ne devait recevoir son application que jusqu'au 30 mars 1904 : on pouvait ainsi faire l'expérience du système et ne le proroger que s'il avait donné des résultats favorables, en même temps qu'on limitait en tout état de cause le sacrifice éventuel à consentir par le Trésor.

Cet amendement rallia les hésitants, et le renvoi du projet à la Commission, demandé par M. le Ministre de l'Agriculture, fut rejeté par 292 voix contre 232. Les articles furent ensuite successivement votés, avec l'amendement de M. Plichon.

Texte du projet adopté par la Chambre.

L'ensemble du projet, adopté à mains levées, était ainsi conçu :

---

(1) Séance du 12 juin 1900 ; p. 1439, col. 1. — V. *supra*, troisième partie, chapitre II, p. 209.

« Art. 1er. — Jusqu'au 30 mars 1904, toute exportation de blé ou de farine de blé, quelle qu'en soit la provenance, donnera lieu à la délivrance, par la douane, d'un bon d'importation indiquant :

« 1o La quantité et le poids net de la denrée exportée ;

« 2o a) Pour le blé, la somme que cette denrée devrait payer à l'importation ;

« b) Pour les farines, le chiffre qui sera déterminé par l'article 4. Ces chiffres indiqueront les valeurs des bons.

« Ce bon servira au porteur à acquitter les droits de douane sur les blés, cafés, thés et cacaos.

« A l'expiration du délai ci-dessus stipulé, la présente loi, si elle n'est prorogée par aucune disposition législative nouvelle, cessera d'être applicable.

« Art. 2. — Le bon d'importation peut être transféré au porteur.

« Art. 3. — La validité du bon d'importation ne pourra excéder un an de la date de sa création.

« Art. 4. — Un règlement d'administration déterminera, selon le taux de blutage des farines de blé, le chiffre dont elles pourront bénéficier du bon d'importation ; les types de farines admis à la sortie seront les mêmes pour le bon d'importation que pour l'admission temporaire.

« Le blé devra être d'essence tendre indigène et de bonne qualité commerciale.

« Art. 5. — Sont applicables à la présente loi l'article 1er de la loi du 30 mars 1887 et l'article 14 de la loi du 12 janvier 1892. »

CHAPITRE V

—

L'opinion du monde agricole.

Si les représentants des grandes sociétés d'agriculture
avaient hésité à donner leur adhésion aux bons d'importation, la grande majorité des agriculteurs se montrait favorable à ce système. Après le vote de la Chambre, la lutte
devint très ardente, beaucoup des meilleurs défenseurs
de l'agriculture se refusant à suivre leurs commettants
dans la voie des primes de sortie qu'ils estimaient dangereuse pour l'agriculture elle-même. Mais le nombre des
partisans des bons d'importation grandissait de jour en jour.
Beaucoup de syndicats agricoles émirent des vœux tendant à l'adoption par le Sénat du projet de loi voté par la
Chambre. Quelques associations se prononcèrent en sens
contraire, mais généralement celles où dominaient les
agriculteurs de profession se montrèrent favorables aux
bons d'importation. Plusieurs conseils généraux réunis
dans la session d'août, émirent également des vœux en faveur du projet.

Une élection complémentaire dans le Loiret fit entrer
au Sénat M. Viger, qui avait été le promoteur du système des bons d'importation et auquel était dû en grande
partie le vote de la Chambre. Soutenu par des manifesta-

tions agricoles de jour en jour plus nombreuses, l'ancien ministre défendit avec une grande énergie la proposition de loi votée par la Chambre, et qui avait rencontré au Sénat une assez vive opposition. Il réussit à la faire adopter par la Commission des douanes, dont il avait été élu vice-président, et qui le désigna comme rapporteur.

Les travaux de la Commission des douanes et le rapport de M. Viger.

La Commission apporta au projet voté par la Chambre des modifications importantes. Revenant au système proposé à la Chambre par M. de Pontbriand, elle adopta, sur la proposition de MM. Hugot et Legludic, un amendement aux termes duquel les bons d'importation non utilisés dans un délai de trois mois devaient être remboursés par le Trésor au détenteur, moyennant une déduction de 4 0/0 de leur valeur. Cette disposition avait pour but de limiter la dépréciation possible dans la valeur des bons. La Commission rejeta un amendement de M. Girault, sénateur du Cher, d'après lequel le bon d'importation, délivré aux seuls exportateurs de farine, devait être applicable aux seules importations du blé, ce qui eût renouvelé tous les inconvénients des acquits-à-caution. Elle adopta un amendement de MM. Treille et Saint-Germain tendant à déclarer la loi applicable à l'Algérie, et en étendit par suite le bénéfice aux blés durs et à leurs produits.

La Chambre des Députés avait fixé à un an la durée de validité des bons afin d'étendre leur marché et d'éviter toute dépréciation dans leur valeur. Du moment qu'on adoptait le principe du remboursement en argent, ce délai était inutile, et la Commission le réduisit à six mois.

Dans le but de couper court à toute spéculation, la Commission décida que la mise en entrepôt ne serait pas con-

sidérée comme une exportation au point de vue de la délivrance des bons. Elle décida également qu'au cas où les
droits de douane seraient suspendus par mesure gouvernementale, la délivrance des bons d'importation serait suspendue *ipso facto*, et ne pourrait être rétablie qu'une année après la remise en vigueur des droits. On évitait ainsi
une manœuvre signalée par M. Sébline, et qui aurait consisté à constituer en France un stock considérable de blé
admis en franchise, pour le réexporter ensuite avec le bénéfice du bon d'importation. En cas de suspension partielle du droit de douane, les bons cessaient également d'être
délivrés, et ne pouvaient être remis en vigueur que trois
mois après le retour au droit complet.

L'innovation la plus importante réalisée par la Commission des douanes consista dans la fixation de la valeur des
bons accordés aux exportateurs de farines.

Le projet voté par la Chambre renvoyait sur ce point
à un règlement d'administration publique. Les représentants de la meunerie firent valoir que jusqu'à la mise en
vigueur de ce règlement, les exportateurs de farine ne
pourraient pas bénéficier des bons d'importation. Ils ajoutèrent que pour lutter sur les marchés étrangers contre
leurs concurrents, il leur était nécessaire d'avoir une
prime supérieure aux droits de douane sur les blés. Leurs
réclamations sur ce point étaient les mêmes que celles des
meuniers allemands : ils demandaient une prime de sortie
égale au droit de douane sur les farines, ce qui aurait fait
par quintal 11 francs pour le type à 70, 13 fr. 50 pour le
type à 60 et 16 francs pour le type à 50.

Sans adopter ces taux élevés, la Commission fixa la
valeur du bon d'importation sur les farines à 10 francs
pour le type à 70, 12 francs pour le type à 60 et 14 francs
pour le type à 50, au lieu des chiffres de 9 fr. 76, 10 fr. 10
et 10 fr. 86 qui auraient été applicables d'après les rende-

ments officiels si la prime avait été égale aux droits de douane sur les blés. Par conséquent, à côté de la prime versée en compensation des droits de douane français sur les blés, les meuniers touchaient une surprime établie en compensation des droits de douane étrangers sur les farines, et qui s'élevait à 24 centimes, 1 fr. 90 ou 3 fr. 14 suivant la qualité des farines. On rétablissait ainsi la fissure de l'admission temporaire supprimée par les décrets de 1896 et de 1897. Un meunier qui exportait 100 kilos de farine à 50 0/0 provenant de blé étranger recevait un bon de 14 francs. Or, il aurait bien payé 14 francs de droits de douane pour les 200 kilos de blé nécessaires à la fabrication de 100 kilos de farine à 50 0/0 ; mais, en dehors de cette quantité, il lui serait resté 35 kilos de farine à 70 0/0 et 60 kilos de son entrés en franchise de tous droits.

Le rapport de M. Viger fut déposé au Sénat dans la séance du 13 décembre 1900 (1). Après un exposé historique du régime de l'admission temporaire en France et de la législation allemande relative aux bons d'importation, M. Viger montrait les bons résultats que l'on pouvait espérer de l'introduction en France du système allemand, qui évite à la fois l'encombrement du marché en exigeant la sortie préalable du produit, et la dépréciation des titres accordés aux exportateurs en étendant leur demande. M. Viger examinait ensuite, en les réfutant, les objections présentées devant la Commission des douanes par M. le Ministre de l'Agriculture et par les membres de la minorité

____

(1) Documents parlementaires. Sénat, année 1900, session extraornaire, n° 401. Un graphique annexe montre le mouvement de la production, des importations et de l'admission temporaire en France de 1885 et 1900.

de la Commission, puis il indiquait la portée des différentes modifications apportées à la proposition votée par la
Chambre.

Le texte proposé par la Commission était ainsi conçu :

« Article premier. — Jusqu'au 30 mars 1904, toute exportation de
blé, de farine ou de semoule de blé, quelle qu'en soit la provenance
ou l'essence, donnera lieu à la délivrance par la douane d'un bon
d'importation indiquant la quantité et le poids net de la marchandise
ainsi que la valeur du bon.

« Art. 2. — La valeur dudit bon sera établie de la manière suivante :
« 1o Pour le blé, 7 francs par 100 kilos ;
« 2o Pour les farines et semoules, par 100 kilos :
« Au taux d'extraction de 70 0/0 et au-dessus, blutage à 30 0/0 et
au-dessous, 10 francs ;
« Au taux d'extraction de 60 0/0, blutage à 40 0/0, 12 francs ;
« Au taux d'extraction de 50 0/0, blutage à 50 0/0 et au-dessus,
14 francs.
« Les blés devront être de bonne qualité commerciale et les farines
conformes aux types déterminés pour l'admission temporaire.

« Art. 3. — Ce bon servira à acquitter les droits de douane sur les
blés, cafés, cacaos et thés. Il pourra être transféré au porteur.

« Art. 4. — La validité du bon d'importation ne pourra excéder six
mois de la date de sa création.

« Tout bon qui n'aura pas été utilisé conformément aux conditions
indiquées à l'article 3, et dans les trois premiers mois de la création,
pourra être payé au détenteur par le Trésor dans les trois derniers
mois de sa validité, moyennant une réduction de 4 0/0 de sa valeur.

« Art. 5. — La mise en entrepôt réel ou fictif ne pourra donner lieu
à la délivrance du bon d'importation.

« Art. 6. — Dans le cas où les droits sur les blés seraient suspendus
intégralement, conformément à l'article 1er de la loi du 30 mars 1887,
la création du bon sera également supprimée à dater du jour de la
suspension dudit droit.

« Il ne pourra dans ce cas être concédé de nouveaux bons qu'à dater d'une année après la reprise du droit.

« En cas de suspension partielle dudit droit, la création des bons d'importation sera suspendue pendant la durée de la suspension du droit. Elle ne pourra être reprise que trois mois après la remise en vigueur du droit complet.

« Art. 7. — A l'expiration du délai prévu au paragraphe premier de l'article premier, la présente loi, si elle n'est prorogée par aucune disposition législative nouvelle, cessera d'être applicable.

« Art. 8. — La présente loi est applicable à l'Algérie. »

Les protestations de la meunerie et le rapport de M. Cornu.

Malgré les avantages spéciaux accordés par la Commission des douanes aux exportateurs de farines, les représentants de la meunerie ne se déclarèrent pas satisfaits, estimant que ces avantages étaient loin de compenser le dommage que leur causaient les facilités accordées à l'exportation des matières premières. L'Association nationale de la meunerie française, qui s'était déclarée hostile aux bons d'importation du jour où la commission des douanes de la Chambre en avait étendu le bénéfice aux exportateurs de blés, mena une vive campagne contre le projet. Dans un mémoire en réponse au rapport de M. Viger (1), M. L. Cornu, secrétaire général de l'association, prit la défense de l'admission temporaire et fit la critique des bons d'importation.

La possibilité d'exporter des blés dans les mêmes conditions que les farines serait, dit-il, une véritable spoliation pour la meunerie. La sortie du blé serait favorisée de préférence à celle de la farine, parce qu'à l'exception de l'Angleterre, du Danemark et des Pays-Bas, la farine est frappée dans la plupart des pays de droits de douane beaucoup

---

(1) Association nationale de la meunerie française. Annexe au procès-verbal de la séance du Conseil du 16 janvier 1901. *Observations sur le rapport de M. Viger*, par M. L. Cornu, secrétaire général de l'association.

plus élevés que le blé. L'exportation du blé dans ces conditions serait un privilège accordé à la meunerie étrangère. Il est parfaitement légitime, disait M. Cornu, de chercher à relever les cours du blé en permettant d'exporter les excédents de la récolte, mais il faut que cette exportation se fasse par l'intermédiaire de la meunerie française, à laquelle revient de droit la matière première produite sur le sol français.

Nous aurons à examiner plus loin si les craintes manifestées par les meuniers étaient pleinement justifiées, et s'il conviendrait de limiter aux exportateurs de farines le bénéfice des bons d'importation (1).

Le rapport de M. Durand-Savoyat au nom de la Commission
des finances du Sénat.

La Commission des finances du Sénat fut appelée à donner son avis sur la création des bons d'importation. Cet avis, exprimé dans un rapport de M. Durand-Savoyat, déposé au cours de la séance du 31 janvier 1901 (2), fut nettement défavorable à la proposition de loi de la Commission des douanes. Cette loi, dit M. Durand-Savoyat, constituerait un véritable danger pour les finances publiques. Ce danger n'existe pas en Allemagne parce que dans ce pays la récolte de céréales est toujours déficitaire, et parce que le Chancelier de l'Empire a pleins pouvoirs pour réduire aux seules céréales le pouvoir d'entrée en franchise des bons d'importation. Au contraire, dans la proposition de la Commission des douanes, l'Etat devrait, quoiqu'il arrive, payer 7 francs par quintal de blé exporté jusqu'au 30 mars 1904.

____

(1) V. *infra*, chapitre VII, p. 255.
(2) Documents parlementaires, Sénat, année 1901, session ordinaire, nᵒ 39.

Il en résulterait pour le Trésor un sacrifice immédiat qui s'élèverait à 140 millions si l'on évalue à 20 millions de quintaux, chiffre fourni par le Ministère des Finances, le stock immédiatement disponible pour l'exportation, et à 40,516,000 francs (1) si l'on prend le chiffre de 5,788,000 quintaux donné par M. Viger dans un rapport. L'état de nos finances ne permet pas un pareil sacrifice.

Les sommes versées à titre de primes de sortie seraient-elles compensées par les droits de douane perçus dans les années déficitaires ? M. Durand-Savoyat exprimait des doutes à ce sujet, parce qu'en de telles années il est à craindre que les droits de douane ne soient suspendus. D'ailleurs, avec les taux fixés par la Commission, l'Etat verserait aux exportateurs de farine une somme supérieure aux droits de douane sur les blés mis en œuvre.

M. Durand-Savoyat signalait enfin les périls financiers qui pourraient résulter de l'application de la loi à l'Algérie. Une grande quantité de blés tunisiens seraient dirigés sur l'Algérie, où ils entrent en franchise, et où ils ne feraient que transiter pour recevoir la prime. Au surplus, l'Algérie a maintenant un budget spécial, et si les bons d'importation délivrés en Algérie pouvaient servir à acquitter des droits de douane sur les denrées coloniales à leur entrée en France, il y aurait là une subvention pure et simple donnée par la métropole à l'Algérie pour faciliter l'exportation de ses blés vers les pays étrangers.

Nouvelles manifestations agricoles.

Malgré l'opposition qui s'accentuait au Sénat contre les bons d'importation, l'opinion publique agricole s'affirmait

---

(1) Par suite d'une faute d'impression, le rapport de M. Durand-Savoyat porte le chiffre de 54,516,000 francs.

de plus en plus en leur faveur. Dans les premiers jours du mois de février 1901, d'importantes réunions agricoles organisées à Chartres, à Clermont, à Saint-Quentin et à Gisors se terminèrent par des ordres du jour invitant le Sénat à adopter la proposition qui lui était soumise.

Enfin, le 27 février, la veille de l'ouverture de la discussion devant le Sénat, un grand nombre de membres de la Société des Agriculteurs de France spécialement réunis hors session dans la salle de la rue d'Athènes, émirent un vœu tendant à ce que le projet sur les bons d'importation fût adopté dans le plus bref délai possible, sauf en ce qui concerne les taux proposés pour l'exportation des farines.

C'est dans ces conditions qu'allait s'ouvrir la discussion de la proposition de loi dont nous avons donné plus haut le texte ; à la suite de l'avis de la Commission des Finances, la Commission des douanes y avait toutefois apporté une modification en ce qui concerne l'application de la loi à l'Algérie. L'article 8 nouvellement rédigé était ainsi conçu :

« La présente loi pourra être appliquée à l'Algérie dans les conditions prévues par l'article 10 de la loi du 13 décembre 1900, portant création d'un budget spécial pour l'Algérie. »

CHAPITRE VI

LA DISCUSSION AU SÉNAT
(28 février, 1er, 5, 7 et 8 mars 1901).

—

Les avantages des bons d'importation.

Les conclusions de la Commission des douanes furent soutenues devant le Sénat par M. Viger (1), qui montra, en faisant l'historique des propositions relatives aux bons d'importation, qu'elles avaient pour but principal de concilier les intérêts des producteurs agricoles avec ceux des producteurs industriels, en permettant à ces derniers d'exporter leurs produits dans les mêmes conditions que si les droits de douane n'existaient pas, mais en les obligeant à subir pleinement les effets de la protection douanière sur les matières premières qu'ils importent pour la consommation intérieure.

D'autre part, dit M. Viger, les bons, accordés par la Chambre aux exportateurs de blé comme aux exportateurs de farine, permettront de dégager le marché dans les années d'abondance et assureront le jeu intégral du droit de douane, ainsi qu'ils l'ont fait en Allemagne, où ils fonctionnent depuis 1894 à la satisfaction générale.

---

(1) Séance du 5 mars ; *J. Off.*, p. 463 et suiv.

L'expérience de l'Allemagne.

L'expérience allemande pouvait-elle être invoquée en faveur des bons d'importation? MM. Girault (1) et Couteaux (2) le contestèrent, en alléguant que les agriculteurs allemands n'étaient pas satisfaits puisqu'ils réclamaient une élévation des droits de douane sur les céréales. Mais il y avait là, ainsi que nous l'avons déjà remarqué, une véritable confusion, que M. Viger n'eut pas de peine à dissiper en montrant que tous les agriculteurs allemands étaient d'accord sur les bons effets de loi de 1894, mais qu'il n'y avait pas là une raison pour eux d'abandonner leurs autres revendications (3).

M. le Ministre de l'Agriculture montra ensuite, par la comparaison des statistiques avant et après 1894, que depuis l'établissement des bons d'importation l'écart entre les prix du blé en France et en Allemagne était passé de 22 à 76 centimes en faveur de la France (4). Nous avons vu qu'il y avait là un argument en faveur des bons d'importation, puisqu'en 1894 les droits de douane ont été diminués de 1 mark 50 en Allemagne et augmentés de 2 francs en France (5). Nous avons fait observer également que, si l'on met de côté les années 1897 et 1898, où les cours du blé ont atteint en France des chiffres excessifs, les prix des marchés allemands ont été presque constamment supérieurs à ceux des marchés français.

------

(1) Séance du 28 février 1901 ; *J. Off.*, p. 439, col. 2.

(2) Séance du 1er mars 1901 ; *J. Off.*, p. 453, col. 1.

(3) Séance du 5 mars 1901 ; *J. Off.*, p, 472, col. 3. — M. Viger cita à ce sujet une lettre que nous lui avions écrite sur les résultats de l'enquête faite par nous en Allemagne, aux mois de septembre et d'octobre 1900. V. *supra*, deuxième partie, chapitre VIII, p. 187.

(4) Séance du 7 mars 1901 ; *J. Off.*, p. 482, col. 1.

(5) V. *supra*, deuxième partie, chapitre VIII, p. 171.

L'objection financière.

Mais les adversaires des bons d'importation portèrent
la question sur un autre terrain. On ne peut, dirent-ils,
se fonder sur l'exemple de l'Allemagne pour introduire en
France le système des bons d'importation parce que la
situation n'est pas la même dans les deux pays. L'Allemagne est toujours obligée de faire appel à l'étranger
pour sa consommation de céréales, et les exportations
amènent nécessairement des importations correspondantes. Au contraire, en France, la production tend à dépasser la consommation, et les primes de sortie versées par le
Trésor seraient une charge sans compensation. M. Couteaux, montra que depuis cinq ans nous n'avions importé
que 23 millions de quintaux de blé étranger, et presque
tous en 1898, à la suite de la récolte déficitaire de 1897,
qui ne peut être considérée comme une année normale (1).

Les partisans des bons d'importations répondirent qu'on
ne peut évaluer la production moyenne de la France en
prenant les chiffres des deux années 1898 et 1899, où la
température s'est montrée exceptionnellement favorable.
M. Outhenin-Chalandre (2) et M. Viger (3) montrèrent
que, de 1896 à 1900, la production annuelle de la France,
augmentée des importations en franchise provenant de
l'Algérie, de la Tunisie et de la zone franche de la Savoie,
n'avait pas dépassé 89 millions et demi de quintaux alors
que tout le monde s'accorde à évaluer la consommation,
semences comprises, à 95 millions. Nous sommes donc
encore tributaires de l'étranger pour 5 millions et demi de

____

(1) Séance du 1er mars 1901 ; *J. Off.*, p. 450, col. 1. — V. aussi le
discours de M. le Ministre de l'Agriculture, séance du 7 mars 1901,
p. 481, col. 3.

(2) Séance du 28 février 1901 ; *J. Off.*, p. 444, col. 1.

(3) Séance du 5 mars 1901 ; *J. Off.* p. 471, col. 1.

quintaux de blé par an, et ce chiffre serait encore plus élevé si nous prenions la moyenne des dix dernières années.

Les bons d'importation allaient-ils renverser la situation et développer la culture du blé au point de nous rendre surproducteurs? C'est ce que soutint M. J. Caillaux, ministre des Finances. Le sacrifice annuel à demander au Trésor sera, dit-il, de 35 millions au minimum ; il pourra s'élever jusqu'à 50, 60, 70 ou même 100 millions, et il sera nécessaire de combler ce vide par la création de nouveaux impôts (1).

Mais les chiffres fournis par M. le Ministre des Finances ne reposaient sur aucune base précise. Un sacrifice annuel de 35 millions de francs correspondrait à un excédent de 5 millions de quintaux et par conséquent à une production de 100 millions de quintaux, alors que la production actuelle ne dépasse pas 85 millions et demi de quintaux en moyenne. Un tel progrès n'est pas impossible, mais il ne peut être réalisé que dans fort longtemps. La culture du blé a des limites naturelles, dépendant des assolements et de la productivité des terres. Il n'est guère à penser, d'autre part, que la hausse résultant des bons d'importation donne un puissant attrait à la culture du blé, car, même à 22 ou 23 francs, le quintal le blé serait encore vendu au-dessous de son prix de revient moyen (2).

Au surplus, ajouta M. Legludic (3), le Parlement n'a jamais hésité à faire des sacrifices financiers lorsqu'il les a jugés nécessaires pour maintenir en France certaines productions. Pour conserver à nos produits industriels cer-

---

(1) Séance du 8 mars 1901 ; *J. Off.*, p. 499, col 3.

(2) V. le discours de M. Viger, séance du 5 mars 1901 ; *J. Off.*, p. 470, col. 3.

(3) Séance du 7 mars 1901, p. 488, col. 1.

tains débouchés, nous avous conclu avec le Brésil et la République d'Haïti des conventions qui diminuent nos recettes douanières d'une vingtaine de millions. Nous ne devons pas hésiter, dit M. Legludic, lorsqu'il s'agit de maintenir en France la culture du blé, à faire dans certaines années des avances de fonds qui seront compensées tôt ou tard par une plus-value sur les recettes douanières, et qui sont en quelque sorte compensées par avance puisque depuis quinze ans les droits sur les blés, qui n'ont cependant aucun caractère fiscal, ont rapporté au Trésor de 675 à 680 millions.

La question de principe.

Mais à côté des objections pratiques présentées contre le système des bons d'importation, et qui furent à peu près les mêmes au Sénat qu'à la Chambre, il est un autre sentiment qui se fit jour dans les délibérations de la Haute Assemblée et qui paraît avoir eu une certaine influence sur le rejet de la loi, c'est la volonté de ne pas élever les cours du blé, et surtout de ne pas obtenir ce résultat par une intervention directe de l'État. M. Denoix plaça dès le début la question sur ce dernier terrain (1). Si, dit-il, vous voulez par une loi comme celle des bons d'importation assurer aux cultivateurs un minimum de prix de vente de leurs produits, vous serez forcés d'aller jusqu'au bout, et vous en arriverez à régler les conditions du travail, celles des salaires, à substituer en un mot l'État à l'individu.

M. Denoix ajouta qu'il était cependant protectionniste, et qu'il considérait l'agriculture comme la première de nos industries à protéger, mais autre chose, dit-il, est de garantir les agriculteurs contre la concurrence étrangère, autre chose est d'établir pour les blés le régime des pri-

____

(1) Séance du 28 février 1901 ; *J. Off.*, p. 429, col. 3.

mes de sortie, qui n'a jamais pu réussir à sauver aucune industrie.

M. le Ministre de l'Agriculture s'exprima de façon non moins nette. « Que réclame-t-on aujourd'hui? dit-il : Que le jeu intégral du droit soit assuré et que, législativement, soit toujours organisée une différence de 7 francs entre les cours étrangers et les cours intérieurs. Mais le Parlement a-t-il jamais eu l'intention de donner pareille certitude au producteur? S'il entrait dans cette voie, il arriverait tout simplement à ce résultat, de garantir un minimum du prix de vente du blé. Ce serait du véritable socialisme d'État (1). »

La lutte s'engagea donc, dans le camp des protectionnistes eux-mêmes, entre ceux qui considéraient la protection comme uniquement destinée à réserver le marché intérieur à la production nationale et ceux qui considéraient qu'elle devait avoir pour effet d'amener entre les cours des marchés intérieurs et ceux des marchés extérieurs une différence égale aux droits de douane.

M. Couteaux qui, sous le pseudonyme de Jacquillou, avait été, dès 1879, l'un des premiers à réclamer dans la presse agricole l'établissement de droits de douane sur les céréales, déclara que, dans sa pensée, les effets de la protection devaient se borner à maintenir et à développer la production du blé en France. Ce résultat est aujourd'hui atteint et nous produisons assez de blé pour notre consommation. Faciliter au moyen de primes l'exportation du blé, ce serait perdre tout le terrain acquis depuis dix ans, en nous remettant volontairement dans la situation d'un pays déficitaire.

Mais la plupart de ceux qui avaient voté en 1894 le droit de 7 francs — et surtout des agriculteurs qui

____

(1) Séance du 7 mars 1901 ; *J. Off.*, p. 481, col. 2.

l'avaient demandé — avait une autre manière d'envisager ses effets et le considéraient très nettement comme devant amener en France des cours supérieurs de 7 francs à ceux du marché mondial. C'est ce que rappela M. Viger (1) qui, comme ministre de l'Agriculture, avait proposé et fait voter le droit de 7 francs en 1894. La pensée des cultivateurs sur ce point fut nettement exprimée par M. Vinet. « Nous assistons, dit-il, à une lutte économique engagée depuis trente années devant le Parlement, où le cultivateur n'a obtenu qu'un simulacre de protection et où chacun des membres du Sénat aura à se déclarer et à dire *s'il entend défendre le salaire du producteur national...* (2). »

Beaucoup des adversaires des bons d'importation reconnaissaient la triste situation de l'agriculture et la nécessité de porter remède, au besoin par une intervention législative, à la baisse constante des produits agricoles. C'est dans cette vue que M. le Ministre de l'Agriculture avait déposé le projet de loi dont nous avons parlé, relatif à la réforme de l'admission temporaire (3), et qu'il se déclarait disposé à soutenir les propositions de loi sur la réglementation des Bourses de commerce (4).

Mais d'autres orateurs vinrent protester contre toute augmentation dans les prix du blé. Elever de 1 centime le prix du kilogramme de pain, dit M. le ministre des Finances, c'est percevoir un impôt occulte de 80 millions sur l'ensemble de la nation (5). Et M. Couteaux montrait quelle

---

(1) Séance du 5 mars 1901 ; *J. Off.*, p. 464, col. 2.
(2) Séance du 28 février 1901 ; *J. Off.*, p. 434, col. 1.
(3) V. *supra*, première partie, chapitre IX, p. 89.
(4) Séance du 7 mars 1900 ; *J. Off.*, p. 485, col. 3.
(5) Séance du 8 mars 1901 ; *J. Off.*, p. 497, col. 3.

arme de propagande la hausse du pain fournirait aux collectivistes (1).

M. le comte de Pontbriand (2) répondit à M. Couteaux que ces arguments étaient dirigés au fond contre la protection douanière elle-même. « Nous les avons entendus, dit-il, pendant toute la discussion des droits de douane. Nous avons vu surgir le fantôme du pain cher, l'ouvrier malheureux ne pouvant plus acheter son pain. Il est une chose, cependant, qu'il faut dire ici, c'est que le salaire des ouvriers augmente tous les jours, tandis que le gain-salaire de l'agriculteur a singulièrement diminué (3). » Puis M. Hugot, retournant l'argument de M. Couteaux, montra que le moyen de lutter contre le collectivisme n'était pas de laisser périr ceux qui peuvent lui résister efficacement. « Prenez garde, dit-il. Le jour où les 3 ou 4 millions de petits producteurs qui détiennent le sol français par parcelles inférieures à 5 hectares, et qui constituent dans leur ensemble la digue la plus résistante que nous puissions opposer à la poussée du collectivisme (*Très bien !*), ne trouvant plus dans la terre cette épouse fidèle et féconde dont parle Michelet, auront divorcé d'avec elle et l'auront abandonnée pour faire place à une collectivité restreinte de moyens et de gros propriétaires, servis par des salariés sans attache avec le sol, ce jour-là, la France, privée de son élément conservateur le plus solide, se trouvera à la merci d'une majorité niveleuse, désormais sans contre-poids (*Applaudissements*) (4). »

____

(1) Séance du 1er mars 1901 ; *J. Off.*, p. 455, col. 1.

(2) Une élection partielle dans la Loire-Inférieure avait passer M. le comte de Pontbriand du Palais-Bourbon au Luxembourg quelques semaines avant la discussion de la loi sur les bons d'importation.

(3) Séance du 1er mars 1901 ; *J. Off.*, p. 458, col. 3.

(4) Séance du 8 mars 1901 ; *J .Off.*, p. 496, col. 2 et 3.

Quoiqu'il en soit, la crainte d'une hausse du blé paraît bien avoir influé dans une certaine mesure sur le vote du Sénat.

Le rejet de la proposition de la Commission des douanes.
La proposition Prevet.

Il n'aurait pas été impossible de trouver un terrain d'entente entre les partisans et les adversaires des bons d'importation, par exemple, ainsi que l'indiquait M. Gomot (1), en donnant une prime de sortie aux exportateurs de blé, à condition que le total des primes ainsi versées ne dépassât pas le total des droits perçus à l'entrée.

D'autre part, avant la clôture de la discussion générale, dans la séance du 8 mars 1901, M. Prevet développa un contre-projet tendant à certaines modifications dans le régime douanier, notamment à la création de bons d'importion, et qui aurait pu servir au moins de base de discussion (2). Mais le Sénat, par 172 voix contre 101, refusa de passer à la discussion des articles sur la proposition de la Commission des douanes. Voulant néanmoins, suivant les expressions de M. Prevet, manifester « son désir de faire quelque chose pour l'agriculture », il décida à l'unanimité de 272 votants de renvoyer à la Commission des douanes le contre-projet de M. Prevet, repris par lui sous forme de proposition de loi.

La proposition de M. Prevet tend à l'établissement d'un bon accordé aux exportateurs de blés ou de farines, et dont le pouvoir d'entrée en franchise serait limité aux blés. Voici sur ce point les dispositions proposées par M. Prevet :

____

(1) Séance du 7 mars 1901 ; *J. Off.*, p. 490, col. 2.
(2) Séance du 8 mars 1901 ; *J. Off.*, p. 503, col. 3.

« Art. 1er. — L'admission temporaire des blés qui a été autorisée par l'article 13 de la loi du 11 janvier 1892 est supprimée.

« Art. 2. — Toute exportation de blés, farines et produits dérivés du blé à destination de l'étranger ou des colonies françaises non soumises au tarif douanier métropolitain donnera lieu à la délivrance par la douane d'un bon d'importation.

« Aucun bon ne sera délivré pour les exportations à destination de la Tunisie et de la zone franche de la Savoie.

« La valeur des bons correspondra exactement à l'importance du droit de douane sur la quantité de blé mise en œuvre, déduction faite des droits relatifs aux issues non réexportées.

« Art. 3. — Ces bons seront reçus par la douane, pendant un délai qui ne devra pas dépasser une année, en paiement des droits sur les blés étrangers introduits en France postérieurement à la date de leur création.

« Art. 4. — L'importance des bons à délivrer pour chaque catégorie de farines ou autres produits exportés sera déterminée par décret. »

Les avantages de la proposition Prevet seraient de permettre l'exportation des blés comme celle des farines, et d'éviter l'encombrement du marché en exigeant la sortie du produit fabriqué préalablement à l'entrée de la matière première. Mais on peut adresser à cette proposition une critique que M. Viger résumait en disant qu'après avoir supprimé l'admission temporaire dans l'article 1er on la rétablissait dans les articles suivants (1). Les bons d'importation tels que M. Prevet propose de les établir n'auraient pas en effet un marché assez large pour se négocier sans dépréciation.

Les exportateurs, pour donner une valeur au titre qui leur serait remis, seraient forcés de s'adresser aux importateurs de blé. Lorsque les importations dépasseraient les exportations, c'est-à-dire dans les années déficitaires, le

______

(1) Sénat, Séance du 5 mars 1901 ; *J. Off.*, p. 475, col. 2.

placement des bons d'importation serait assuré et ils con-
serveraient à peu près leur entière valeur ; mais dans les
années d'abondance il y aurait plus d'exportateurs ayant
créé des bons d'importation que d'importateurs s'offrant à
les utiliser ; les bons subiraient une dépréciation, entraî-
nant une diminution de la protection douanière au moment
où elle serait le plus efficace. La situation ne serait guère
différente de celle qui résulte à l'heure actuelle du trafic
des acquits-à-caution.

Depuis le vote du Sénat, des objections constitution-
nelles ont été faites à la proposition de M. Prevet ; on a
prétendu qu'elle soulève des questions financières et que
le Sénat ne peut en prendre l'initiative. Il est certain cependant qu'elle ne pourrait être pour le Trésor une source
de dépenses, les bons d'importation proposés par M. Prevet devant avoir seulement pour but de compenser les exportations de blés ou de farines par des importations de
blés. Au surplus la question paraît tranchée par le vote du
Sénat qui aurait pu prononcer le passage à la discussion
des articles sur la proposition votée par la Chambre en
examinant la proposition Prevet sous forme de contre-
projet, et qui a préféré, à la demande du ministre des Finances, et sur l'avis du président du Sénat, adopter une
autre procédure.

CHAPITRE VII

LES AVANTAGES DES BONS D'IMPORTATION.

—

Nous avons vu que le mot de bons d'importation peut servir à caractériser des régimes fort différents. Mais ce qu'on désigne le plus souvent sous ce nom, c'est un système analogue à celui qui existe en Allemagne, et qui ne diffère guère de celui des primes de sortie. Convient-il de l'établir en France ? C'est ce qu'il nous reste à examiner.

Comment les primes de sortie assureraient le fonctionnement intégral du droit de douane.

Le régime des primes de sortie offrirait au point de vue agricole un double avantage : il neutraliserait le trafic des acquits-à-caution en forçant les importateurs à payer toujours l'intégralité du droit de douane, et il permettrait aux agriculteurs français d'expédier sur les marchés étrangers le trop plein de leur production. Ces deux effets peuvent se résumer en un seul : par le jeu combiné du droit d'entrée et de la prime de sortie, les cours du blé en France s'établiraient au niveau des cours du marché mondial augmentés des droits de douane.

Il est aisé de montrer comment le régime des primes de sortie supprimerait les inconvénients du trafic des acquits, et de répondre à ce reproche adressé aux partisans des

bons d'importation de maintenir intégralement le régime
de l'admission temporaire dont ils dénoncent les mauvais
effets (1). Le trafic des acquits pourrait subsister avec le
régime des bons d'importation, parce que ses inconvénients seraient neutralisés. Les plaintes des agriculteurs
contre le trafic des acquits reposent en effet sur ce que,
la somme versée par les importateurs aux exportateurs
pour apurer leurs acquits étant nécessairement inférieure
au droit de douane, les importateurs bénéficient de toute
la différence. Mais du jour où l'État verserait directement
une prime de sortie de 7 francs, aucun exportateur ne serait assez naïf pour apurer un acquit moyennant une
somme inférieure à 7 francs. Les importateurs ne seraient
donc plus en situation d'éluder une partie du droit de
douane, et l'inconvénient capital du régime de l'admission
temporaire disparaîtrait.

De plus, le régime des primes de sortie assurerait d'une
manière complète le jeu du droit de douane, même dans
les années où nous serions plus exportateurs qu'importateurs. Si en effet l'écart entre les cours du marché français
et ceux du marché mondial devenait inférieur à 7 francs,
toutes les personnes en situation d'exporter du blé cher-
cheraient à le faire, puisqu'elles toucheraient une prime
de sortie de 7 francs, alors que la diminution dans la valeur du blé résultant de son transport dans un pays non
protégé serait inférieure à 7 francs. La concurrence qui se
produirait alors entre les exportateurs ferait hausser les
prix sur les marchés intérieurs, et l'écart normal de
7 francs, diminué, naturellement, des frais de transport,
tendrait toujours à se rétablir.

On voit que, lorsqu'on veut essayer de chiffrer l'avan-

----

(1) V. le discours de M. le Ministre de l'Agriculture au Sénat dans
la séance du 7 mars 1901 ; *J. Off.*, p. 480, col. 3.

tage qui pourrait résulter pour les agriculteurs de l'établissement des bons d'importation, il ne faut pas examiner seulement le bénéfice à réaliser sur les quantités de blé exportées.

Plusieurs orateurs, tant à la Chambre qu'au Sénat, ont soutenu, en s'appuyant sur les cours actuels de Paris et de Londres, que le bénéfice assuré aux exportateurs par le bon d'importation se réduirait à 1 fr. 25 ou 2 francs (1), et qu'en supposant une exportation de 10 millions de quintaux, le bénéfice total pour l'agriculture se réduirait à 20 millions.

Le point de départ de ce raisonnement était inexact. Ce n'est pas pour assurer un bénéfiee aux exportateurs que la loi était proposée, mais pour élever les prix sur le marché intérieur. Jamais le bénéfice des exportateurs ne se fût élevé à 1 fr. 25 ou 2 francs ; les orateurs qui faisaient ce calcul commettaient une pétition de principe, en se basant sur ce que les bons d'importation ne modifieraient pas la relation des prix entre le marché intérieur et le marché mondial. Les négociants ou les producteurs qui vendraient du blé à l'étranger ne réaliseraient pas un bénéfice de 1 fr. 25 par rapport à la vente sur les marchés intérieurs, mais un bénéfice de quelques centimes, car s'il est une vérité établie en économie politique, c'est que les profits du commerce international ne peuvent être sensiblement ni de façon durable supérieurs à ceux du commerce intérieur.

Le jour où il y aurait 1 franc à gagner pour porter un quintal de blé de Paris à Londres, les demandes afflueraient de la part des exportateurs et ne tarderaient pas à relever les cours du blé.

---

(1) V. notamment le discours de M. Couteaux au Sénat ; séance du 1er mars 1901 ; *J. Off.*, p. 451, col. 3.

C'est précisément cette hausse dans le prix du blé qu'on se propose d'assurer aux agriculteurs au moyen des bons d'importation. Leurs bénéfices ne seraient pas limités aux quantités exportées : ils s'étendraient à toutes les quantités livrées à la consommation.

Actuellement, le droit de douane ne joue guère que pour 3 francs ; si, par l'effet des bons d'importation, il jouait pour 6 fr. 50, l'avantage serait pour les agriculteurs de 3 fr. 50 par quintal, aussi bien sur le blé vendu en France que sur les quantités exportées. Estimant à 60 millions de quintaux les quantités livrées pour la consommation par les agriculteurs français, M. Hugot montrait au Sénat (1) que les bons d'importation assureraient aux agriculteurs un bénéfice total, non de 20 millions, mais de 140 à 280 millions, suivant que leur action sur les cours s'exercerait d'une manière plus ou moins complète.

Conviendrait-il d'accorder les bons d'importation aux seuls exportateurs de farine ?

L'une des raisons qui ont motivé le rejet des bons d'importation est la vive campagne menée contre la proposition de loi par les représentants de la meunerie. « Si les bons d'importation si critiqués, disait M. Outhenin-Chalandre au Sénat, étaient réservés à la seule farine, ils auraient la sympathie enthousiaste des meuniers, tandis que c'est la seule proposition de mettre la farine et le blé sur un pied d'égalité qui a amené cette levée de boucliers, qui a coalisé ce puissant effort et qui a lancé contre la loi des bons tant de protestations acharnées et je dirai même injustifiées (2). »

---

(1) Séance du 8 mars 1901 ; *Journal Officiel*, p. 495, col. 2.
(2) Séance du 28 février 1901 ; *Journal Officiel*, p. 442, col. 1.

Ce que les représentants de la meunerie reprochent aux bons d'importation, c'est de permettre l'exportation de la matière première dans les mêmes conditions que celle du produit fabriqué. Il y a là, disent-ils, une véritable spoliation (1). A l'heure actuelle, la meunerie française, grâce à la prime d'apurement, exporte des farines dans des pays, comme la Suisse et la Belgique, où elle est frappée d'un droit de 2 francs, tandis que le blé entre à peu près en franchise. Les meuniers de ces pays ne peuvent pas acheter du blé français, parce que le blé ne peut pas bénéficier de la prime d'apurement. Le jour où l'on donnera une prime au blé comme à la farine, ces meuniers feront venir du blé français qui leur reviendra au même prix qu'aux meuniers français, mais ceux-ci auront à supporter en plus les droits de douane établis sur la farine et se trouveront ainsi dans un état d'infériorité manifeste. On ajoute même qu'à la faveur des bons d'importation, les meuniers allemands et italiens pourraient faire venir du blé français et nous le renvoyer sous forme de farine (2).

On peut se demander si ces appréhensions ne sont pas exagérées. A examiner les choses de près, on ne voit pas bien en quoi les meuniers belges, par exemple, seraient favorisés par la création des bons d'importation.

Actuellement, la matière première revient au même prix aux meuniers belges et aux meuniers français qui exportent en Belgique. Les premiers l'achètent aux prix du marché mondial, les seconds l'achètent aux prix du marché français diminué de la prime d'apurement, qui est

____

(1) V. le rapport de M. Cornu à l'*Association nationale de la Meunerie française ;* 16 janvier 1901, p. 14.

(2) V. le rapport de M. Cornu, p. 14. — V. aussi les observations de M. Papelier au *Congrès de la vente du blé* (Versailles 1900) ; comptes-rendus, p. 99.

égale à la différence des cours entre le marché français et le marché mondial.

Les meuniers français achètent donc la matière première dans les mêmes conditions que leurs concurrents belges, et ils ont à supporter en plus les droits de douane sur les farines qu'ils exportent.

Il ne paraît pas établi que les bons d'importation puissent être de nature à modifier cette situation. La possibilité de mettre en œuvre du blé français ne diminuerait pas en effet le prix d'achat des meuniers étrangers, qui se ferait comme aujourd'hui aux prix du marché mondial. La prime de 7 francs qu'ils toucheraient serait compensée par la différence des cours, absolument comme aujourd'hui la prime d'apurement touchée par les meuniers français. L'achat de blé français n'assurerait donc pas aux meuniers étrangers un bénéfice supérieur à celui qu'ils peuvent réaliser aujourd'hui en achetant des blés russes, des blés américains, ou même des blés allemands, sur lesquels ils touchent une prime de 4 fr. 37, mais qui ne leur en reviennent pas moins au même prix que les autres. Comme aujourd'hui, le prix de revient de la matière première serait le même pour les meuniers français et pour leurs concurrents étrangers, qui resteraient protégés comme aujourd'hui par les droits de douane sur les farines dans les pays où il en existe.

Quant à prétendre qu'à la faveur des bons d'importation les meuniers étrangers pourraient exporter des blés français et les renvoyer en France sous forme de farines, c'est oublier que le bon d'importation accordé au blé permettrait de faire entrer du blé, mais pas de la farine, et que la protection douanière accordée à la meunerie ne subirait aucune atteinte.

Les facilités accordées à l'exportation de blé ne causeraient donc aux meuniers aucun préjudice sérieux. Au reste l'expérience n'est-elle pas faite en Allemagne, où depuis l'établissement des bons d'importation, qui sont accordés aux grains comme aux farines, l'exportation des farines provenant des usines allemandes non seulement n'a pas diminué, mais a augmenté dans une proportion très notable, passant de 1,180,467 quintaux dans les quatre années qui ont précédé la loi de 1894 à 1,540,922 quintaux dans les quatre années qui ont suivi cette loi.

La question des représailles.

Conviendrait-il cependant d'accorder une surprime aux farines en vue de compenser les droits de douane dont elles sont frappées dans certains pays étrangers ? C'est ce que les représentants de la meunerie avaient demandé à la commission des douanes du Sénat en réclamant une prime de sortie égale aux droits de douane sur les farines, ce qui aurait fait 11 francs pour le type à 70, 13 fr. 50 pour le type à 60 et 16 francs pour le type à 50, soit, par rapport à la prime établie sur le blé une majoration de 1 fr. 24, 3 fr. 40 et 5 fr. 14 par quintal de farine, suivant les taux d'extraction. Faisant droit dans une certaine mesure à cette demande la Commission des douanes du Sénat avait accordé aux farines une surprime de 24 centimes, 1 fr. 90 et 3 fr. 14 (1).

Mais il est vraisemblable que les pays où les farines sont frappées d'un droit protecteur auraient établi sur les farines françaises une majoration qui aurait compensé l'effet de ces primes.

---

(1) De nombreuses protestations avaient été soulevées contre cette prime supplémentaire, et M. Fortier avait déposé au Sénat un amendement tendant à mettre le blé et la farine sur un pied absolu d'égalité.

Tant que l'effet de la prime de sortie est seulement de ramener le prix de la matière première frappée d'un droit de douane aux cours du marché mondial, les pays étrangers n'ont pas besoin de se défendre d'une façon spéciale contre les pays où fonctionne la prime, leur concurrence n'étant pas plus à craindre que celle des pays non protégés. Mais il n'en est pas de même lorsque les primes de sortie ont pour effet de réduire le prix de revient de l'exportateur au-dessous du cours du marché mondial ; les pays étrangers, s'ils veulent maintenir l'égalité entre les producteurs nationaux et les producteurs étrangers, s'empresseront d'établir des surtaxes douanières qui compenseront l'effet de la prime. C'est à la suite de la prime spéciale résultant pour les meuniers français de la fissure du type à 60 0/0 que la Belgique a établi une taxe de 2 francs sur les farines, parce que l'apurement des acquits avec de la farine à 60 0/0 assurait aux meuniers une prime de sortie supé_ rieure à la différence des cours du blé entre la France et la Belgique.

Lors des récentes discussions devant le Parlement français, les minotiers allemands voisins des frontières se préoccupaient de savoir si des avantages spéciaux seraient accordés aux exportateurs de farines et se disposaient en pareil cas à pétitionner pour obtenir un supplément de protection douanière.

Nous ne pouvons contraindre les pays qui veulent réserver leur marché intérieur à la meunerie nationale à subir malgré eux la concurrence de nos farines.

Le seul moyen d'éviter les représailles est d'admettre les blés dans les mêmes conditions que les farines au bénéfice de la prime, ce qui place sur un pied d'égalité les meuniers français et les meuniers étrangers, sauf les droits de douane déjà existants à l'étranger et que nous ne sommes pas maîtres de supprimer. D'ailleurs les exportateurs de farine conserveront toujours sur les exportateurs de blé cet avantage d'avoir à exporter une marchandise dont la valeur, à égalité de poids, est presque double, et sur laquelle par conséquent les frais de transport sont beaucoup moindres.

Les bons d'importation n'amèneraient-ils pas des tarifs de représailles établis dans l'intérêt, non plus des meuniers étrangers, mais des producteurs agricoles? L'argument a été maintes fois présenté lors des discussions parlementaires. « Vous croyez faire une loi, disait M. Caillaux (1), et il se trouve que votre loi doit encore recevoir la sanction d'un autre législateur, car il dépend du Parlement anglais de faire s'écrouler demain l'édifice que vous aurez laborieusement construit. »

Mais il est aisé de démontrer que ces représailles ne sauraient guère se produire. Elles ne se justifieraient en effet que si le blé importé grâce aux bons d'importation dans un pays étranger y parvenait à un prix inférieur à celui des blés venant des autres pays, c'est-à-dire au cours du marché mondial. Or ce résultat n'est pas possible puisque précisément le bon d'importation n'a d'autre effet que de ramener le prix de revient du blé exporté au même taux que le blé des pays non protégés. Au surplus, si les bons d'importation, appliqués aux blés comme aux farines, avaient dû amener des représailles, elles se seraient déjà nécessairemant produites contre l'Allemagne où existe depuis 1894 une prime de 4 fr. 37 par quintal de blé exporté.

____

(1) Sénat, séance du 8 mars 1901 ; *Journal Officiel*, compte rendu *in extenso*, p. 500, col. 1.

CHAPITRE VIII

—

On s'accorde généralement à reconnaître que les bons d'importation auraient pour effet d'amener une hausse dans le prix du blé sur les marchés intérieurs. Mais, dit-on, ces résultats favorables pour les agriculteurs seraient compensés par de graves inconvénients. Les bons d'importation donneraient un aliment considérable à la spéculation, ils constitueraient une lourde charge pour les finances publiques, enfin ils constitueraient un impôt occulte perçu au profit des producteurs de blé sur l'ensemble de la nation.

Les bons d'importation donneraient-ils un aliment à la spéculation ?

Les bons d'importation auraient pour effet de lier les cours du blé sur le marché français à ceux du marché mondial, avec une plus-value tendant constamment à se rapprocher de 7 francs au profit des marchés français. Il semble donc qu'ils devraient diminuer les variations des cours sur le marché intérieur, variations qui peuvent aujourd'hui s'exercer dans toute la limite du droit de 7 francs par rapport aux prix du marché mondial. On a soutenu au contraire qu'ils pourraient permettre à la spéculation d'accentuer les écarts des cours. Est-elle à la hausse ? Elle

exportera à la faveur de la prime. Est-elle à la baisse ?
Elle rentrera les blés exportés, en payant les droits de
douane avec les bons d'importation. Il se produira un courant fictif d'importations et d'exportations, uniquement
destinées à peser sur les cours.

On oublie volontiers, lorsqu'on présente cette argumentation, que le blé est une denrée encombrante, dont les
frais de transport sont élevés, et que les spéculateurs ont
des moyens beaucoup plus économiques d'agir sur les
cours que des déplacements de marchandise. La hausse
ne résulte pas de l'absence matérielle des blés, elle résulte
de la raréfaction de l'offre, et si un syndicat de spéculateurs est assez puissant pour accaparer une partie de la
production nationale, ou même simplement une partie des
stocks du marché de Paris, il peut faire monter les cours
sans avoir besoin d'envoyer du blé à Bruxelles ou à Londres. Les courants fictifs d'exportation et d'importation
dont on parle ne se produiraient pas plus en France qu'ils
ne se sont produits en Allemagne, où cependant la production est moins abondante qu'en France et où il serait plus
facile de faire le vide sur les marchés. L'exportation des
céréales s'exerce dans les conditions normales où elle
s'exerçait avant l'établissement des droits de douane.

Mais les adversaires des bons d'importation allèguent
qu'en France la situation est différente, à raison des pouvoirs donnés au gouvernement de suspendre les droits de
douane. Les spéculateurs, dit-on, lorsqu'ils verront les prix
s'élever sur les marchés intérieurs, exporteront en vue
d'accentuer le mouvement de hausse et d'amener le Gouvernement à suspendre les droits de douane ; puis ils
rentreront en franchise les quantités sur lesquelles ils auront touché un bon d'importation de 7 francs.

Mais un accaparement semblable à celui que l'on dénonce tomberait sous le coup de l'article 419 du Code pénal et aucun Gouvernement soucieux de l'ordre public ne devrait hésiter à l'appliquer contre ceux qui se livreraient ainsi à des exportations fictives. Il y aurait d'ailleurs un moyen de couper court à cette spéculation, ce serait de retirer au Gouvernement le pouvoir de suspendre le droit de douane, et d'établir, pour les droits d'entrée comme pour les primes de sortie, un tarif gradué, variant automatiquement en sens inverse des variations des cours du blé. Inversement, un autre moyen consisterait à donner au Gouvernement le pouvoir de suspendre la délivrance des bons d'importation lorsqu'il le jugerait nécessaire.

Au surplus la facilité des moyens de communication paraît rendre de plus en plus impossible toute tentative d'accaparement des céréales. On l'a bien vu en 1898 aux Etats-Unis, où malgré les facilités particulières de conservation de la marchandise résultant du système des *elevators*, et malgré la puissance de capitaux formidables, le formidable *corner* tenté par Leiter, n'a abouti qu'à un lamentable échec.

Les bons d'importation constitueraient-ils une charge pour les finances publiques ?

L'objection la plus sérieuse contre le système des bons d'importation est l'objection financière. Une prime de 7 fr. par quintal de blé exporté, c'est, dit-on, au point de vue budgétaire, un saut dans l'inconnu, c'est une dépense qui peut être considérable, et à laquelle il sera nécessaire de faire face au moyen de nouveaux impôts, qui pèseront naturellement sur l'agriculture.

Sans doute les primes de sortie constitueraient une charge pour le Trésor si, dans l'ensemble, les exportations de blé dépassaient les importations. Mais il est bien improbable que cette situation se produise en France, au moins d'ici longtemps. Non seulement nous ne sommes pas exportateurs de blé, mais nous sommes loin encore, dans l'ensemble, de suffire à notre consommation. Déduction faite des quantités introduites en franchise de l'Algérie et de la Tunisie, nos importations moyennes de blé s'élèvent à 8,608,300 quintaux, si nous prenons le chiffre des dernières années, et à 5,502,000 si nous nous en tenons à la dernière période quinquennale.

Si nous examinons, d'après les statistiques officielles, le tableau de la production du blé en France de 1890 à 1899 (1), nous trouvons les chiffres suivants (en quintaux) :

1890. . .	89.733.991	1895. . .	92.423.696
1891. . .	58.508.807	1896. . .	92.606.743
1892. . .	84.567.242	1897. . .	65.924.096
1893. . .	75.592.225	1898. . .	99.312.290
1894. . .	93.671.456	1899. . .	99.459.890

La récolte de 1900 est estimée par le Ministère de l'Agriculture à 84,550,160 quintaux (chiffres provisoires).

On voit que la consommation moyenne, évaluée généralement à 95,000,000 de quintaux, n'a été atteinte que deux fois dans l'espace de onze ans par la production intérieure, et que la moyenne de cette production, de 1890 à 1899, n'a pas dépassé 85,180,043 quintaux. Même en ajoutant à la production intérieure les blés importés en franchise de l'Algérie et de la Tunisie, soit en moyenne 1,203,000 quintaux, le chiffre total des quantités disponibles tous les ans pour la consommation française, en dehors des importations étrangères, n'est pas supérieur à 86,383,643 quintaux. Nous sommes donc restés, dans l'ensemble, un pays déficitaire.

Tant que cette situation subsistera, les bons d'importation ne pourront constituer aucune charge pour les finan-

---

(1) *Bulletin du Ministère de l'Agriculture*, novembre 1900, p. 584.

ces publiques, puisque chaque exportation appellera nécessairement une importation correspondante, et que les
sommes versées comme primes de sortie seront recouvrées comme droits d'entrée. Il s'agit, en définitive, d'une
simple avance de fonds à demander au Trésor dans les
années d'abondance.

On objecte que, la population restant stationnaire et la
production croissant sans cesse, la France ne tardera
guère à produire plus de blé qu'il ne lui en faut pour sa
consommation. Si l'on examine l'accroissement de la production au cours de ces dix dernières années, on voit que
cette échéance est encore assez éloignée.

Dans la période de 1880-1889, la moyenne de la production française en blé est de 82,653,000 quintaux ; dans la
période 1890-1899, elle atteint 85,180,000 quintaux, soit
une augmentation de 2,500,000 quintaux environ, dans
une période où l'emploi des procédés de culture perfectionnés s'est généralisé au point de donner un essor considérable aux rendements.

Si nous prenons comme normale cette augmentation
décennale de 2,500,000 quintaux, comme les besoins de la
consommation française, semences comprises, sont éva-
lués au minimum à 95 millions de quintaux, ce n'est pas
avant 40 ans que nous suffirons à notre consommation, en
admettant qu'elle n'augmente pas d'ici-là.

Selon toutes les probabilités, il s'écoulerait donc encore
de longues années avant que les primes de sortie pussent
constituer une charge pour le Trésor. Mais il n'y a là toutefois que des hypothèses, qui, dit-on, pourraient se trouver démenties par les faits. D'abord, si les bons d'importation font hausser le cours du blé, peut-être amèneront-
ils un développement de la production. De plus la science
agricole n'a pas dit son dernier mot, et les progrès de la
culture intensive peuvent nous réserver des surprises. Enfin,

alors même que, dans l'ensemble, nous resterions importateurs, il n'est pas certain que les primes de sortie versées par l'Etat dans les années de surproduction seraient compensées par les droits de douane perçus dans les années déficitaires, parce que dans ces années le prix du blé s'élève à des cours qui nécessitent la suspension des droits de douane.

On peut répondre, comme l'a fait M. Rose à la Chambre des Députés que, même dans l'hypothèse d'un pays surproducteur, les bons d'importation exercent une action bienfaisante en permettant des exportations qui constituent une source de créances sur l'étranger. On comprend cependant que, quels que soient ces avantages, le Parlement, gardien des finances publiques, n'ait pas voulu les engager sans limitation. Cette limitation avait été inscrite dans le texte voté par la Chambre, qui arrêtait au 30 mars 1904 les effets de la loi sur les bons d'importation. Le Sénat n'a pas jugé cette garantie suffisante, et la crainte de faire un cadeau à l'agriculture au détriment du Trésor est l'une des causes essentielles du rejet de la loi. Il n'est pas impossible qu'il réservât un meilleur accueil à un projet qui, tout en établissant le système des bons d'importation, prendrait des mesures pour que ce système ne pût jamais être pour l'Etat une source de dépenses.

Les bons d'importation nuiraient-ils aux intérêts des consommateurs ?

Enfin les adversaires des bons d'importation se placent au point de vue de l'intérêt des consommateurs, et, montrant que tout le monde consomme du pain tandis que tout le monde ne consomme pas du blé, ils affirment que les bons d'importation, amenant une élévation dans le prix du blé, seraient un impôt occulte établi sur l'ensemble de la nation dans l'intérêt des producteurs agricoles.

Cette objection n'est pas nouvelle ; les libre échangistes l'ont reproduite lors de chaque augmentation des droits de douane, toujours avec le même insuccès. Lorsqu'un pays compte, comme la France, une population rurale de 18 millions d'habitants, dont la plupart sont de petits propriétaire ou appartiennent à leur famille, on ne peut vraiment pas dire qu'une mesure de protection agricole sacrifie les intérêts de la majorité à ceux d'une minorité.

Le Parlement est en majorité protectionniste, parce que la majorité du pays a intérêt au régime protecteur. Il a porté en 1894 le droit sur les blés de 5 à 7 francs parce qu'il a jugé désirable, dans l'intérêt général du pays, que les cours du blé en France fussent supérieurs de 7 francs à ceux du marché mondial. Les bons d'importation n'ont pas d'autre but que de faire de ce désir une réalité, et toutes les objections soulevées contre les bons d'importation dans la crainte d'une hausse du prix du blé sont en réalité autant d'objections contre le principe même des droits de douane.

Les objections faites au nom des consommateurs contre l'élévation du prix du blé, nous paraissent plus spécieuses que réelles. A part ceux qui vivent exclusivement de traitements, de rentes sur l'Etat ou de pensions viagères, les consommateurs d'une chose sont producteurs de toutes les autres. Les viticulteurs, les éleveurs, les producteurs industriels, les commerçants et les ouvriers des manufactures paieront peut-être leur pain un peu plus cher si le blé se vend mieux, mais ils profiteront directement ou indirectement de la force d'achat plus grande des producteurs de blé, qui se traduira pour les uns par une augmentation dans leurs profits, pour les autres par une augmentation dans leurs salaires. Les ouvriers industriels ont d'autant plus d'intérêt à la prospérité de l'agriculture que la désertion des campagnes augmente l'offre de bras dans les villes et tend à diminuer les salaires. C'est l'un des principes les mieux établis de l'économie nationale que cette solidarité d'intérêts qui unit les diverses forces productives de la nation.

Ce sont là des vérités presque banales et unanimement reconnues jusqu'ici par tous les partisans de la protection douanière. Il paraît bien certain cependant que la crainte de voir les cours du blé en France s'élever à 7 francs au-dessus de ceux des marchés étrangers n'a pas été étrangère au rejet par le Sénat du projet de loi sur les bons d'importation. On peut s'en étonner si l'on songe que la majorité du Sénat est protectionniste, et qu'elle n'hésiterait certainement pas à repousser toute diminution dans le droit de douane de 7 francs, si on venait la lui proposer à l'heure actuelle.

On peut s'étonner aussi d'avoir vu le Sénat ordonner l'affichage dans toutes les communes de France d'un discours, où M. le Ministre des Finances déclarait qu'il y a des lois actuelles économiques, agissant avec une rigueur implacable, et dont rien ne peut contrarier l'inflexible mathématique, ce qui signifie au fond qu'il faut renoncer aux droits de douane, puisqu'ils ont pour but d'amener une élévation artificielle du prix du blé. Sans doute, l'affichage ordonné par le Sénat n'implique pas l'approbation complète des théories libre échangistes de M. Caillaux, et peut-être lui-même ne les pousserait-il pas jusqu'au bout ; mais, très certainement, une partie des objections qui ont paru décisives à la Haute Assemblée contre le système des bons d'importation étaient dirigées dans le fond contre la protection douanière. A lire le discours de M. Caillaux, les agriculteurs ont pu se demander si le droit de 7 francs lui-même n'était pas menacé, et concevoir peut-être quelqu'inquiétude sur la façon dont on entend leurs intérêts.

CONCLUSION

—

La question qui se pose aujourd'hui devant le Parlement est bien nette. Le trafic des acquits-à-caution permet aux exportateurs de blé d'éluder une partie des droits de douane : il est donc nécessaire, soit de modifier l'admission temporaire, soit de la remplacer par un système, quel qu'il soit, dans lequel les importateurs n'auront pas le moyen de recouvrer sur les exportateurs une partie des droits de douane qu'ils ont payés ou qu'ils se sont engagés à payer.

Mais à côté de ses inconvénients, le trafic des acquits-à-caution a de bons effets, puisque grâce à lui se produisent, dans certaines régions de la France, des exportations qui dégagent le marché. Il convient donc, si l'on veut, comme le propose la Commission des douanes de la Chambre des Députés, et comme l'a admis la Commission permanente du Conseil supérieur de l'agriculture, dans la séance du 12 mars 1901, supprimer la faculté de cession des acquits, d'établir à côté de l'admission temporaire un système qui maintienne la possibilité de dégager par des exportations le marché des régions surproductrices.

C'était le but des bons d'importation proposés par la Commission des douanes du Sénat. La Haute Assemblée a rejeté ce système qu'elle a trouvé dangereux pour les intérêts du Trésor, mais il est à présumer qu'elle adopterait une attitude moins hostile à l'égard d'un projet qui donnerait satisfaction aux intérêts agricoles sans pouvoir constituer, même éventuellement, une charge pour les finances publiques.

Il s'agirait donc de limiter en tout état de cause la répercussion financière des bons d'importation. C'est la pensée qui avait inspiré en 1899 les propositions de MM. Debussy et Papelier, qui, accordant les bons d'importation et d'exportation à la sortie de toutes les céréales, les déclaraient applicables à l'entrée de toutes les céréales indistinctement. Le maximum de sacrifice à consentir éventuellement par le Trésor ne dépassait donc pas, en tout état de cause, le montant des droits perçus à l'importation des céréales, droits qui n'ont pas un caractère fiscal, mais un caractère protecteur. D'autre part, les bons d'importation auraient encore eu un marché assez large ; si l'on envisage en effet l'ensemble des céréales, y compris le maïs, nous sommes toujours importateurs, et, même dans une année comme 1899, où les importations de blés étrangers ont été presque nulles, les droits de douane sur les céréales ont encore produit une vingtaine de millions.

Mais les titres dont M. Debussy et Papelier proposaient la création n'étaient pas assurés contre toute dépréciation, leur valeur dépendant toujours d'une négociation entre un exportateur et des importateurs en nombre assez restreint. Aussi conviendrait-il, tout en limitant le montant total des primes de sortie à verser par l'État au montant des droits de douane sur les céréales, de déclarer les bons d'importation directement remboursables par l'État. On ferait la compensation entre les entrées et les sorties de céréales, et les primes ne seraient versées que jusqu'à concurrence des droits d'entrée perçus. Pour associer autant que possible les bonnes et les mauvaises récoltes, on pourrait fixer une période assez longue, 24 mois par exemple, ou 36, pour laquelle il serait fait la compensation des entrées et des sorties. Le ministre des Finances constaterait tous les mois la valeur totale des bons d'importation délivrés pendant cette période, en même temps que le montant total des droits perçus à l'importation des céréales pendant le même laps du temps ; au cas où l'État se trouverait en perte, le ministre suspendrait par simple arrêté le remboursement en argent des bons, jusqu'au jour où de nouveaux droits de douane perçus sur les céréales auraient comblé le déficit. Les bons qui ne seraient pas admis au remboursement ne seraient pas destitués de toute valeur, puisqu'ils demeureraient applicables aux entrées en franchise de céréales.

Il conviendrait peut-être également de prendre des mesures pour resteindre les exportations au cas où, les prix du marché intérieur étant déjà fort élevés, la sortie des céréales pourrait devenir dangereuse pour la consommation publique. Sans doute, le plus souvent, en pareil cas, la différence entre les cours des marchés non protégés et les cours des marchés intérieurs tend à devenir supérieure au droit de douane, et l'exportation n'est pas possible, même avec une prime égale au droit de douane. C'est ainsi que, du commencement de juin 1897 jusqu'à la fin d'avril 1898, bien que le prix des acquits-à-caution fût tombé à 10 et à 15 centimes et que les exportateurs eussent pu toucher une prime de 6 fr. 85 ou 6 fr. 90 par quintal de blé exporté sous forme de farine, l'exportation a été fort difficile parce que, le plus souvent, la différence entre les cours du marché français et ceux du marché mondial a été supérieure à 6 fr. 90.

Néanmoins, comme cette situation pourrait ne pas toujours se produire, et comme au surplus l'opinion publique se montrerait très hostile, dans les années de disette, au maintien d'une faculté d'exporter, fût-elle théorique, il conviendrait de prendre des mesures pour que la prime d'exportation pût être ou réduite, ou supprimée, lorsque le prix des céréales aurait atteint un certain taux.

C'est dans cette pensée que M. Le Breton avait proposé au Congrès de Versailles (1) l'établissement de primes de sortie variant automatiquement, centime par centime, en sens inverse des variations du prix du blé. M. Lejosne, président du syndicat agricole de Bapaume et Bertincourt, dans une étude récente, propose l'adoption d'un système semblable. Malheureusement, il serait entouré devant le Parlement de la défaveur — peut-être injustifiée — qui s'attache au régime de l'échelle mobile. L'incertitude dans la valeur de la prime, comme dans la valeur du droit de douane, nuirait, dit-on, au commerce international et encouragerait la spéculation. On pourrait répondre que cette incertitude est de l'essence même du commerce à terme, qui vit sur des probabilités. De plus, si l'échelle mobile a pu favoriser la spéculation lorsque les droits de douane variaient franc par franc, il n'en serait vraisemblablement pas de même si la graduation était établie centime par centime ; en tous cas, l'échelle mobile garantirait les cultivateurs contre les brusques variations du droit de douane, profitables surtout aux spéculateurs.

Quoiqu'il en soit, à défaut de l'établissement de primes de sortie graduées, on pourrait leur donner une certaine mobilité en accordant au Gouvernement des pouvoirs analogues à ceux que la loi de 1894 accorde en Allemagne au Bundesrath, et qui consistent en somme à suspendre le système des bons d'importation. Le Bundesrath jouit sur ce point d'un pouvoir discrétionnaire parce qu'il possède une très grande indépendance ; la loi française pourrait imposer certaines conditions au Gouvernement, dans le but d'éviter les sollicitations ou les suspicions auxquelles

---

(1) Congrès de la vente du blé, t. II, pp. 79 et suiv., 200 et suiv.

l'exposerait un pouvoir absolu en pareille matière. La suspension des primes de sortie pourrait être prononcée par exemple dans les mêmes conditions que la suspension des droits de douane. C'est ce que prévoyait le projet de la Commission des douanes du Sénat ; mais il liait nécessairement les deux mesures, alors qu'il peut être nécessaire de supprimer la prime de sortie sans qu'il y ait lieu de suspendre les droits de douane. La possibilité pour le Gouvernement, par décret rendu au Conseil des ministres, de suspendre le remboursement en argent des bons d'importation et même de déclarer qu'ils ne seront applicables qu'aux entrées en franchise de céréales de la même espèce que celles à la sortie desquelles ils ont été délivrés, constituerait un très utile complément du régime à organiser.

Ce régime offrirait de grands avantages pour les producteurs agricoles. Il neutraliserait les inconvénients de l'admission temporaire, qui continuerait d'ailleurs à être employée par les minotiers à la fois importateurs de céréales et exportateurs de farines, auxquels elle éviterait le paiement momentané des droits de douane.

Les importateurs de blé qui ne feraient pas eux-mêmes la réexportation paieraient toujours et immédiatement le droit de douane de 7 francs sans pouvoir en récupérer une partie sur les exportateurs. Les céréales pourraient être expédiées, soit sous forme de grains, soit sous forme de produits fabriqués, vers leurs débouchés géographiques, alors même que ces débouchés seraient à l'étranger, dans les mêmes conditions qu'avant l'établissement des droits de douane.

Enfin le droit de 7 francs sur les blés jouerait dans son entier, c'est-à-dire que le prix moyen du blé en France serait toujours de 7 francs environ plus élevé que le prix moyen du blé sur les marchés non protégés. S'il parais-

sait excessif de maintenir cet écart lorsque les prix dépasseraient un certain taux ; il serait possible d'établir un
droit de douane variant automatiquement en sens inverse
des cours des marchés intérieurs.

Mais ce n'est pas dans une période de crise aigüe comme celle que traverse en ce moment l'agriculture que l'on
peut reculer devant les conséquences de la protection
douanière, et que l'on doit hésiter à prendre les mesures
nécessaires pour lui donner son entière efficacité.

PROJET

CONCERNANT L'ÉTABLISSEMENT DE BONS D'IMPORTATION POUR LES CÉRÉALES ET LEURS DÉRIVÉS

—

ARTICLE PREMIER.

Les droits de douane perçus à l'entrée des blés, avoines, orges, seigles, maïs et sarrasins, seront remboursés à la sortie des mêmes produits, soit en nature, soit après transformation.

ART. 2.

Ce remboursement aura lieu sous la forme d'un bon d'importation, délivré lors de l'exportation des céréales ci-dessus désignées ou de leurs dérivés, et dont la valeur sera égale à celle des droits qui auraient été perçus à l'entrée des céréales exportées. Tout porteur de ce bon aura le droit de l'employer, en guise d'argent comptant, au paiement des droits de douane sur les céréales ou sur leurs dérivés.

ART. 3.

La durée de validité des bons est fixée à six mois à dater de leur création.

ART. 4.

Les bons qui n'auraient pas été utilisés dans les trois premiers mois de leur création seront, jusqu'à l'expiration de leur délai de validité, remboursés au détenteur par le Trésor, pour une somme égale aux droits de douane qu'ils auraient pu servir à acquitter.

Toutefois, ce remboursement cessera d'avoir lieu lorsque la valeur totale des bons délivrés pendant les 24 derniers

mois à l'exportation des marchandises ci-dessus désignées
aura dépassé le montant total des droits perçus à l'importation des mêmes marchandises pendant le même laps de
temps. Les chiffres seront constatés tous les mois par les
soins du ministre des Finances qui, d'après ces constatations, suspendra ou rétablira par simple arrêté le remboursement en argent des bons d'importation.

Art. 5.

Dans des circonstances exceptionnelles et quand le prix
de l'une des céréales ci-dessus désignées s'élèvera à un
taux menaçant pour la consommation publique, le Gouvernement pourra, par décret rendu en Conseil des Ministres,
décider que, temporairement, les bons accordés à la sortie
de cette céréale ne seront valables que pour l'importation
de céréales de la même espèce et ne donneront lieu à aucun
remboursement en argent.

Cette mesure, applicable dès qu'elle aura été prise, devra
être soumise à la ratification des Chambres dès la première
séance ou dès le début de la première session qui suivra.

Art. 6.

La mise en entrepôt réel ou fictif ne pourra donner lieu
à la délivrance d'un bon d'importation.

Art. 7.

Des règlements d'administration publique détermineront
les qualités à exiger des produits donnant lieu à la délivrance des bons et les taux d'équivalence entre les matières
premières et les produits fabriqués.

Art. 8.

En ce qui concerne les produits fabriqués, les taux et
les types en vigueur pour l'admission temporaire, seront
applicables aux bons d'importation.

SOURCES ET BIBLIOGRAPHIE

—

FRANCE

DOCUMENTS LÉGISLATIFS

Ordonnance du 28 septembre 1828, précédée d'un rapport de *M. de Saint-Cricq ; Moniteur* du 30 septembre 1828, n° 274, p. 1521. — *Bulletin des Lois*, VIIIe série, t. IX, n° 9444.

Chambre des Députés, 5 mars 1832. Rapport fait au nom de la Commission chargée d'examiner le projet de loi sur les céréales, par *M. le baron Charles Dupin*. Supplément au *Moniteur* du 6 mars 1832.

Ordonnance du 20 juillet 1835, précédée d'un rapport de *M. Duchatel ; Moniteur* du 22 juillet 1835, p. 1749. — *Bulletin des Lois*, IXe série, t. II, n° 5864.

Chambre des Pairs, 3 juin 1836. Rapport fait au nom de la Commission chargée d'examiner les projets de loi sur les douanes, par *M. le comte Roy. Moniteur* du 4 juin 1836.

Décret du 14 janvier 1850, précédé d'un rapport de *M. Dumas ; Moniteur* du 15 janvier 1850. — *Bulletin des Lois*, X^e série, t. V, n° 1884.

Décret du 1er juin 1850 ; *Moniteur* du 6 juin 1850. — *Bulletin des Lois*, X^e série, t. V, n° 2193.

Décret du 25 août 1861, précédé d'un rapport de *M. Rouher ; Moniteur* du 30 août 1861. — *Bulletin des Lois*, XIe série, n° 9476.

Décret du 18 octobre 1873 ; *J. Off.*, 19 octobre 1873. — *Bulletin des Lois*, XIIe série, n° 2479.

Décret du 17 février 1886 ; *J. Off.*, 23 février 1886. — *Bulletin des Lois*, XIIe série, t. XXXII, n° 16577.

Décret du 5 juin 1886 ; *J. Off.*, 10 juin 1886. — *Bulletin des Lois*, XIIe série, t. XXXIII, n° 17070.

Décret du 24 mai 1887 ; *J. Off.*, 3 juin 1887. — *Bulletin des Lois*, XIIe série, t. XXXIV, n° 18079.

Décret du 2 mai 1892 ; *J. Off.*, 5 mai 1892.

Décret du 9 février 1894, précédé d'un rapport de *M. Viger ; J. Off.*, 10 février 1894.

Chambre des Députés, séance du 15 juin 1896 ; proposition de loi de *M. Viger ;* annexe n° 1935 ; *J. Off.*, documents, p. 461.

Décret du 29 juillet 1896 ; *J. Off.*, 31 juillet 1895. — *Bulletin des Lois*, XIIe série, t. LIII, n° 31735.

Décret du 31 décembre 1896 ; *J. Off.*, 13 janvier 1897. — *Bulletin des Lois*, XIIe série, t. LIV, n° 32396.

Chambre des Députés, séance du 3 juillet 1897. — 1° Proposition de loi de *M. le comte de Pontbriand*, annexe n° 1102 ; — 2° Proposition de loi de *M. Debussy*, annexe n° 1109 ; *J. Off.*, documents, Chambre, session ordinaire 1899, p. 2353 ; — 3° Proposition de loi de *MM. Papelier et Fénal*, annexe n° 1110 ; *J. Off.*, documents, Chambre, session ordinaire 1899, p. 2353.

Décret du 9 août 1897 ; *J. Off.*, 13 août 1897 ; *Bull.*, XIIe série, t. LV, n° 33385.

Chambre des Députés, séance du 20 février 1900 ; rapport de *M. Debussy*, au nom de la Commission des douanes ; annexe n° 1443 ; *J. Off.*, documents, Chambre, session ordinaire 1900, p. 589.

Chambre des Députés, séance du 31 mai 1900 ; avis présenté au nom de la Commission des finances par *M. Henri Ricard*, suivi d'une note communiquée par M. le Ministre des Finances sur les propositions de loi de *MM. Debussy, Papelier et de Pontbriand*. Annéxe n° 1660.

Chambre des Députés, discussion des propositions sur les bons d'importation. Séances des 9, 11 et 12 juin, 5, 6 et 7 juillet 1900. *J. Off.*, comptes-rendus *in extenso*, p. 1396. 1416, 1482, 1828, 1846, 1859, 1873.

Chambre des Députés, séance du 7 juillet 1900 ; projet de loi de M. le Ministre de l'Agriculture sur l'admission temporaire.

Sénat, séance du 13 décembre 1900. Rapport de *M. Viger* au nom de la Commission des douanes ; annexe n° 401, avec un graphique annexe.

Sénat, séance du 31 janvier 1901. Avis présenté au nom de la Commission des finances par *M. Durand-Savoyat ,* annexe n° 39.

Sénat, discussion de la proposition de loi adoptée par la Chambre des Députés sur les bons d'importation. Séances des 28 février, 1er, 5, 7 et 8 mars 1901.

Chambre des Députés, séance du 11 mars 1901 ; proposition de *M. Castillard*. Compte-rendu *in extenso*, p. 697.

Chambre des Députés, rapport provisoire autographié de *M. Debussy* sur la réforme de l'admission temporaire. Commission des douanes, 1901.

DOCUMENTS ADMINISTRATIFS

Rapport de *M. Louvet*, ministre de l'Agriculture et du Commerce, sur l'enquête agricole, 12 mai 1870, *Journal Officiel* du 20 mai 1870.

Conseil supérieur du Commerce, de l'Agriculture et de l'Industrie. Enquête de décembre 1876 et janvier 1877 sur les admissions temporaires, comptes-rendus sténographiques ; *Journal Officiel*, 1877, nos des 26, 27, 28, 29, 30 mai, 2, 4, 11, 13, 14, 15 et 16 juin.

Ministère du Commerce, Commission des farines. Rapport de *M. Charles Lucas* (1895, non daté).

Conseil supérieur du Commerce : 1o Admission temporaire des céréales ; 2o Entrepôts de céréales ; 3o Projet de loi dit du cadenas (1896).

Ministère des Finances. *Tarif des douanes de France*, 4 vol. Imprimerie Nationale, 1897.

Collection du *Bulletin du Ministère de l'Agriculture* (Documents officiels, statistique, etc.), 1882 à 1900.

SOCIÉTÉS ET CONGRÈS

Société nationale d'agriculture. Séance du 4 novembre 1896 : rapport de *M. Henry Sagnier* sur l'admission temporaire des blés et sur les bons d'importation.

Société nationale d'agriculture. Rapport de *M. Henry Sagnier* sur les propositions de loi relatives aux primes à l'exportation des blés et des farines (1900, sans date).

Société des Agriculteurs de France. Lettre de *M. le marquis de Vogüé*, président, à M. le Ministre de l'Agriculture, 3 mars 1900.

Société nationale d'encouragement à l'agriculture. Rapport de *M. Georges Graux* sur les bons d'importation et d'exportation des céréales et de leurs dérivés. *Semaine agricole* du 11 mars 1900.

Association nationale de la Meunerie française. Congrès de 1897, 1898 et 1899.

Congrès de la vente du blé (Versailles, 28, 29 et 30 juin 1900). Tome Ier, rapport de *M. Ch. Guernier*, p. 110. — Tome II, comptes-rendus. Séances de la 3e section des 29 et 30 juin, p. 79 et suiv. ; séance générale du 30 juin, p. 192 et suiv. ; vœu tendant à la suppression de l'admission temporaire et à la création de primes à l'exportation des blés, p. 101.

VIe Congrès international d'agriculture, Paris, 1er au 8 juillet 1900. 1re séance du vendredi 6 juillet, p. 388. Vœu tendant à l'amélioration de l'admission temporaire, p. 395.

Association nationale de la Meunerie française. Annexe au procès-verbal de la séance du conseil du 16 janvier 1901. Rapport de *M. L. Cornu* sur les bons d'importation.

Société d'Agriculture de Meaux. L'admission temporaire et les bons d'importation. Rapport de la Commission, par *MM. L. Dubois* et *R. Duclos*. Vœu adressé à MM. les Sénateurs de Seine-et-Marne (Meaux, 1901).

Société des Agriculteurs de France. Réunion du 27 février 1901. — Comptes rendus de la 32e session (mars 1901), *Bulletin*, 1er avril 1901.

BIBLIOGRAPHIE

Amé. — *Etude économique sur les tarifs de douanes*. Paris, Guillaumin, 1860.

— *Etude sur les tarifs de douanes et sur les traités de commerce*. Paris, Imprimerie Nationale, 1876.

Cauwès. — *Cours d'économie politique*, 3e édit., 1893, t. II, n°s 745 et suivants.

Colson-Blanche. — *Les admissions temporaires et le prix du blé*. Paris, 1896.

Convert. — *L'industrie agricole* (Paris, Baillière, 1901). La législation des céréales, p. 86 ; les mesures pour relever le cours du blé, p. 98.

Dezaunay (Gaston). — *Exposé critique et historique de la législation des admissions temporaires* (thèse pour le doctorat, Paris, Pedone, 1899).

Lefebvre (Georges). — *Le projet de loi sur les bons d'importation*. Le Sénat doit-il l'adopter ? 1 br., Paris, octobre 1900.

Leroy-Beaulieu (Paul). — *Traité de la science des finances* (6ᵉ édit., 1899), t. 1, p. 648 et suiv.

Pallain (Georges). — *Les douanes françaises*, 3 vol., Paris, 1896.

Say (Léon). **Foyot** et **Lanjallay.** — *Dictionnaire des finances* (1891-93), vᵒ Admission temporaire.

Théry (Edmond). — *Faits et chiffres* (Paris; *Economiste européen*, 1899). La question du blé en France, p. 53.

Note explicative sur le régime des admissions temporaires des blés et sur les bons d'importation, par *un groupe de sénateurs et de députés*. Paris, imp. Mouillot, 1900.

Collection du *Journal de l'Agriculture*.

Collection du *Marché français*.

Collection de la *Meunerie française*.

ALLEMAGNE

DOCUMENTS LÉGISLATIFS

Gesetz, betreffend den Zolltarif des deutschen Zollgebiets und den Ertrag der Zœlle und Tabaksteuer. Vom 15. Juli 1879. *Reichs-Gesetzblatt*, 24. Juli 1879.

Regulativ für Privattransitlæger von den in Nr 9 des Zolltarifs ausgeführten Waaren (Getreide, u. s. w.). — Bestimmungen, betreffend die Gewæhrung einer Zollerleichterung bei der Ausfuhr von Mühlenfabrikaten, welche aus auslændischem Getreide hergestellt sind. Vom 13. Mai 1880. *Central-Blatt für das deutsche Reich*, 28. Mai 1880.

Gesetz, betreffend die Abænderung des Zolltarifgesetzes vom 15. Juli 1879. *Reichs-Gesetzblatt*, 23. Juni 1882.

Regulativ, betreffend die Gewæhrung einer Zollerleichterung bei der Ausfuhr von Mühlenfabrikaten. *Central-Blatt für das deutsche Reich*, 28. Juni 1882.

Reichstag. 9. Legislatur-Periode, II. Session, 1893-94 :

    27. Februar 1894. Entwurf eines Gesetzes, betreffend die Abænderung des Zolltarifgesetzes vom 15. Juli 1879 (Drucksache, Nr. 209).

Erste Berathung, 65. Sitzung, Mittwoch, den 7. Mærz 1894, S.
1641. — Zweite Berathung, Freitag den 9. Mærz 1894, S. 1712. —
Dritte Berathung, 71. Sitzung, Mittwoch den 14. Mærz 1894.

Zuzammenstellung des Entwurfs mit den Beschlüssen des Reichstages in zweiter Berathung (Drucksache, Nr. 251) — Entwurf nach
den Beschlüssen des Reichstages in dritter Berathung (Drucksache,
Nr. 265).

Gesetz, betreffend die Abænderung des Zolltarifgesetzes vom 15.
Juli 1879. Vom 14. April 1894. *Reichs-Gesetzblatt*, 19. April 1894.

Ausführungsbestimmungen zu dem Gesetz, betreffend die Abænderung des Zolltarifgesetzes, vom 14. April 1894. — Regulativ, betreffend die Gewæhrung einer Zollerleichterung bei der Ausfuhr
von Mühlen oder Mælzereifabrikaten. — Regulativ für Privattransitlæger von der in Nr. 9 des Zolltarifs aufgeführten Waaren (Getreide, u. s. w.), ohne Mitverschluss der Zollbehœrde. Vom 27. April
1894. *Central-Blatt für das deutsche Reich*, Nachtrag zu Nr. 18.
28. April 1894.

Regulativ für Getreidemühlen und Mælzereien. — Allgemeine
Ausführungsbestimmungen zu § 7 Ziffer 1 und 3 des Zolltarifgesetzes. Vom 15. Mærz 1900. *Central-Blatt für das deutsche Reich*,
28. Mærz 1900.

DOCUMENTS ADMINISTRATIFS

Vierteljahrshefte zur Statistik des deutschen Reichs, herausgegeben vom Kaiserlichen Statistischen Amt; Berlin, Puttkamer u.
Mühlbrecht, 1900-1901.

Statistisches Jahrbuch für das Deutsche Reich, 1900.

*Monœtliche Nachweise über den auswœrtigen Handel des deutschen
Zollgebiets;* Berlin, Puttkamer u. Mühlbrecht, 1900-1901.

Das Getreide im Weltverkehr, vom K. K. Ackerbauministerium
vorbereite Materialien für die Enquête über den bœrsemæssigen
Terminhandel mit landwirthschaftlichen Producten, Wien, 1900 :

1o Statistische Tabellen über Production, Handel, Consum, Preise,
Frachtsætze und Kündigungen ;

2o Graphische Darstellungen der Preisbewegung ;

3o Erlæuternde Bemerkungen.

Ministère des Finances. Mission d'Allemagne. Note sur l'admission temporaire des blés et les bons d'importation, par *M. de Meaux*, inspecteur des finances, 1er mars 1896 (reproduite dans un rapport de *M. Viger* au Sénat, 1900, no 401, p. 55).

Rapport de *M. Lefaivre*, consul de France à Stuttgart, 16 août 1899.

Rapport de *M. Léon Duplessis*, consul de France à Dantzig, 23 août 1899.

Rapport du consul de France à Hambourg, 30 août 1899.

Rapport de *M. le baron de Bellissen-Bénac*, consul de France à Francfort-sur-le-Mein, 1er septembre 1899.

Notes de *M. Raymond Pilet*, consul de France à Breslau, 2 et 4 septembre 1899.

Rapport du consul de France à Düsseldorf, 13 septembre 1899.

Note de *M. d'Héricourt*, consul de France à Leipzig, 23 octobre 1899.

Rapport de *M. Raoul de Chamheret* (ambassade de France à Berlin), 26 septembre 1900.

Rapport de *M. le comte de Chappedelaine*, consul de France à Mannheim, 2 octobre 1900.

(Non publiés.)

Rapports annuels des principales Chambres de commerce allemandes (V. *supra*, p. 188).

BIBLIOGRAPHIE

Agrarisches Handbuch (Bund der Landwirthe, Berlin, 1898). — Vo Ausfuhrpræmie.

Arndt (Rudolf). — *Vollstændige Sammlung der Reden des Grafen von Caprivi*. Berlin, Hofmann, 1894.

Ballod (Carl). — *Die deutsch-amerikanische Handelsbeziehungen* (Verein für Socialpolitik, Leipzig, 1900).

Buchenberger. — Grundsætze der deutschen Agrarpolitik. 2. Auflage, Berlin, 1900.

Conrad. — *Die Beseitigung des Identitætsnachweises*. Deutsches Wochenblatt, 1887.

— *Die Stellung der landwirtschaftliche Zœlle in den 1903 zu schliessenden Handelsvertrægen Deutschlands* (Verein für Socialpolitik, Leipzig, 1900).

Dade (Heinrich). — *Die Agrarzœlle* (Verein für Socialpolitik, 1901).

Hoffmann. — *Was bedeutet die Aufhebung des Identitœtsnachweises*, Düsseldorf, 1887.

Kuhn. — *Die Aufhebung des Identitœtsnachweises*, Freiburg, 1891.

Lexis. — *Handwœrterbuch der Staatswissenschaften*, 2. Auflage, Jena, 1900, v⁰ Identitœlsnachweiss.

Schœnberg. — *Handbuch der Politischen Œkonomie*, 3. Auflage, Tübingen, 1891 ; t. II, XXIX. Handel (article de Lexis). V. notamment *Das protectionnische Solidaritœtssystem ; Ausfuhrprœmien*, § 72, p. 915 et suiv.

Simon (Charles), consul général de Roumanie à Mannheim. — *Considérations sur la baisse du prix du blé en France et des moyens d'y remédier ;* traduit de l'allemand par *M. le comte* **S. de Chappedelaine,** consul de France à Mannheim. Paris, Rouslan, 1900.

Staub. -- *Die Getreidezœlle und die Aufhebung des Identitœtsnachweises*, Nürnberg, 1887.

Struve. — *Die Aufhebung des Identitœtsnachweises bei auszuführendem Getreide und die deutsche Bierbrauerei*, Berlin, 1890.

Wagner (Adolph). — *Lehr und Handbuch der politischen Œkonomie*, 3. Hauptabtheilung : Practische Volkswirthschaftslehre, 2. Theil : Agrarwesen und Agrarpolitik, von A. Buchenberger (Leipzig, 1893). Kapitel XI : Die Landwirthschaft und die allgemeine Wirthschaftspolitik ; Agrarkrisen und Schutzzœlle insbesondere.

— *Finanzwissenschaft*, 3. Theil, Specielle Steuerlehre (Leipzig, 1889), die Zœlle, p, 784 et suiv.

Correspondenz des Bundes der Landwirthe, collection.

Edmund Klapper, Deutsche Agrarzeitung, collection.

Wiener landwirthschaftliche Zeitung, 15 september 1900 : der internationale landwirthschaftliche Getreideverkaufscongress in Versailles.

TABLE DES MATIÈRES

DEUXIÈME PARTIE

L'ADMISSION TEMPORAIRE EN ALLEMAGNE ET LES BONS D'IMPORTATION.

Grande Imprimerie de Blois, 2, rue Haute. — X 5120.

9 782014 052664